2017

Monitoring Report of the Collective Forest Tenure Reform

集体林权制度改革
监测报告

国家林业和草原局“集体林权制度改革监测”项目组 ｜ 著

中国林业出版社

图书在版编目（CIP）数据

2017集体林权制度改革监测报告 / 国家林业和草原局“集体林权制度改革监测”项目组著. —北京：中国林业出版社, 2018.8

ISBN 978-7-5038-9711-5

Ⅰ. ①2… Ⅱ. ①国… Ⅲ. ①集体林－产权制度改革－研究报告－中国－2017 Ⅳ. ①F326.22

中国版本图书馆CIP数据核字（2018）第199926号

策划、责任编辑　李　敏

出版发行	中国林业出版社（100009　北京市西城区德内大街刘海胡同7号） http://lycb.forestry.gov.cn　电话：(010)83143575
制　版	北京美光设计制版有限公司
印　刷	北京中科印刷有限公司
版　次	2018年9月第1版
印　次	2018年9月第1次
开　本	889mm × 1194mm　1/16
印　张	13.75
字　数	318千字
印　数	1～1000册
定　价	138.00元

本书编委会

领导小组

组　长：张建龙
副组长：张永利　刘东生　李春良
成　员：王永海　李　冰　刘　拓　闫　振　李明传　凡科军　胡崇富　林旭东　邱水文　彭顺喜
冷　华　李三原　刘锡良　宋维明　兰思仁　黄英金　李　明　吴　松　罗　军　郁继华

总项目组

组　长：王永海　刘家顺　张健民

分项目组

总报告组
组　长：吴柏海　缪光平　刘建杰
成　员：文彩云　韩　枫　余琦殷　刘丰波　于百川　毛　飞　林　琳　胡耀升

辽宁组
组　长：温亚利　王德增
成　员：贺　超　杨桂红　吴红梅　袁畅彦　张忠学　蒋　杰　王乃鹏　孙晓青　尚　通　孙海滨
吴德福　葛成明　候传生　孙业亮　孙善福　左　力　孟广仁　王真才　王　博　刘俊文
赵立新　李德飞　赵　旭　马金山　常玉峰　宋福鹏　贾洪伟　黄永江　秦利国

福建组
组　长：刘伟平　徐文辉
成　员：董加云　洪燕真　刘丰波　戴永务　冯亮明　邓衡山　林伟明

江西组
组　长：朱述斌　谢利玉　李建中
成　员：谢芳婷　康小兰　张凡永　杜　娟　刘小进　胡水秀　刘　滨

湖南组
组　长：曾玉林　蒋红星
成　员：胡焕香　文建林　曹兰芳　宋　璇

云南组
组　长：王　见　李伟平
成　员：杨红朝　李　娅　匡英鹏　伊文霞　奎建荣　李　政　李石雄　陶德双

陕西组

组　长：高建中　刘增祥

成　员：杨　峰　刘　超　骆耀峰　龚直文　吴普侠　张　如

甘肃组

组　长：马丁丑　连雪斌

成　员：陈秉谱　宫业兴　杨　芳　甘在福　刘婷婷　武争华　梁琳业

调查员（按姓氏笔画排序）

丁秀玲　马彦平　王　苓　王　慧　王光菊　王雨格　王晓翠　王培帆　王曼卿　王甜甜　王紫恒
文晓丽　方　涛　邓　芳　邓思宇　石凯博　叶咏梅　田　青　付娇娇　付晓涵　兰榕坤　冯　鑫
朱隽文　伍晶晶　任晓琨　刘　欢　刘　钰　刘　婷　刘小红　刘天乐　刘巧彦　刘芳芳　刘佳怡
刘诗涵　刘思凡　刘梦兰　刘梓健　刘璐旭　闫　枫　关　涛　关思宁　米　巧　许思维　孙嘉临
严伟辉　芦玮楠　苏　丹　苏志琛　苏静愉　李　洁　李庆磊　李宇双　李婧媛　李勤滢　杨　灵
杨仙艳　杨冬梅　杨立举　吴　昊　何旅娜　邹　清　宋姗姗　张　明　张书赫　张旭锐　张宗旭
张博伟　张路瑶　陈　妍　陈　艳　陈万丽　陈天芳　陈文梅　陈宇鋐　陈俊峰　陈美炎　武　双
林　洁　林　琰　林宇晨　罗奕奕　和　阳　周广平　周体正　周孟冬　郑翊君　赵　芃　赵　真
赵　馨　赵仁山　赵美灵　赵宸浩　胡书兴　柳建宇　段金豆　施晓波　洪雪晴　骆世侠　徐　硕
高忠瑞　高菊琴　郭美娟　唐云平　黄巧龙　黄巧萍　黄远斌　黄佳瑶　黄凌云　黄培锋　黄淋姗
曹豪爽　康　思　康鸿冰　章玉微　董　钰　董　雯　韩敬敬　景　晓　童　婷　温映雪　谢裕慧
雷显凯　窦亚权　蔡旭伟　熊　建　颜宇琪　戴安南

各样本县监测员（按姓氏笔画排序）

万　勇　习菊艳　王　法　王冬玲　王宇奇　王进林　王国庆　王荣禄　王德银　毛国平　凤天华
方建军　尹安辉　邓　超　甘登明　卢光明　田中玉　田青峰　付守金　冯在建　冯春昌　朱晓鹏
乔海洋　刘明伟　刘晓蓉　刘爱霞　刘菊芬　刘婷娇　汤昌文　汤熊福　许接眉　杜文军　李介茵
李洪波　李继福　杨　军　杨爱虹　杨清昱　杨善荣　连培华　吴智晖　邱学春　邱承洋　余国东
冷德明　张　禄　张成银　张建鹏　陈红霞　陈国兴　陈和隆　陈金豪　陈泽林　陈照亮　邵　俊
武　英　林建春　林清贵　罗　会　罗石林　罗成继　罗会潭　周　军　赵　卫　胡礼富　胡伟仁
柳雁飞　钟正兴　秦志菊　钱　路　徐冠松　高　博　郭　明　郭万荣　郭载亮　郭燕华　唐丽琼
黄小明　黄安华　董丽琴　董国华　粟春生　程　维　谢令菊　谢志梅　蔡荣华　廖建虎　熊　文
熊俊华　熊晓东　黎小池

序

党的十九大对加快生态文明体制改革进行了安排部署，作出了实施乡村振兴战略的重大决策部署，既为深化集体林权制度改革提供了良好机遇，也提出了更高要求。2017年5月，习近平总书记对福建省集体林权制度改革工作作出重要指示，明确要求深化集体林权制度改革，更好实现生态美百姓富的有机统一。这充分体现了总书记对集体林权制度改革的高度重视和殷切期望，赋予了林业在生态惠民、绿色富民、精准脱贫中的重要使命，更是对深化集体林权制度改革提出的最新要求。

集体林权制度改革自2008年全面实施以来，明晰产权、承包到户改革任务已基本完成，林地流转、造林补助、森林抚育、生态补偿、林权抵押、森林保险等政策不断完善，推动集体林业实现了长足进展，为促进农民就业增收、维护森林生态安全、推进生态文明建设发挥了重要作用。2017年7月，全国深化集体林权制度改革现场经验交流会在福建省武平县召开，时任国务院副总理汪洋同志出席会议并作重要讲话。会议要求，认真学习贯彻习近平总书记重要指示精神，针对集体林业改革中的重点难点问题，着力推进“三权分置”、培育新型经营主体、完善社会化服务体系等改革举措，进一步增强集体林业发展的活力和动力，不断提升集体林业改革经营水平。

为全面了解集体林权制度改革进展情况，总结典型经验，发现主要问题，评估相关政策实施成效，为深化改革及时提供决策参考，2017年，国家林业局集体林权制度改革监测项目组继续对辽宁、福建、江西、湖南、云南、陕西、甘肃7个样本省的70个样本县350个样本村3500个样本农户进行了跟踪调查。截至2016年底，样本县流转林地2661.43万亩（1亩=1/15公顷），占集体林地总面积的12.44%；新型经营主体经营林地面积2684.26万亩，占15.61%；抵押林地面积1239.6万亩，占5.8%，平均每亩贷款1214元；投保林地面积1.22亿亩，占56.87%，赔付率为49.76%。2016年，样本县林下经济产值占林业总产值的22.23%，带动当地11.14%的农业人口就业；林业收入占农户家庭总收入的15.62%，林业就业人口占农户家庭劳动力人口的8.15%。监测结果表明，随着集体林权制度改革不断深化，集体林业发展的质量和效益稳步提升，促进农民就业增收的作用日益明显。但是，当前集体林业仍然存在林农造林积极性不高、新型经营主体发展缓慢、林权抵押贷款增长乏力、林业产业化程度偏低、社会化服务体系不完善等问题，严重制约集体林业的经营和发展。改革中存在的这些问题，需要引起高度重视，务必通过不断深化改革逐步加以解决。

深化集体林权制度改革是林业改革的重要内容，是推动林业现代化的必然选择，也是促进农民就业增收的有效途径。目前，我国集体林权制度改革任务依然十分繁重，各级林业部门要认真贯彻落实习近平总书记重要指示精神，全面总结福建的成功经验，探索更多可复制、可推广的改革模式，把集体林权制度改革不断引向深入，着力提升集体林业经营发展水平，扩大绿色优质林产品有效供给，努力满足人民群众对林业的多样化需求。关键要按照中央确定的农村土地“三权分置”总体部署，在坚持家庭承包经营基础性地位的前提下，积极研究“放活经营权、落实处置权、确保收益权”的政策措施，进一步创新林业产权制度。要研究推广更多集体林地适度规模经营的措施，充分利用林业工作站、林业职业院校、林业科技推广服务机构、林业科研院所等公益性培训资源，加强林农、林业职业经理人等培训，提高各类市场主体经营林业的能力。要强化服务指导，深入基层开展调查研究，着力解决改革中遇到的重大问题，不断完善支持集体林业发展的政策措施，推动集体林权制度改革向纵深发展。集体林权制度改革监测工作也要丰富监测对象，完善监测手段，加强数据分析，强化专题研究，注重结果运用，力争更加全面、准确、及时地掌握林改进展情况，为全面深化集体林权制度改革提供决策服务。

国家林业和草原局局长、党组书记

2018 年 5 月

目 录

2017
集体林权制度改革监测报告

总报告

监测背景

自2016年以来，全国各级林业部门深入学习贯彻习近平总书记关于深化集体林权制度改革的重要指示精神，按照党中央、国务院的决策部署，准确把握形势任务，紧紧围绕增绿、增质、增效，着力推进集体林权制度改革的深化完善，构建现代林业产权制度，开发利用集体林业多种功能，广泛调动农民和社会力量发展林业，更好实现生态美、百姓富的有机统一。截至2016年底，全国已确权集体林地面积26.81亿亩，占纳入集体林权制度改革面积的98.97%，全国已经发放林权证8172.77万本，发证面积累积达25.81亿亩，占已确权林地总面积的96.25%；全国集体林权流转林地2.67亿亩，林权抵押贷款年末贷款余额1297.42亿元，建立县级以上林权管理服务机构1900多个，家庭林场、农民专业合作社等新型经营主体22.53万个，森林保险参保面积20.44亿亩；共有1亿多农户直接受益，实现了“山定权、树定根、人定心”和“百姓富、生态美”。

自2016年以来，按照党中央、国务院深化改革的部署，各级政府及其有关部门密集出台了一批相关政策、制度、措施，进一步完善了集体林业的长效良性发展机制，如全面停止征收育林基金；完善公益林补偿标准调整机制，对停止天然林商业性采伐给予财政补助；健全和完善集体林地承包经营权调处工作机制；加快推进集体林地三权分置改革，制定了林权流转规范；对新型经营主体发展给予扶持；推动社会资本进入集体林业发展；加强绿色富民产业发展引导；完善社会化服务体系等。为了解上述深化改革政策的落实情况，总结典型经验、发现改革进程中的问题，评估相关改革政策的效果，提供及时的完善改革决策参考，本书项目组2017年按照既定的监测方法，继续对辽宁、福建、江西、湖南、云南、陕西和甘肃7个样本省70个样本县350个样本村3500个样本农户进行了跟踪回访，获得了第一手的调研数据，圆满完成了预定的监测工作任务。

2017年，集体林权制度改革监测在总体监测方案设计上紧密围绕深化改革的关键内容，重点关注集体林地三权分置、新型林业经营主体、多种形式的适度规模经营、农村林业金融发展等方面的发展动态。在专题研究内容上，结合集体林改面临的新形势、新任务，有针对性地开展林权流转、新型林业经营模式、农村普惠制林业金融发展、农民林业收入、完善集体林权制度第三方评估方案等9项专题研究。

监测结果

一、集体林权管理制度

（一）推进“三权分置”改革

为进一步完善集体林地经营权流转制度，实现集体林地经营权物权化，给经营权一个“身份证”，自2013年开始，浙江省丽水市率先探索集体林地经营权流转证制度，保留农民的林地承包权，流转林地的经营权，赋予“经营权”更多权能，以此吸引社会力量经营林业，促进林地适度规模经营。2014年11月，中共中央办公厅、国务院办公厅印发的《关于引导农村土地经营权有序流转 发展农业适度规模经营的意见》提出，坚持农村土地集体所有，实现所有权、承包权、经营权三权分置，引导土地经营权有序流转，坚持家庭经营的基础性地位，积极培育新型经营主体，发展多种形式的适度规模经营，巩固和完善农村基本经营制度。2015年，国家林业局在全国15个省（自治区、直辖市）的18个县级单位开展集体林地“三权分置”改革试点，为丰富和完善集体林地经营制度探索路子、积累经验。

2016年10月，中共中央办公厅、国务院办公厅印发了《关于完善农村土地所有权承包权经营权分置办法的意见》，明确提出农村土地集体所有权、农户承包权、土地经营权要“三权”分置并行。对于林业而言，“三权分置”是指实行集体林地集体所有权、农户的承包权、林地的经营权“三权”分置并行。同年11月，《国务院办公厅关于完善集体林权制度的意见》提出，逐步建立集体林地所有权、承包权、经营权分置运行机制，不断健全归属清晰、权能完整、流转顺畅、保护严格的集体林权制度，形成集体林地集体所有、家庭承包、多元经营的格局。

“三权分置”被认为是我国农村继包产到户之后的又一重大制度变革，对农村、农业发展和农民增收致富具有深远的影响。实施“三权分置”的重点是放活集体林地经营权，核心是明确赋予集体林地经营权应有的法律地位和权能。集体所有权、农户承包权、土地经营权都统一于农村基本经营制度，其中，集体所有权是根本，农户承包权是基础，土地经营权是关键。

在国家层面尚未出台专门政策文件的情况下，一些省份以颁发经营权证的方式对流转的林地经营权进行确认，实现集体林地承包权和经营权的分离，助推林业适度规模经营。浙江丽水9县（市、区）都出台了林地经营权流转证制度，按照林地所有权、承包权、经营权分离的原则，引导以前流转的林地完善合同，规范林地流转行为。截至2017年9月底，全市林改以来累计流转林地163万亩，规模林地流转颁发《林地经营权流转证》786本、面积16万亩。福建三明把规范经营权流转作为配套改革的一项任务，以沙县为试点，开展林地所有权、承包权、经营权“三权分置”改革，制定林地经营权流转登记管理办法，在全省率先核发林地经营权证，赋予林地实际经营人在林木采伐审批、征地青苗补偿、经营权抵押登记等权能，促进林地经营权有序流转。目前，试点已发放林地经营权证415宗、4.16万亩，林地经营权证抵押贷款31笔、3085万元。从样本农户对“三权分置”的了解和评价来看，有45.07%的农户了解“三权分置”，54.93%的农户不了解。有69.49%的农户认为“三权分置”好，26.67%的农户认为一般，只有3.84%的农户认为不好。

（二）完善林权流转制度

1. 林权流转稳定有序增长，商品林交易更为活跃

截至2016年底，全国累计流转集体林地面积2.67亿亩，占已确权林地面积的9.97%。2016年，全国林地经营权流转面积约1651.37万亩，其中，公益林和商品林面积分别占当年经营权流转总面积的13.39%和86.61%。截至2016年底，70个样本县林权流转交易面

积2661.43万亩，占林地总面积的12.44%（图1-1），其中，公益林流转面积比例11.75%，商品林流转面积比例18.75%。与2015年相比，流转面积增长了7.55%，流转面积占比提高了0.78个百分点。共有16.74万户农户流出了承包集体林地的“经营权”，发放经营权流转证23.44万本。2016年，样本县林地经营权流转面积135.13万亩，从流转林地类型来看，公益林和商品林流转面积分别占当年经营权流转总面积的6.94%和93.06%；从流转主体来看，农户承包林地流转和集体保留林地流转面积分别占流转总面积的84.37%和15.63%。

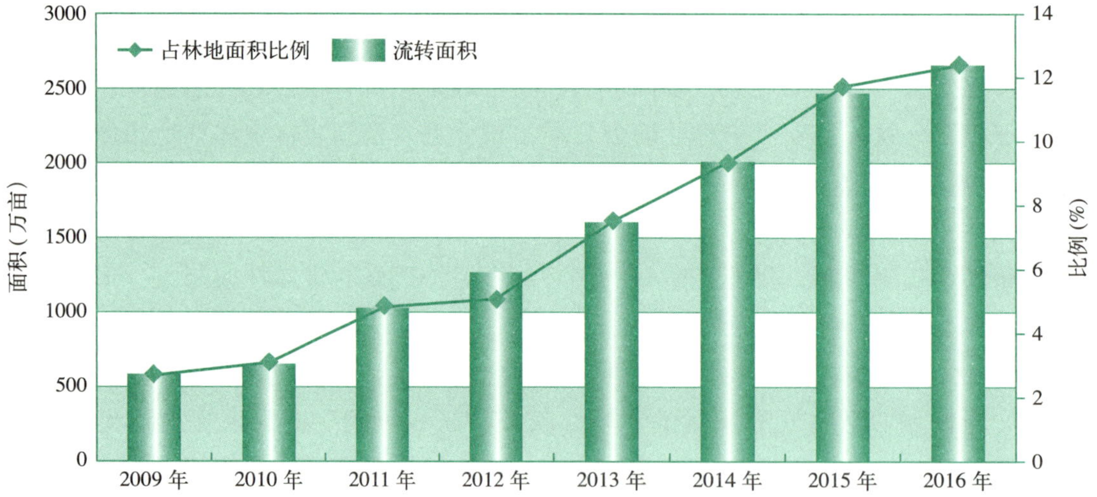

图 1-1　2009－2016 年样本县林权流转面积及比例变化

2. 农户林权流转意愿不高，流出林地的农户后悔比例增加

2016年，样本农户中有84户农户流出了林地，共流转林地6287.27亩，流转收入375.01万元，平均每亩596.46元。这些农户中，有25.93%的农户对流转林地的行为表示后悔，比2015年上升了8.52个百分点（表1-1）；有三到四成的农户对流转价格、流转费用、流转手续和流转后的资源保护满意（表1-1）。从全部农户对林地流转的意愿来看，有84.87%的农户不想流转林地，比2015年上升了4.30个百分点。从连续年度数据来看，不愿意流出林权的农户比例始终保持在八成左右。同时，近几年样本农户对林权流转的价格、程序和费用的满意度，尤其是对流转程序的满意度有所提高（表1-2）。这体现了各级政府在推动林权流转市场建设、促进市场发育，增加了农户林权流转收益方面的效果，同时也体现了政府在简化流转手续管理和降低交易费用方面政策完善的成效。

表 1-1　样本农户对林权流转的意愿和态度　%

年份	流转意向		对流转结果的评价	
	不想流转	想流转	满意	后悔
2010	79.17	12.65	67.54	27.20
2011	79.31	15.86	68.18	12.50
2012	81.78	14.13	52.94	21.27
2013	80.67	16.32	62.20	18.29
2014	82.14	17.31	58.78	25.68
2015	80.57	19.43	43.70	17.41
2016	84.87	15.13	40.74	25.93

表 1-2 样本农户对林权流转的满意度评价 %

年份	流转价格	流转程序	流转费用
2013	18.27	19.11	19.09
2014	17.27	17.90	17.79
2015	32.37	35.20	31.62
2016	32.53	41.67	33.73

3. 政策示范引导农户流转林权效应显著

从样本农户流转林权动因发展变化比较情况（图1-2）可以看出，自2015年以来，政府有关林权流转的政策宣传、试点示范对农户流转动机影响较为显著；在此之前，影响农户流转林权最主要的三个因素分别是政府资金奖励、急于用钱和缺乏生产资金。

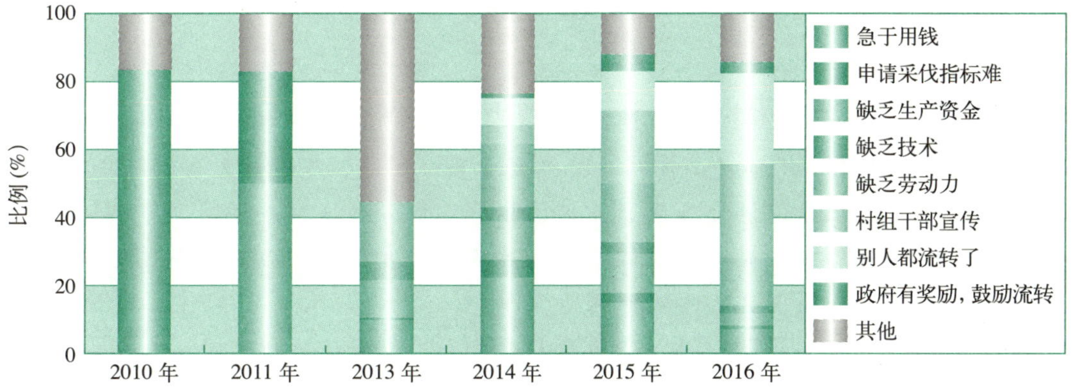

图 1-2 样本农户林权流转动因变化

（三）加强林权纠纷调处

集体林地承包经营纠纷调处是维护集体林区社会稳定、保障农民合法权益、巩固集体林权制度改革成果的重要保障，也是深化集体林权制度改革的重要任务。截至2016年底，全国共发生林地承包经营纠纷42.02万件，已调处39.79万件，调处率为94.71%；其中经过仲裁机构调处的纠纷为8580万件，占全部调处案件的13.95%，比2015年提高8.79个百分点；全国林业承包经营纠纷调解仲裁机构已达633个，比2015年增加94个。截至2016年底，70个样本县共发生承包经营权纠纷9.61万起，调处解决9.30万起，调处率达到了96.77%，多数林权纠纷基本上做到当年发生，当年化解。与2009年相比，林权纠纷发生数量增长了32.37%，调处数量增长了35.60%，纠纷调处率提高了2.30个百分点（图1-3）。

国家林业局2016年高度重视林权纠纷调处工作，专门发布了《关于进一步加强集体林地承包经营纠纷调处工作的通知》（以下简称《通知》），各地在贯彻落实《通知》过程中，扎实工作，成效显著。各样本省、县高度重视林权纠纷调处工作，尤其仲裁机构调处作用显著增强，农户对调处满意度明显提高。2016年，样本农户对纠纷调处的总体满意度达到了38.30%，较2015年的35.71%提高了2.59个百分点。辽宁省2016年把工作重点放在完善和健全调处工作机制方面，把集体林地承包经营纠纷调处纳入到各级林业部门的工作绩效考评体系当中，各有关县市认真组织开展自查自评工作，对纠纷调处工

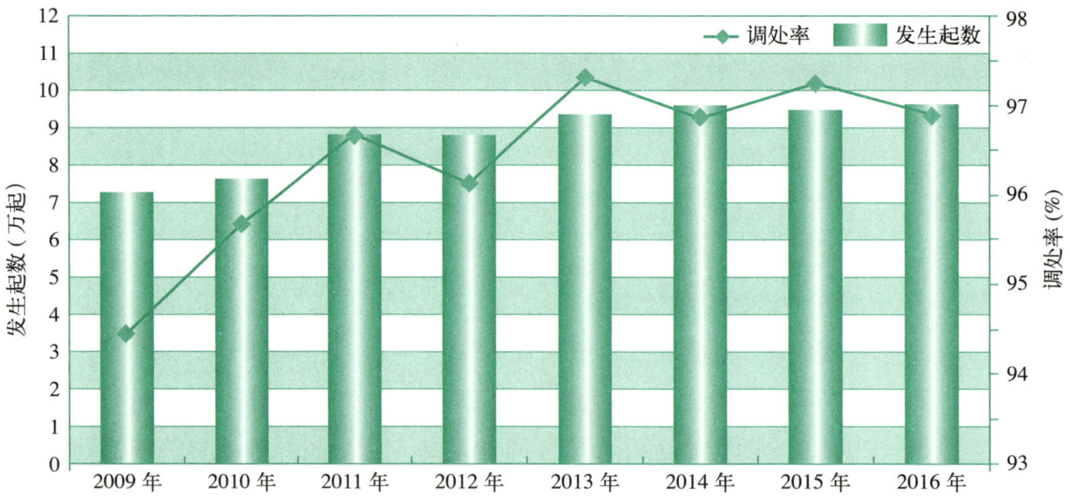

图 1-3 样本县林权纠纷发生数量及调处率

> **专栏 1-1 湖南省桃江县林业局着力加强全县山林纠纷调处工作**
>
> 近年来，湖南省桃江县山林纠纷呈高发态势，多为经济建设引发的陈年旧案，时间跨度长，取证难，调处难度大，集访非访不断，对社会秩序特别是农村社会稳定造成了严重影响。对此，桃江县委、县政府高度重视，县法制办，县林业局加大力度，着力加强全县山林纠纷调处工作。
>
> 2016 年上半年，在桃江县法制办的指导和大力支持下，桃江县山林纠纷调处办公室受理的 12 起山林纠纷积案中，已成功调处 2 起，2 起取得实质性进展。如武潭镇缺塘坳村历时 28 年的山林权属纠纷案成功调处，得到了纠纷双方和当地群众的高度认可，产生了良好的社会反响。
>
> 桃江县法制办负责人强调，一是要继续加大对山林纠纷，特别是积案的调处力度，强化乡镇、村两级责任，把纠纷化解在当地；二是桃江县山纠办要积极协调跨乡镇山林纠纷调处，指导各乡镇山纠办开展工作；三是桃江县山纠办负责对全县山纠调处工作人员进行业务培训，对各乡镇山纠调处工作进行考核。

作情况仔细梳理，成立了林地承包合同纠纷专门调解机构，及时有效、因地制宜地解决合同纠纷，把问题化解在萌芽状态。

二、集体林地经营制度

（一）新型林业经营主体

引导集体林业适度规模经营，培育壮大新型林业经营主体，是完善集体林权制度的重要任务之一。截至2016年底，全国新型林业经营主体数量达到22.53万个，比2015年增长25.74%，经营林地面积达到5.28亿亩。2016年，样本县新型林业经营主体发展呈现以下特征：

1. 新型主体平均经营规模有所扩大，农民林业合作社数量持续增长

截至2016年底，70个样本县共有林业专业大户、家庭林场、农民林业专业合作社和

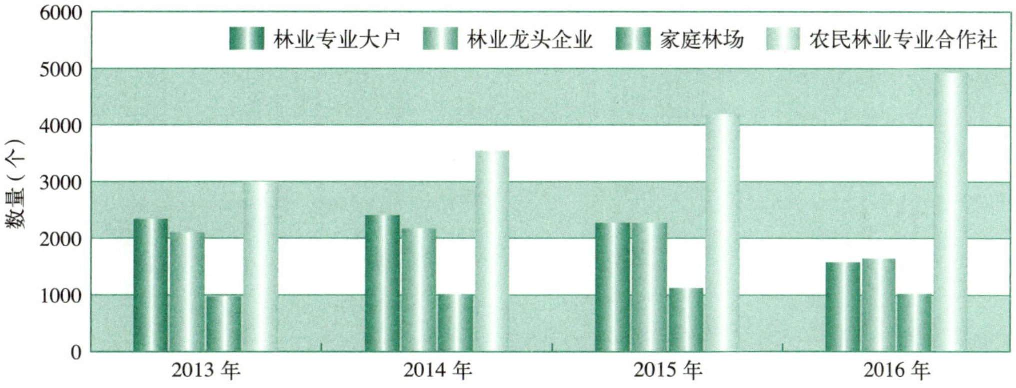

图 1-4　新型经营主体数量变化

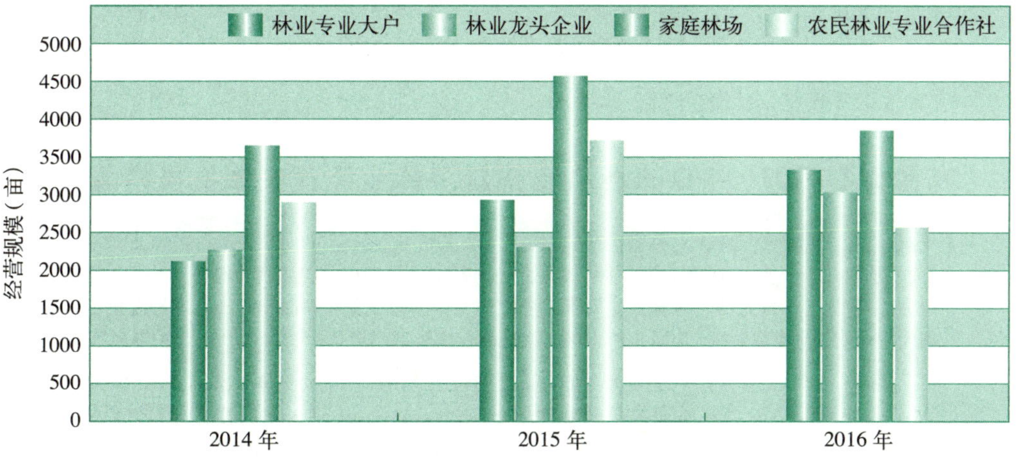

图 1-5　新型经营主体平均经营规模变化

林业龙头企业等四类新型主体9211个，经营林地面积占样本县林地总面积的15.61%。其中农民林业专业合作社4916个，较2015年增加了721个；农民林业专业合作社数量连续三年保持平均17.60%的较快增速（图1-4）。样本县新型主体平均经营规模有所扩大，2014-2016年三年间，新型主体平均经营林地面积从2976.24亩扩大到3303.31亩，净增加327.07亩，增加了10.99%。2016年，经营面积5000亩以下的林业龙头企业和家庭林场数量有所减少，而经营面积5000亩以上的林业龙头企业较上年增加了41家。林业专业大户、家庭林场和林业龙头企业等三类新型主体的平均经营林地面积较上年扩大了128.18亩，增加了3.92%，农民林业专业合作社由于数量增长较快，其平均经营林地面积有所下降（图1-5）。

2. 财政奖补主要投向林业专业合作社，家庭林场财政扶持资金大幅增加

从2013年中央一号文件首次提出“构建新型农业经营体系”和“培育新型农业经营主体”以来，各省纷纷出台政策扶持新型林业经营主体发展，包括对新型林业经营主体给予财政奖补，主要是对家庭林场和林业专业合作社的财政扶持。2013-2016年，样本县对新型林业经营主体的财政奖补资金总量呈现“先升后降”趋势，受供给侧结构调整、财政收入增速放缓影响，2016年各样本县奖补资金总额为1305.11万元，县均18.64万元；比2015年减少了21.35%。从奖补对象看，虽然林业专业合作社的奖补资金占比一直较高，达到80%以上，但家庭林场财政奖补资金在2016年有比较大的增幅，为246.54万元，比2015年增长了86.04%（图1-6），主要是因为自2016年以来，各省陆续出台家庭

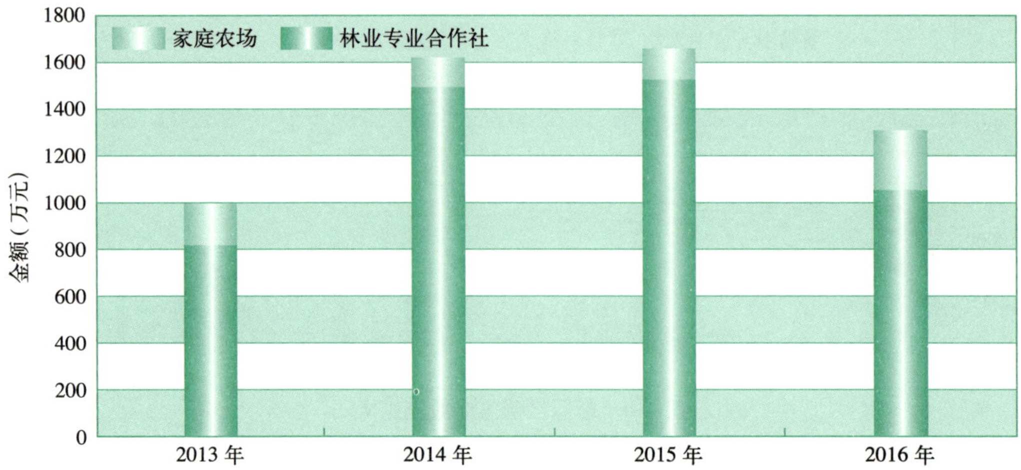

图 1-6 样本县新型林业经营主体财政奖补投向

专栏 1-2 2016 年以来各省支持新型林业经营主体发展措施

省份	文件	主要政策措施
江西	《关于加快培育新型林业经营主体促进林地适度规模经营的指导意见》	①按森林经营方案优先安排采伐指标。②项目符合项目申报条件的，各级林业主管部门应优先安排。③经营森林面积（或林地）规模达到 2000 亩以上的，纳入当地林业主管部门申请享受林区公路养护资金范围
辽宁	《关于完善集体林权制度的实施意见》	一是要大力培育适度规模经营主体，推动集体公益林资产化经营。二是允许除一级国家级以外的公益林经营权和林木所有权，采取转让、转包、出租、互换、入股、抵押及作为出资、合作条件等方式进行流转。此举进一步加大了放活林业生产经营自主权力度。三是新型林业经营主体在生产经营活动中，所从事的营造林生产符合省级以上工程项目标准和要求的，可列入工程项目实施和管理，享受相关税费优惠扶持政策。四是鼓励家庭林场办理工商注册登记，取得相应市场主体资格，面向市场加快发展
福建	《关于持续深化集体林权制度改革六条措施的通知》	对新型林业经营主体培育从编制森林经营方案、林木采伐、项目建设、财政补贴、税费等方面给予了扶持政策
陕西	《关于完善集体林权制度的实施意见》	通过林下经济示范基地和林业专业合作社建设作为培育新型林业经营主体的主要途径，强化基地、合作社与林业龙头企业的联营互动机制，形成了“企业＋基地＋合作社＋农户”为主的发展模式
甘肃	《关于做好家庭林场工商注册登记工作的通知》	就家庭林场的工商注册工作进行了部署，明确了家庭林场工商注册的登记机关、注册类型、林场命名、经营范围、经营场所和工商、林业部门服务管理职责

林场认定办法等文件，加大了财政支持力度，促进了家庭林场的快速、规范发展。从各省情况来看，江西、辽宁、福建三省财政扶持力度较大，财政奖补资金在300万～400万元，其他四省财政奖补金额在百万元以内。

3. 农户对新型经营主体的认知度和满意度提高

监测数据表明，2016年，样本农户对林业专业大户、家庭林场、林业专业合作社、林业龙头企业四种新型经营主体的认知度和满意度都明显提高。从认知度来看，样本农户中有五成以上的农户都知道新型经营主体，其中，知道林业大户的农户比例更高一些，接近六成，知道家庭林场的农户比例稍低一些，不足五成。从满意度评价来看，三成左右的农户对新型林业经营主体满意，其中，对林业专业大户和林业专业合作社的满意度较高，达到1/3以上，对家庭林场和林业龙头企业的满意度稍低，为1/4左右。

表 1-3　2014－2016 年样本农户对新型林业经营主体的认知　%

年份	林业专业大户	家庭林场	林业专业合作社	林业龙头企业
2014	36.99	19.49	29.04	21.29
2015	26.67	13.69	20.61	14.61
2016	59.88	49.11	54.97	52.20

表 1-4　2014－2016 年样本农户对新型林业经营主体满意度　%

年份	林业专业大户	家庭林场	林业专业合作社	林业龙头企业
2014	20.42	9.91	16.63	10.66
2015	14.36	6.67	10.75	7.29
2016	37.67	25.25	33.25	25.53

（二）造林履责

1. 农户宜林地面积占到两成，类型以荒山荒地为主

通过集体林权制度改革，农户以家庭承包方式获得集体林地经营权的同时，也负有造林绿化和加强森林经营的责任义务。农户自主经营权的实现关系到林农增收和产业发展，而农户造林营林义务的履行则关系到森林资源数量增加和质量提升。为此，2017年监测工作专门增设了农户承包林地造林履责情况的指标。监测数据显示，2016年，35.82%的样本村共有宜林地面积78.80万亩，占林地总面积的10.75%。样本农户中，有653户家庭有宜林地，占总户数的18.66%；宜林地面积共计7.17万亩，占农户家庭林地总面积的23.14%。从宜林地类型来看，最多的是荒山荒地，占65.72%；其次是林间空地，占15.65%；第三是采伐迹地，占8.91%（图1-7）。

2. 近一半农户有造林计划，多数农户选择自家造林

有宜林地的653户农户家庭中，计划两年内造林的农户占45.48%。从造林方式来看，选择自家造林的农户占比84.33%，雇工造林占比13.39%，其他方式2.28%。其中云南省农户计划采取家庭自行造林的占比最高，其次是湖南、陕西、甘肃、江西、辽宁和福建（图1-8）。履责方式选择的省域差异，反映了不同地区农村劳动力从事造林机会成本的差异，家庭自行造林比例越高，表明农户家庭劳动力造林机会成本越低，也就是劳动力其他工作机会较少；反之，林业生产以外的工作机会更多，收入水平也更高。

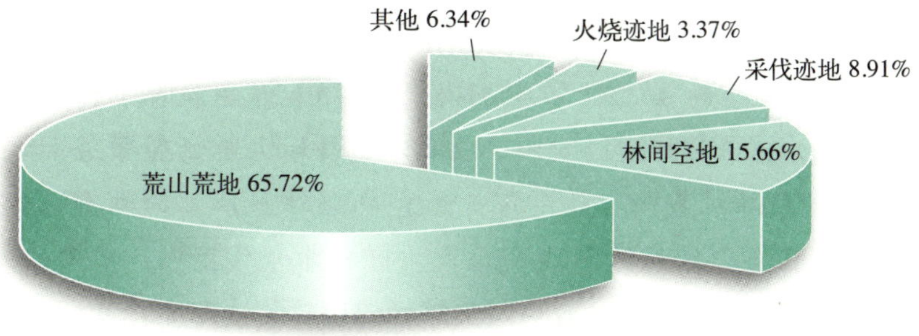

图 1-7　样本农户家庭宜林地类型

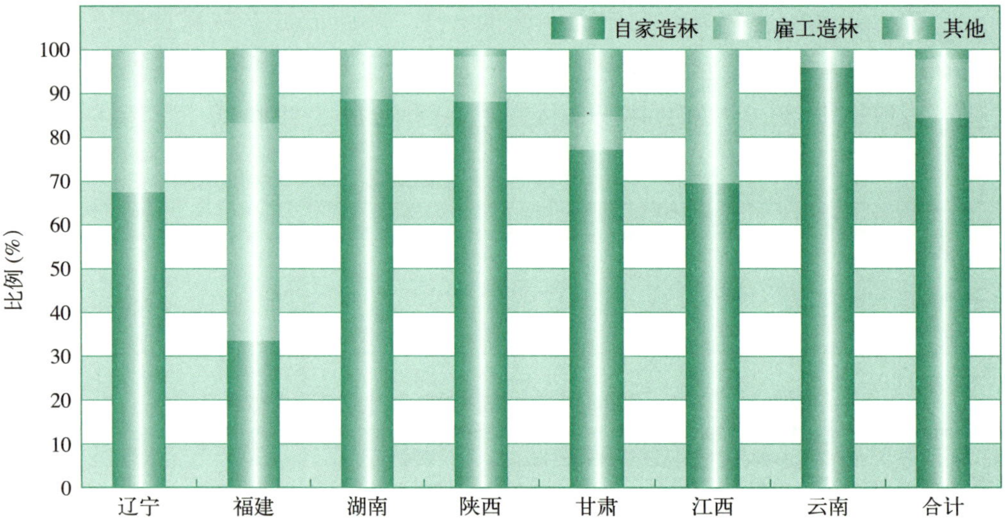

图 1-8 样本农户履责造林方式选择

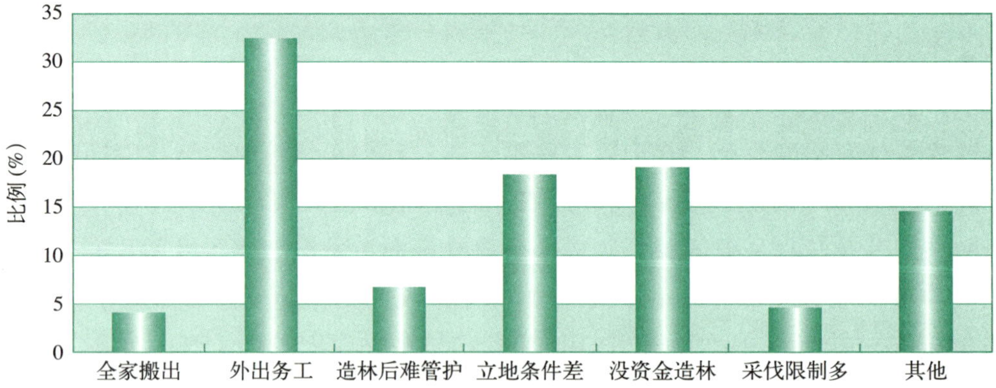

图 1-9 样本农户未造林的原因

3. 缺乏劳动力是影响农户造林的主要原因

监测发现，影响样本农户履责造林的关键因素是外出务工，超过三成的农户未及时造林的原因是外出务工，家庭缺乏投入造林的劳动力。此外，家庭承包宜林地立地条件较差和缺乏造林资金也是影响农户履责造林的重要因素，占比分别为18.41%和19.18%（图1-9）。

（三）森林采伐机制

1. 木材产量持续下降，村及村以下组织和农民个人生产木材产量占比提高

2016年，70个样本县木材产量为350.85万立方米，比2015年减少了36.41万立方米，降幅约9.40%；其中，村及村以下各级组织和农民个人生产的木材255.42万立方米，占木材总产量的72.80%，比2015年上升16.81个百分点（图1-10）。样本县木材总产量、村及村以下各级组织和农民个人生产的木材一升一降，综合反映了林业改革政策的系统影响：国家全面停止天然林商业性采伐，国有林场改革定位公益服务、调减木材产量必然会使县域木材产量下降；进一步放活农户承包商品林经营、全面推行集体林采伐管理简化改革使得村及村以下各级组织和农民个人生产林木采伐量占比提高。

2. 天然林木材产量大幅下降，农户对天然林停伐政策认可度较高

2016年，样本县来自天然林的木材产量为12.14万立方米，占木材总产量的3.46%；

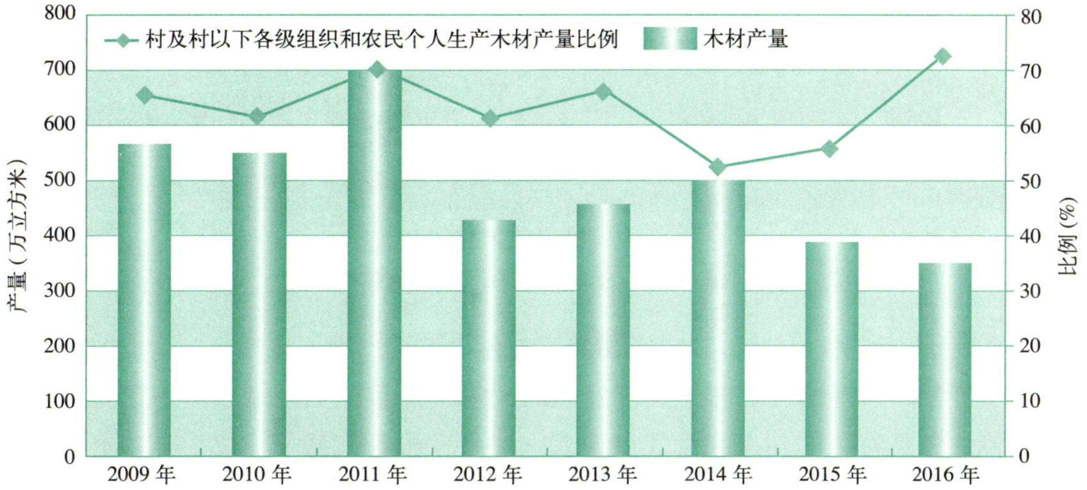

图 1-10　2009 – 2016 年样本县木材产量变化

与2015年相比，天然林木材产量减少了52.85万立方米，占比下降了13.32个百分点。样本农户中有10户获得天然林采伐指标，占获得采伐指标农户的15.63%；天然林批准采伐量424立方米，占批准采伐总量的2.9%；与2015年相比，天然林批准采伐量减少了707.50立方米，占比下降了7.19个百分点。大多数农户对天然林停伐政策表示理解和支持，八成农户认为天然林停伐采伐政策很好，近九成农户愿意停止天然林采伐。

（四）林下经济

1. 林下经济产值增长，发展带动作用明显

2016年，全国林下经济产值6089.79亿元，参与农户数6010.11万户，共有示范基地6214个，各级奖补资金8.70亿元，平均每个基地奖补约14万元。2016年，样本县林下经济产值407.26亿元，比2015年增长了0.42%（图1-11）；带动就业人数250.78万人，比2015年增加了35万人；林下经济就业人口占到了农业人口的11.14%，比2015年提高1.53个百分点；农民人均林下经济纯收入2536.90元，与2015年基本持平；林下经济产值构成主要以林下种植为主，占比34.69%，其次是森林景观利用，占比24.34%（图1-12）。

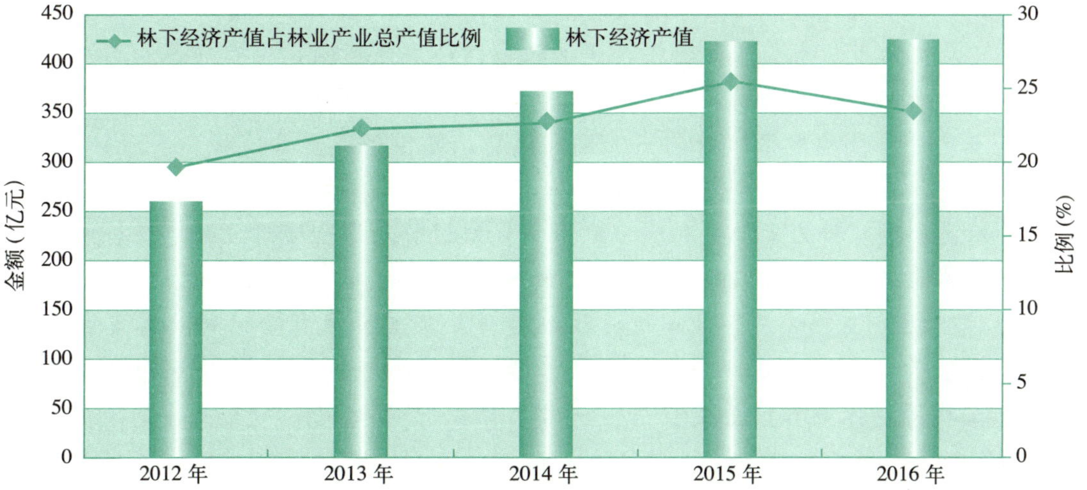

图 1-11　2012 – 2016 年样本县林下经济产值及比例变化

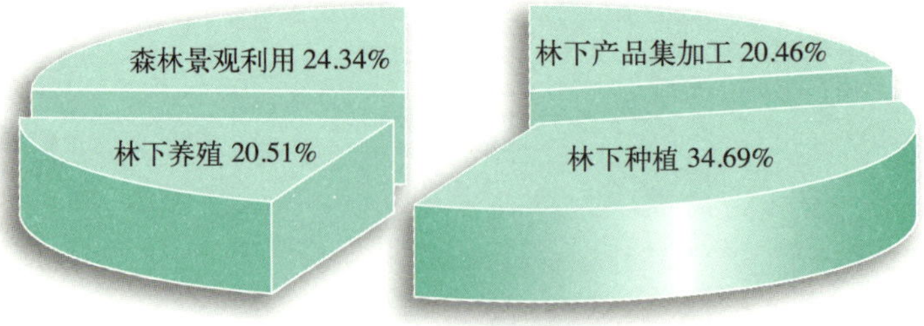

图 1-12 样本县林下经济产值结构

2. 政策引导示范作用加强，发展模式格局特色

2016年各样本省加强了林下经济发展的政策引导示范和规划指导，因地制宜的发展出了多种各具特色的林下经济发展模式。2016年福建省武平县以“国家林下经济示范基地”建设为抓手，结合精准扶贫，安排专项扶持资金，通过建立“公司+基地+贫困户”等多种模式，聚合贫困农户共同发展林下种植养殖业，迅速拓宽了林农和贫困户增收路子。全县全年实现林下经济产值24.22亿元，林下经济已经成为当地林农收入增长的主要来源。云南省在2016年根据本地自然气候条件形成了林下经济多元立体化的发展模式，镇沅、普洱、景东等地纷纷在经济林下开展中药材的套种。湖南省涟源市专门成立了全市林下经济发展工作领导小组，创立政府领导、部门联动、企业示范、农民参与的林下经济发展工作机制；2016年全市已建成珍贵花卉苗木基地5000亩、油茶林基地50000亩、木本中药材基地20000亩。江西省九江市通过加强宣传发动、优化产业布局、加大扶持力度等三项举措促进市域林下经济发展；重点发展油茶、花卉苗木、竹产业、森林药材、野生动物驯养、森林生态观光休闲旅游等，加快建设示范基地，加

专栏 1-3 江西省九江市强化三项举措促林下经济发展

为深入贯彻江西省林下经济暨造林绿化工作现场推进会议精神，九江市政府要求，全市各地要充分利用丰富的生态资源，大力发展林下经济，努力把一座座青山变成金山银山。

一是加强宣传发动。各地要大力宣传林下经济发展的意见、扶持政策、种养技术，经营模式及成功典型，激发群众参与林下经济发展的热情。

二是优化产业布局。各地要根据区域条件和发展基础，重点发展油茶、花卉苗木、竹产业、森林药材、野生动物驯养、森林生态观光休闲旅游等，加快建设示范基地，加快构建区域特色产业发展格局，逐步形成产业规模，实现产、加、销一条龙，贸、工、农一体化。

三是加大扶持力度。要积极争取中央、省级财政资金项目扶持，结合九江市相关涉林配套资金，大力推动林下经济的可持续发展。要大力推进林权抵押贷款，鼓励林下经济经营者及企业通过林权抵押贷款筹集发展资金。对具备发展潜力的专业合作社、示范基地及龙头企业，各级政府和有关部门要给予政策、项目和资金扶持。林业部门要发挥专业优势，组织有关专家深入产业一线开展科技帮扶。

专栏 1-4　甘肃省庆阳市探索创新形成十种林下经济发展模式

近年来，甘肃省庆阳市挖掘 1184.97 万亩林地资源，充分利用林下生态空间，积极探索，形成了林下经济的“十种发展模式”。

①林苗复合模式，充分利用林下遮阳、保墒、透风的优势，在林下培育喜湿耐阴的稀有苗木。②林药复合模式，在林下栽培柴胡、芍药、山药等。③林草复合模式，以保持水土、维护地力和改良土壤促进并提高立地生产力为目的，在经济林下种植紫花苜蓿等牧草。④林菌复合模式，利用林下湿度大和光照强度低等有利条件，在郁闭的林下发展木耳、香菇、平菇、羊肚菌等食用菌。⑤林菜复合模式，在林下积极发展黄花菜、大白菜、油菜、菠菜、香菜、萝卜、甘蓝等蔬菜。⑥林经复合模式，在林下间作套种青苹、油料、文冠果等经济作物。⑦林禽复合模式，在林下透光性、空气流通性好的环境条件下，放养或圈养鸡、鸭、鹅、香醇雁等禽类。⑧林畜复合模式，在林下适宜地段或区块养殖黑猪、野猪、獭兔等。⑨林下生态旅游模式，利用森林及其生态的多种功能，发展林下休闲、娱乐、餐饮为一体的生态旅游业和林下采摘、垂钓等特色产业。⑩林产品加工模式，利用林下产品资源，培育和引进一批龙头企业，深化林产品精深加工，拓展销售渠道，延长加粗产业链条，提高产品附加值和综合效益。

快构建区域特色产业发展格局；鼓励林下经济经营者及企业通过林权抵押贷款筹集发展资金；对具备发展潜力的专业合作社、示范基地及龙头企业，政府有关部门要给予政策、项目和资金扶持；林业部门发挥专业优势，组织有关专家深入产业一线开展科技帮扶。

三、财政支持政策

（一）公益林生态补偿面积进一步扩大，地方公益林面积占比提高

2016年样本县获得生态效益补偿的公益林7200.38万亩，占公益林总面积的94.09%；与2015年相比，补偿面积增加了1143.93万亩，占比增加了2.4个百分点。其中，国家公益

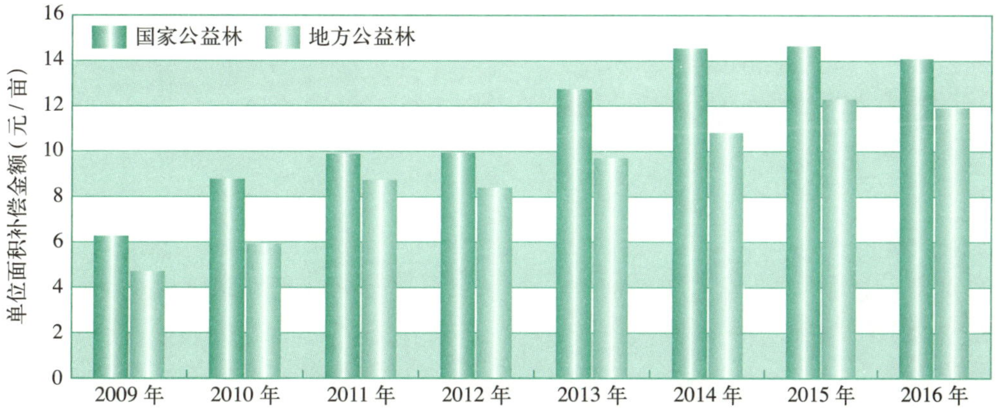

图 1-13　样本县公益林单位面积生态补偿金额变化

林补偿面积占64.42%，平均补偿额为14.14元/亩；地方公益林补偿面积占35.58%，平均补偿金额为11.99元/亩（图1-13）。与2015年相比，国家公益林面积比例下降了7.76个百分点，地方公益林面积比例提高了7.76个百分点。

（二）造林补贴面积减少，单位补贴面积增加，受惠农户减少

2016年，样本县有92.09万亩造林地获得造林补贴，占造林面积的17.7%；补贴金额1.85亿元，亩均补贴201.31元，比2015年增加17.03元；有5.11万农户获得补贴1.15亿元，户均2268.96元。与2015年相比，造林补贴面积下降了3.89%，比例上升8.31个百分点，补贴金额上升4.99%，亩均补贴上升了9.24%，受惠农户下降1.73%，户均补贴下降4.54%（图1-14）。

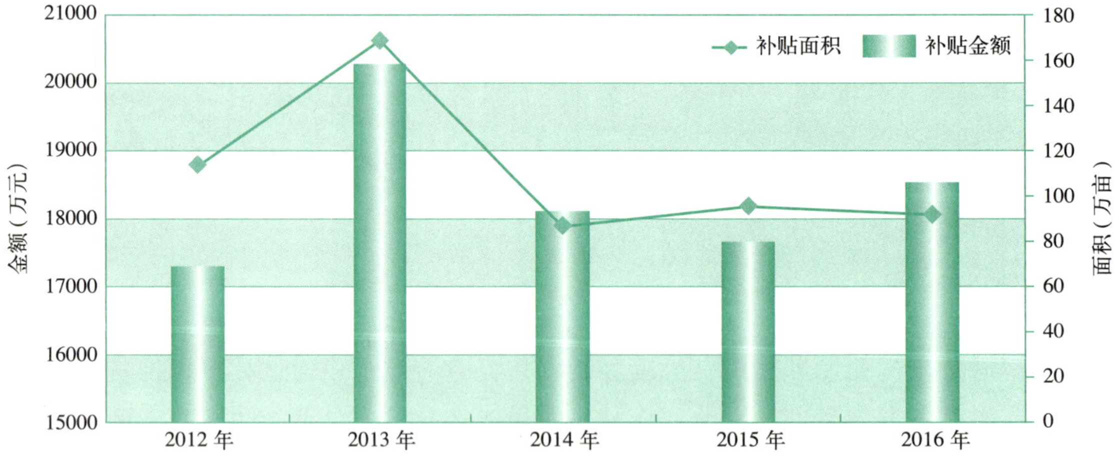

图 1-14　样本县造林补贴面积和金额变化

（三）抚育补贴面积上升，单位面积补贴提高

2016年，样本县森林抚育补贴面积160万亩，占抚育面积的68.87%；补贴金额1.63亿元，亩均101.48元；有2.91万户农户得到补贴，户均2644.11元。与2015年相比，抚育补贴面积上升了9.74%，亩均补贴上升了1.1%，户均补贴上升了30.57%（图1-15）。

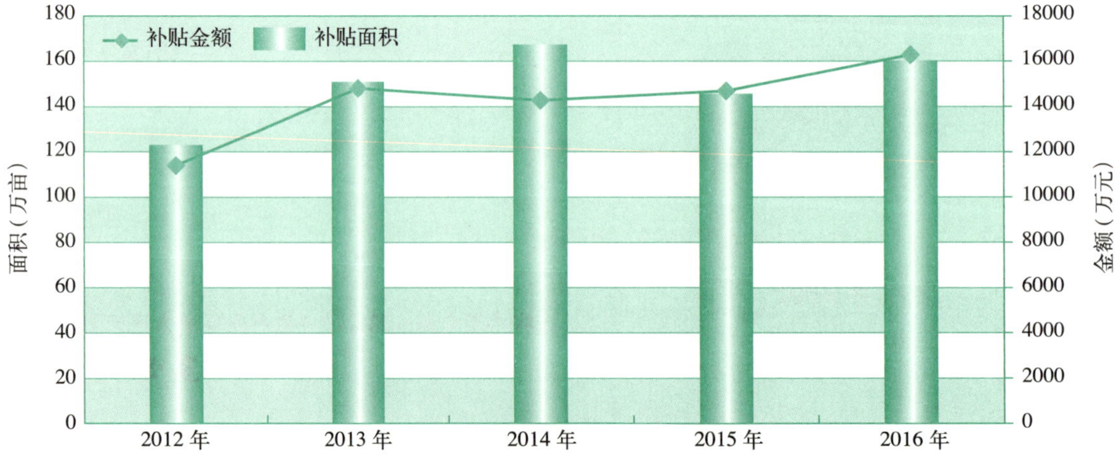

图 1-15　样本县森林抚育补贴面积和金额补偿变化

四、林业金融政策

（一）林权抵押贷款

1. 贷款规模保持稳定，农户贷款意愿较弱

截至2016年底，全国有27个省（自治区、直辖市）开展了林权抵押贷款工作，抵押林地面积9759.01万亩，占已确权林地的3.64%；年末贷款余额1297.42亿元，平均每亩贷款1329.46元。年末逾期贷款余额125.87亿元，逾期贷款率9.7%，不良贷款余额58.86亿元，不良贷款率4.54%。

2016年，样本县新增抵押林地面积172.48万亩，年末实有抵押林地面积1239.60万亩，占林地总面积的5.80%；年末贷款余额150.56亿元，平均每亩贷款1214.56元，与2015年基本持平。已偿还贷款65.16亿元，偿还率为96.22%；不良贷款1.12亿元，不良贷款率为0.75%，比2015年下降了0.04个百分点，比全国银行业金融机构不良贷款率①低1.16个百分点（表1-5）。

从农户数据来看，农户林权抵押贷款需求较低。2016年，样本农户中有358户有林权抵押贷款需求，占比10.22%，其中，有90户申请了林权抵押贷款，占有需求农户数量的25.14%，大部分农户没有申请的原因主要是条件苛刻和手续繁杂。有58户成功申请到了林权抵押贷款，占申请农户数的64.44%。有58户成功申请到林权抵押贷款，占申请农户数的64.44%；共抵押林地5153亩，占家庭林地总面积的1.66%，平均每户抵押面积88.84亩，是户均家庭林地面积的1.01倍；获得贷款862.238万元，平均每亩贷款1673.26元；期限1.92年，利率8.15%。

表 1-5　样本县林权抵押贷款年度变化情况②

年　份	2009	2010	2011	2012	2013	2014	2015	2016
抵押面积（万亩）	336.01	373.56	773.07	1107.82	1239.76	1167.19	1736.30	1239.60
比例（%）	1.57	1.74	3.64	4.46	5.81	5.46	8.19	5.80
贷款金额 / 余额（亿元）	21.98	35.30	69.24	99.89	126.24	156.06	215.29	150.56
亩均贷款额（元 / 亩）	654.09	945.07	895.71	901.64	1018.25	1337.09	1239.94	1214.56
贷款农户数（万户）	1.20	1.40	2.32	4.35	5.02	5.16	6.50	5.63
比例（%）	0.20	0.23	0.38	0.69	0.83	0.84	0.74	0.90

2. 林权抵押贷款模式创新

2016年，为认真贯彻习近平总书记对林权制度改革的重要指示，进一步深化集体林权制度改革，推进普惠金融阶段性发展，实现全面小康社会的目标，各地积极创新林权改革金融产品模式，拓宽林业金融发展渠道，探索解决林业金融产品成本高、种类单一、手续繁杂、利率水平、贷款期限与林业生产周期长不匹配的问题，由此创新出一系列林业金融产品实现惠农利农安农，如福林贷、银保联合以及公益林补偿收益权质押贷款等。

① 中国网财经 3 月 2 日讯，银监会主席郭树清在国新办新闻发布会上指出，截至 2016 年底，银行业金融机构不良贷款率 1.91%，其中，商业银行 2015 年底不良贷款率 1.74%。

② 由于 2016 年统计口径发生变化，抵押面积指年末实有抵押面积，到期抵押面积不包括在内，贷款余额也不同于往年的贷款金额，因此，数据要小于之前的累计数。

（1）三明普惠林业金融产品“福林贷”。“福林贷”是三明政府主导推进的一款普惠制林业金融产品，由村委牵头设立村级林业担保基金，当林权所有者向银行申请贷款时，依托林业合作社为林农提供贷款担保，同时林权所有者以其自留山、责任山、林权股权等林业资产作为反担保标的，银行收到林业合作社提供的同意担保意见书等有关资料之后，依照合同发放贷款。具有利率低、期限长、还款方式灵活等特点。相对于一般的林权抵押贷款，普惠林业金融产品“福林贷”少了评估费用，在贷款成本上得到较大幅度的下降。贷款额度实行动态管理，最高不超过20万元。贷款期限遵循“一次授信、总额控制、三年循环使用”原则，贷款申请人有权在商定的最高额度内随用随贷，随时偿还。“福林贷”的重大意义在于不仅盘活了林农手中的小额林业资产，更破解了林农贷款难、担保难的瓶颈，也解除了银行监管难、处置难的后顾之忧。不仅商品林，而且毛竹、果树、油茶、茶叶等可参照这种模式运作，真正惠及千家万户。

（2）银保联合。江西省龙南县联合邮储银行和保险公司，重点推出的林权抵押贷款项目，通过银保合作建立以抵押贷款为核心，森林保险保单增信和风险赔偿为辅助的林业金融新模式。一方面通过林权抵押贷款能够有效激活林业资产的金融属性；另一方面森林保险保障了贷款人的有效偿贷能力，两者相互促进盘活山林6万多亩，发放贷款6000多万元。放贷过程中贷前资产评估机构、银行、保险公司进行联动调查对林权、树种、从事林业生产年限等进行全面调查；贷中根据银行分级审查审批结果，对信用达标、生产能力不达标、贷款用途不明确的一律不承保，在源头上避免了信用风险和保险风险；贷后追踪被保险林农和林业相关企业的灾害处理和损失赔偿情况，将赔款第一时间用于还贷，有效降低银行不良贷款风险。

（3）公益林补偿收益权质押贷款。长期以来，公益林受采伐政策的限制，林农群众无法直接以林木或林地的价值进行抵押融资，公益林的生态补偿收益权没有充分发挥。为充分挖掘公益林资产价值，浙江丽水、温州等地先后创新开展以公益林补偿收益权作为质押的融资业务试点。公益林补偿收益权质押贷款，是指借款人以合法、可持续的公益林补偿收益权作为质押担保，由金融机构为贷款人发放的一种创新型贷款。贷款对象包括合法持有林权证（或林地经营权流转证）和公益林资源的企业法人、经济合作社、农民专业合作社家庭林场（农场）或其他经济组织、个体工商户等。公益林补偿收益权质押贷款办理手续简单，只需提供林权证，近3年已获得公益林补偿金收入账单或公益林补偿收益权证明、承诺书等材料即可。2017年8月16日，温州市泰顺农信联社司前信用社发出温州市首笔公益林补偿收益权质押贷款。当地竹里村村民雷圣典用自家200亩生态公益林补偿收益权做质押，办理了5万元贷款，用于采购农资。公益林补偿收益权质押贷款政策的出台，将激活公益林这一“沉睡资产”，惠及广大林农和林区村集体。

3. 林权收储担保

为了加大金融对集体林业发展的支持力度，促进森林资源资本化，《国务院办公厅关于完善集体林权制度的意见》提出，“鼓励和引导市场主体对林权抵押贷款进行担保，并对出险的抵押林权进行收储。各地可采取资本金注入、林权收储担保费用补助、风险补偿等措施支持开展林权收储工作。”林权收储对打通林权融资最后一公里具有重要作用。

林权收储，就是由林农、银行、林业收储中心三方签订《林权抵押贷款担保收储协议书》，林农以林权作为担保申请贷款，评估机构对抵押林权进行评估，收储中心对贷款进行担保，银行据此发放贷款。一旦贷款出现违约风险，收储中心负责处置抵押的林权资产，并偿还银行贷款。目前，林业收储中心主要由政府出资，政府作为担保者直接向债权人（银行）做出的在担保受益者（借款人）违约时支付债务的承诺。当贷款人发生贷款违约时，由政府代替债务人向债权人偿付贷款。因此，目前的林业收储实质是一种政府担保。林业收储中心全程参与林权抵押贷款贷前审查、贷中与贷后管理。林业收储贷款集借款人、银行、评估、保险、林权收储中心等多方主体为一体，导入抵押、保证、出险、资产处置等机制。

林权收储使得林权抵押贷款就变成了银行和林业收储中心之间的担保关系。当信用风险发生时，由林业收储中心对抵押林权进行处置，并偿还贷款。林业收储中心从各环节强化了抵押林权的安全性、流动性与赢利性，提升了抵押林权的担保力，从而降低了银行林权抵押贷款信用风险发生概率与损失率，对于防控林业金融风险，消除银行业金融机构的后顾之忧，推进林权抵押贷款“增户扩面”具有重要的意义。

近几年，福建、浙江等地积极探索发展林权收储担保、林业融资担保等业务，并出台了一系列地方性文件。2016年11月，《福建省林业厅关于进一步推进林权收储工作的通知》出台，进一步加强和规范林权收储工作。目前，样本县共有林权收储机构10个，其中，9个在福建，2个县的3个林权收储机构共收储林地面积6359亩，处置林地3900亩。福建三明市已成立10家林权收储机构，主要有“三种模式”：一是混合所有制模式，注册成立中闽林权收储有限公司，其中民营企业出资6000万元，占75%；国有单位出资2000万元，占25%。二是民营模式，成立福建汇松林业收储有限公司、永安市佳洁、宁化县润安、建宁县森泰、泰宁县泰林5家民营性质的林权收储机构。三是国有或国有控股模式，如沙县森林资源收储管理有限公司、尤溪县森晖林权收储管理有限公司等。林权收储机制和服务平台，助推了林权抵押贷款业务发展，撬动了更多金融资本和社会资本投资林业，成功探索出了一条符合林业特点的融资业务。

（二）森林保险

1. 参保面积下降，保险赔付率提高，统保是农户主要参保途径

2016年，全国参保森林面积20.44亿亩，比2015年减少1.3亿亩，下降5.98%，其中，公益林16.99亿亩，占83.12%；商品林3.45亿亩，占比16.88%。保险金额11779.98亿元，亩均保额576.37元[①]，亩均保费1.44元。

样本县共投保林地1.22亿亩，占林地总面积的56.87%；保险金额516.72亿元，亩均424.84元；保费总额1.36亿元，亩均1.12元；保费补贴1.03亿元，亩均0.84元，占保费总额的75.54%。农户实际负担保险费率为0.64‰；保险公司赔付6761.91万元，赔付率为49.76%，比2015年提高17.68个百分点，比同年全国农业保险赔付率低31个百分点（表1-6）。2016年，样本农户中有1289户参加森林保险，投保面积14.23万亩，占农户家庭林地总面积的45.93%，其中政策性森林保险占98.80%，商业性森林保险只占1.20%，保险金额6039.94万元，亩均424.45元；农户实际缴纳保费20.822万元，亩均1.46元，农户实际

① 数据来源：2017 中国森林保险发展报告，中国林业出版社。

负担率3.48‰，各种形式的统保是主要参保途径。农户风险意识低，参保积极性不足，参保农户仅占总数的37.19%，有超过六成没有参加森林保险的农户是因为觉得没有必要。

表 1-6　样本县森林保险年度变化情况

年　份	2009	2010	2011	2012	2013	2014	2015	2016
投保面积（万亩）	3098.77	3891.64	9026.27	11618.84	15467.55	12927.29	13741.72	12162.71
比例（%）	14.45	18.17	42.50	54.18	72.45	60.51	64.81	56.87
平均保额（元 / 亩）	372.45	391.25	409.62	480.38	428.63	437.16	439.14	424.84
平均保费（元 / 亩）	1.26	0.86	1.02	1.57	1.15	1.12	1.06	1.12
保险费率（‰）	3.38	2.19	2.50	3.26	2.81	2.57	2.42	2.63
农户实际负担费率（‰）	0.60	0.28	0.35	0.62	0.65	0.66	0.62	0.64

2. 森林保险产品不断创新

（1）多年期森林保险产品

森林生长的长周期性决定了森林保险与农产品保险的基本价格形成机制不尽相同。基于此，人保财险通过评估多年期活立木价值以及火灾纯风险损失率，构建了多年期森林保险产品。2016年，多年期森林保险产品在云南、江西等地试点开办，共计为35户农户提供风险保障7.24亿元，保费收入100余万元。各地针对当地林木品种和生长特点设计了不同的保障标准、保险费率，以及保费趸缴折扣率，一方面保险期限与承保期限相对应，在提高投保农户资信水平的同时，节约了保险支出成本；另一方面补充了政策性森林保险保障程度不足的现状，取得了较好的社会效益。目前，多年期森林保险业务尚处于试点开办阶段，业务规模较小，未申请地方财政补贴资金支持。

（2）经济林保险

林业产业规模不断发展和壮大，但经济林和林下作物尚未纳入政策性保险，林农常常面临因自然灾害造成经济林损失又无补偿的问题。中国人保通辽市开鲁支公司作为分公司经济林产量保险业务首批试点单位，通过对麦新镇林发村主产果树品种在不同生长时期面临的风险和平均亩产向技术专家咨询，实地查验、逐户落实投保面积，估算亩均产量，科学核实保险金额，共承保沙果、梨、李子、苹果近100亩，承担风灾、雹灾风险30余万元。赤峰市分公司宁城支公司相继签订经济林产量保险业务，承保大双庙镇个体农户栽植的各种梨树160亩，每亩保额5000元，承担雹灾责任80万元，共实现保费19200元。

（3）指数保险

相对于传统农业保险，指数保险整体风险可控，承保理赔操作便捷，有效规避道德风险，是对我国现有传统农业保险的有力补充与升级，对于政府加强森林风灾防控，稳定林业生产、提高林农抵御森林风灾的能力和促进林业生产发展有重要的意义。2016年第3号“银河”台风登陆海南时，兴隆华侨农场投保的橡胶树区域风速达到9级，达到保单约定的起赔风速标准，经测算，损失率为14%，人保财险在责任认定后15个工作日支付了保险赔款。为了验证风灾指数产品方案的科学性，后又采用传统查勘方式进行了损失核验，实地收集橡胶树损失率约为13.02%，保险方案设定的指数指标与实际损失相关性初步得到验证。宁波市林木种植风灾指数保险产品于2016年首年试点开办，主要以商业性保险方式运营。自该业务开展以来共实现保费收入110.67万元，承保面积6149亩，为当地大型林业企业提供高达1229.7万元的风险保障。

3. 技术服务创新助力森林保险发展

（1）信息化手段推动森林保险经营模式升级

通过技术创新，将互联网、“3S”技术、无人机等先进技术和设备科学应用到森林保险的各个环节，可以有效降低查勘成本，提高定损效率、确保及时精确理赔，使广大林农的利益得到有效保障。人保财险积极引入空间信息技术，打造3S技术支持下的“天空地”（卫星遥感、无人机遥感和地面查勘）一体化的农业保险立体服务体系，开展了大量“按图承保”和“按图理赔”新模式应用实践。2016年9月15日，第14号台风“莫兰蒂”在厦门市登陆，登陆风力达15级，是新中国成立以来闽南地区的最强台风之一。由于地处原始森林，且面积较大，人员难以进入查勘。为及时掌握森林受损情况，中国人保财险联合北京师范大学结合国家减灾委测算的“莫兰蒂”风场模拟结果，科学运用无人机航拍、GPS定位和遥感测量等技术手段，对灾情较重的泉州南安，厦门同安、翔安等地林木受灾情况进行查勘定损，极大地提高了大灾理赔速度与定损精度。

安华农业保险公司与中农阳光数据有限公司联合研发的“‘SGE天地眼’精准监测与评估技术”是基于3S技术，结合气象分析、智能终端和航拍航测技术，构建“天空地一体化数据采集系统”，实现对农林品类、面积、受灾程度的准确识别、测量、定位与分析。2016年台风“狮子山”发生后，吉林省延边朝鲜族自治州中东部地区长白山局部山洪暴发、部分水库超汛限，致使原始森林和龙段出现水毁和水淹灾害。为顺利启动并快速精准地完成灾后查勘定损工作，在多处路段阻断，以及部分林区人力无法到达的情况下，安华农业保险吉林省分公司紧急启动“‘SGE天地眼’精准监测与评估技术”，采取空中卫星遥感，地面人工抽样取点测查相结合，对受灾林木保险标的灾前、灾中、灾后进行全方位、立体监测与评估，仅用5天时间就完成了近万亩受灾区域的卫星遥感、测绘工作及后期的查勘点数据、气象数据、受损面积、损失情况的分析工作，保证了查勘时效，促进了科学技术成果在森林保险中的应用和转化。

（2）依托合作组织开展森林保险

安华农业保险公司自2013年开始在烟台地区开办苹果种植保险。由于果农居住较为分散，保险公司难以全部进行上门服务，加之苹果险性质为商业险，果农自交保费积极性不高，苹果险开办后果农认识程度不高、保险需求不足、保险覆盖率较低。近几年来，烟台地区果品专业合作社得到了较快发展，如何有效抵御和转移自然灾害对苹果生产的损害，是专业合作社发展壮大中时刻面对的重大问题，而对社员的果园实行统一保险则是妥善解决以上问题的较好出路。在保险公司现实的展业需要和专业合作社现实的投保需求下，安华农业保险公司积极进行服务创新，主动接洽一些专业合作社开办苹果保险，其中典型的是顺泰果品专业合作社。由顺泰合作社组织社员向安华农业保险公司投保苹果种植保险，果农入社前承担的自交保费由合作社统一出资支付，在帮助会员解决灾害损失的同时，合作社也通过苹果保险解决了生产资料代购资金安全回收问题和销售订单违约风险。

（3）建立森林保险服务站

2016年，平安财险黑龙江分公司积极与大兴安岭林业集团沟通服务新模式，提出由平安财险出资聘用林业系统内专业人员、购置灭火器材与设备、协同防火灭火宣传等内容的合作方案，并通过与集团下辖的各林业局构建森林保险服务站的形式，延伸服务触角，提高服务质量，得到林业集团的充分肯定。黑龙江分公司与集团下辖的各林业局具体实施了森林保险服务站的建设方案，每个服务站都选聘熟悉当地地理环境、森林防火灭火经验丰富的专业人员，制定了完善的服务站管理制度，包括防火宣传、火情灾情共享沟通、协助查勘流程、完善查勘信息等内容，确保每个服务站正常、有序运转。经双方的共同努力，林区森林保险服务站以“多点成线，以线盖面”的形式，切实扩大了服务覆盖面，提升了森林资源的风险保障能力。

4. 机制创新

（1）森林再保险

2016年，我国森林再保险继续保持良好发展势头，再保险保费规模达4.6亿元，同比增长36.2%；风险保障金额达4120.4亿元，同比增长31.1%。中国农业保险再保险共同体（以下简称“中国农共体”）承保业务占市场份额的52.7%。在我国森林再保险市场上，中国农共体的作用不容忽视。一是通过制度化安排和市场化模式，中国农共体有效整合行业资源，为行业提供持续稳定的再保险保障，稳定我国森林再保险市场定价和承保条件，大幅提升了森林保险行业的承保能力。二是由中国农共体担任首席再保人的业务约占市场份额的80%，发挥了在我国森林再保险市场的主导作用，增强了在国际再保险市场上的影响力和话语权。三是中国农共体发挥再保险保障功能，2016年支付森林再保险赔款4491.6万元，占行业再保险赔款的50.6%，为我国森林保险体系稳定运行提供了坚实保障。

（2）大灾保险

我国森林保险大灾分散机制的健全和完善是森林保险持续健康发展的基础保障和必然要求。近年来，国家林业局、保监会和财政部在建立和完善我国森林保险大灾风险分散机制方面开展了大量工作。一是建立健全大灾风险准备金制度，目前，我国农业保险大灾风险准备金已积累73亿元。二是建立以中国农共体为核心的再保险体系。通过两年多的实践，我国农业保险市场已经初步形成了直保公司提供基础风险保障、农共体承担中高层风险保障的农业风险分层分散机制，为下一步配合国家完善农业再保险体系、探索建立财政支持的农业保险大灾风险分散机制奠定了基础。三是鼓励各地积极探索建立农业保险大灾风险分散机制，通过地方政府出资建立大灾风险基金、地方政府与经办机构按比例共担超赔风险、国内外再保险安排等多种方式，化解农业保险经营中所面临的大灾风险。近年来，我国一些地区探索建立了相应的森林保险巨灾保险风险补偿和转移机制。2011年，江西省率先建立林业巨灾风险准备金制度，将承保机构当年盈余扣除业务服务费后的剩余部分，全部转为公益林统保巨灾风险准备金，并逐年滚存。此后，四川、海南、吉林等省也先后建立巨灾风险准备金制度，要求承保机构按照森林保险保费总额的25%计提巨灾风险准备金。此外，福建省建立森林综合保险风险补偿金制度，由省级财政建立森林综合保险风险补偿金，年度总额保持2000万元，上年度结余结转下年度使用。

五、林业社会化服务体系

林业社会化服务体系是由政府职能部门、行业协会、经济合作组织和其他服务实体组成的，政府公共服务和群众自我服务相结合的综合性林业服务体系，包括公共服务体系和市场化服务体系。2008年《中共中央、国务院关于全面推进集体林权制度改革的意见》、2016年国家林业局制定的《林业发展“十三五”规划》和《国务院办公厅关于完善集体林权制度的意见》均提出要完善林业社会化服务体系。

（一）林权管理服务机构不断增加，林业科技服务不断加强

截至2016年底，全国共有林权管理服务机构1962个。与2009年相比，林权管理服务机构数量增加了1492个，增长了3.17倍，年均增速22.65%（图1-16）。样本县林业公共服务机构数量共计668个，其中林权管理服务中心数量128个，占比19.16%；林业市场化服务机构数量1849个，其中获得财政补贴的机构数量163个，占比8.82%；森林资源资产评估机构数量44个。林业科技服务不断加强，2016年，林业科技活动经费2370.59万元，比2015年增长23.67%，其中财政补贴占比78.31%，比2015年提高15.80个百分点；林业科技下乡次数达到7411次，平均每个县约106次；林业科技培训人次达到27.32万人次，平均每个县3903人次；乡土专家数量达到9825人，比2015年增长29.86%；林产品流通体系不断完善，林业电子商务平台达到180个，实现林业电子商务交易额10.57亿元。

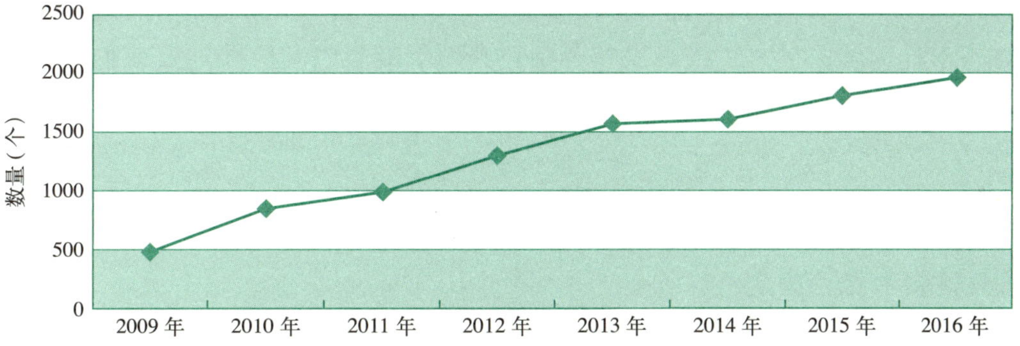

图 1-16　全国林权管理服务机构数量年度变化

（二）公共服务不断完善

随着集体林权制度改革明晰产权、承包到户工作的基本完成，林业经营主体日益多元化，林农群众参与经济社会活动程度不断深化，对林业公共服务的需求不断上升。从实际情况来看，基层林业机构提供的林业公共服务最为全面、服务的范围也最为广泛，服务内容主要包括政策咨询、采伐手续办理、科技支撑、灾害防控、林区基础设施建设等公益性服务。在服务方式上，许多地区实行了“一个窗口受理，一次性告知、一条龙服务”的一站式、全程代理式服务，一些地区逐步在重点林区的村组设立服务代理点，选聘专人负责受理群众申办事项。云南省普洱市作为全省林权流转和社会化服务试点市，积极探索建立林权社会化服务体系，在江城县林业局林权管理服务中心设立了林权社会化服务窗口，开展林权查档、林权权属核查、森林资源调查、森林资源资产评估、林业保险、林权融资方案策划等业务。经过一年的试点，江城县业局建立了规范的林权交易平台，制定了江城县人民政府林业局林权管理服务业务操作规范，林权社会化服务体系基本建立。依托林权综合管理信息平台及林权社会化服务平台，建立起了抵押贷款各环节协作机制，大大简化了林权抵押贷款办理流程，为办理贷款的农户节约了时间，也为降低

了银行、金融机构的金融风险，有力促进了林权抵押贷款工作和森林保险业务的开展。

（三）市场化服务逐步建立

《国务院办公厅关于完善集体林权制度的意见》提出，加快基层林业主管部门职能转变，强化公共服务，逐步将适合市场化运作的林业规划设计、森林资源资产评估、市场信息、技术培训等服务事项交由社会化服务组织承担。目前，林业市场化服务主要是指在产前、产中、产后各环节为林业生产经营提供专业化、市场化服务的经济组织，包括专业服务企业、中介组织和农民经纪人等。2015－2016年，为推进林权流转、规范流转行为、防范流转风险，推动林业适度规模经营，江西省启动了省、市、县、乡、村五级林权流转管理服务体系建设，分两批选择了遂川、武宁等31个县作为管理服务体系建设试点县。各试点县加强了对乡、村服务平台的资金投入，强化服务窗口、基础设施及服务业务标准化建设，建立了统一的网上林权流转信息管理和信息服务系统。31个试点县均完成了管理服务平台试点，1500多个县、乡、村服务平台实现平台挂牌、人员上岗和制度上墙。管理服务体系开展的一系列流转交易服务行为全部在统一的信息服务平台上操作和公示，任何组织和个人均可登录网站进行浏览和监督；所有项目流转交易过程全部在网上公开进行，所有流转交易价格行情等全部在网上同步发布，可有效解决林农市场信息不对称问题；扩大了信息发布范围，有助于吸引更高层次、更有实力的投资者，形成竞价局面，充分发挥市场价格发现功能。

六、农民林业收入增加，林业就业率稳定上升

（一）林业就业率保持稳定

2016年，样本农户林业就业人口①占农户家庭劳动力人口的8.15%，与2015年相比，林业就业率提高了0.76个百分点。总体来看，林业就业率在林改初期增长明显，近几年虽有小幅波动、但基本稳定在8%左右。与2009年相比，2016年样本农户林业就业率上升了1.60个百分点（图1-13）。样本农户雇佣的劳动力占家庭自投劳动力的90.11%，比2015年提高近1倍。

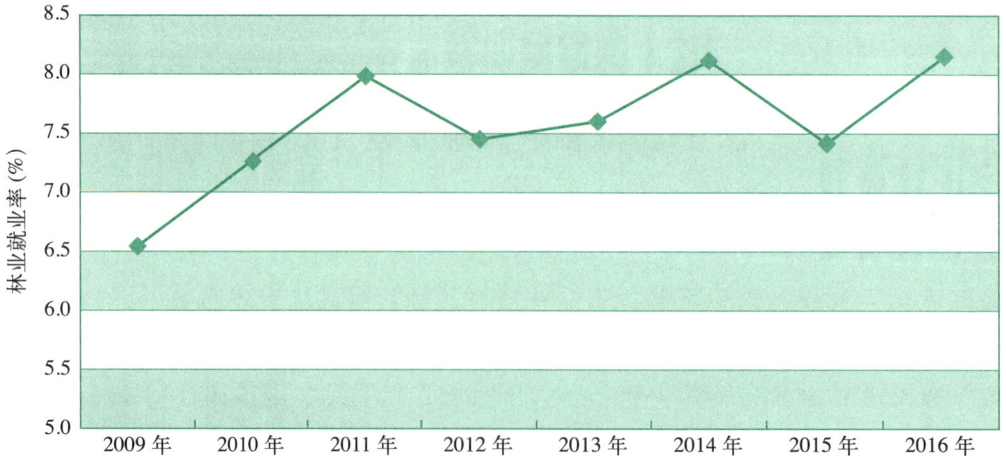

图 1-17 样本农户林业就业率年度变化

① 林业就业人口是将样本农户外出涉林务工与家庭林地自投劳动力工日之和 / 全国法定工作日 251 天折算得到。

专栏 1-5　林业就业缓解贫困

"生态护林员"精准扶贫工作是目前林业助贫扶贫的有效手段。为了能与国家精准扶贫政策相切合，中航安盟保险公司立足自身业务实际，开展了"生态护林员"的精准扶贫工作。公司以提供"生态护林员"工作岗位的方式在四川"三州"地区开展精准扶贫工作，结合当地实际情况，协助当地林业管理部门做好森林巡护管控工作，以"就业扶贫"的途径支持当地打赢脱贫攻坚战。该项目以"巡山护林、防灾防损、就业扶贫"为原则，体现四大重点：一是所有县，森工局，管理局和林场全覆盖，并按照一级、二级防火县区别对待，突出重点，突出区域；二是以"一年一聘"的方式，聘用当地建档立卡的贫困户为季节性巡山护林人员；三是所涉及护林人员的聘用、考核、日常管理等工作均纳入当地政府关于选聘生态护林员的工作中统一管理，作为对当地政府选聘生态护林员项目的补充；四是项目持续至2020年，与政府扶贫攻坚目标相吻合。截至2016年，公司在"三州"地区聘用的护林人员已达到2411人，每年投入超过1800万元，年人均增加收入5600～10000元。通过建设森林防灾减灾体系，雇佣护林防火人员，创造就业机会，增加农民收入，达到精准扶贫的效果。同时，利用保险业自身优势，免费为护林防火人员提供人身意外伤害保险，满足了护林防火人员的风险保障需求，有效防范了因灾致贫、因灾返贫。

（二）林业收入增长平稳，占家庭收入比例下降

2016年，样本农户户均林业收入11662.33元，比2015年增长了5.76%；林业收入占家庭总收入的15.62%，比2015年下降了1.07个百分点。2009－2016年，样本农户户均林业收入总体呈现小幅波动变化，与2009年相比，2016年户均林业收入增长了17.02%，年均增长2.27%（图1-18）。与家庭其他类收入相比，林业收入的增幅明显过低，远远落后于其他收入来源，因此近两年林业收入在家庭收入结构中的比例不断降低。2009-2016年，家庭其他生产经营收入增加了196.61%，年均增长16.80；其他收入（主要来自林农的外出务工或者其他类经营收入），增加了281.07%，年均增长21.06%，均远远高于林业收入增速（图1-19）。调研发现，兼业是目前林区林农的主要生产经营方式，更多的青

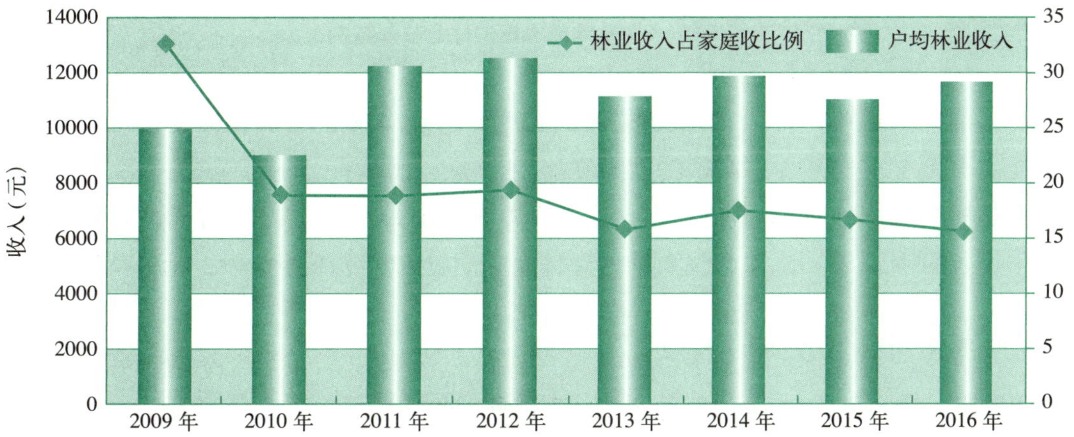

图 1-18　样本农户林业收入年度变化

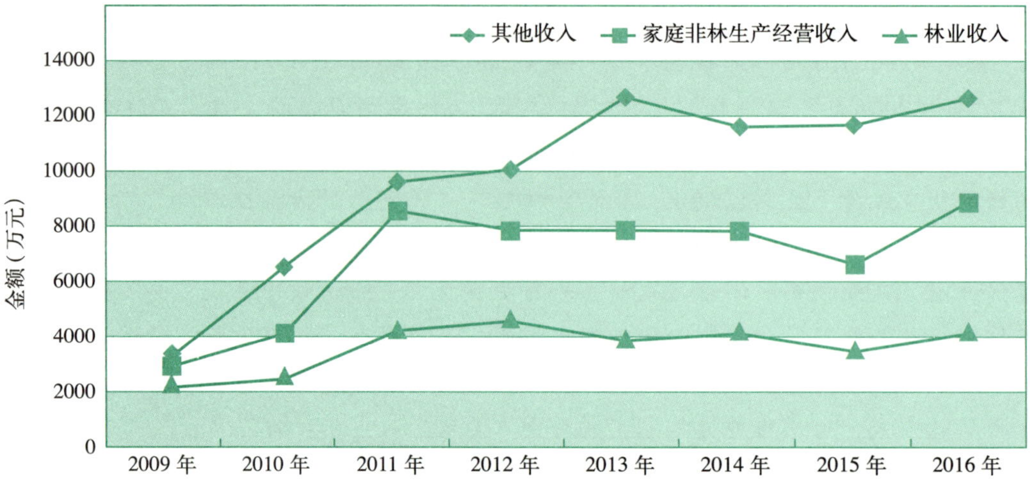

图 1-19　不同类别家庭收入的年度变化

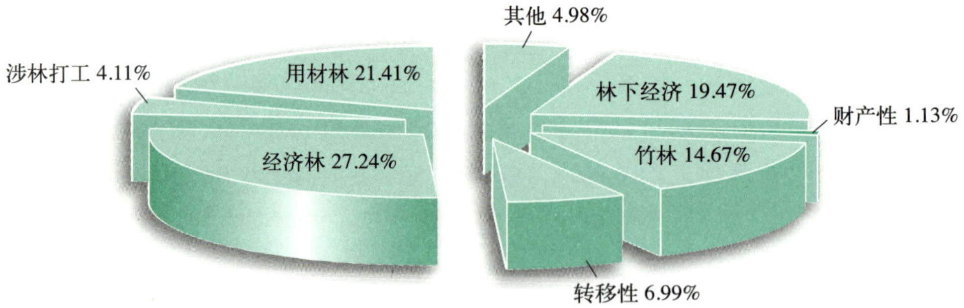

图 1-20　2016 年林业收入结构

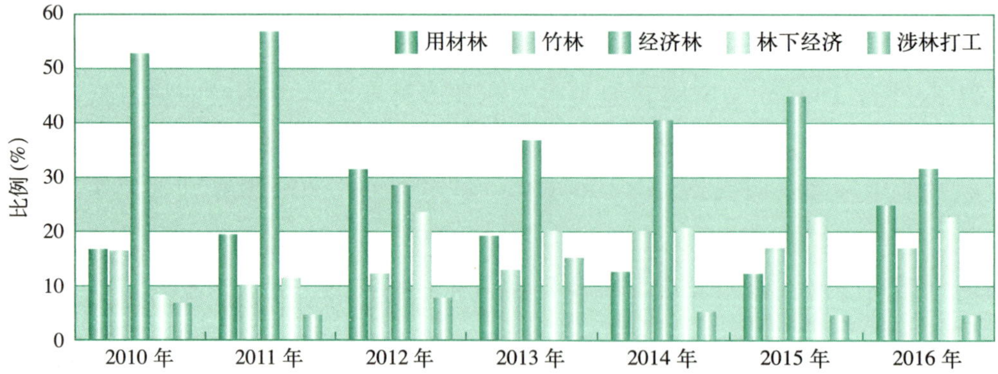

图 1-21　2010－2016 年样本农户林业收入结构占比

壮年劳动力涌向大城市，务工带来的收益远远高于林业与农业的增收幅度，这与我国城镇化的推动不无关系，甚至小城镇的建设在影响着新一代林农的生计选择。

2016年样本农户家庭林业收入结构见图1-20，其中，经济林、用材林、林下经济是林农林业收入的主要部分。林业收入结构总体稳定，连续年份变化不大（图1-21）。

（三）生产要素对林农收入的影响

监测发现，样本区在林业、其他生产经营和务工收入方面存在显著差距，并且这种差距在不断扩大，林业发展滞后的背后，凸显的是林业生产经营的结构化问题。林业生产经营主要受到土地、劳动力和资本三种要素的影响，因此，在统计分析的基础上，将农户家庭林地面积和林业收入分组，进一步通过计量模型来评估三种要素对林业收入的影响。

1. 林地面积扩大有利于林业增收，家庭公益林占比高不利于增收

结果显示，家庭林地总面积、流入林地面积对林业收入有显著的影响，且对“低—中—高”的收入分组都有正向作用。公益林的面积占比与预期估计相同，对增收有明显的反向作用。现实生活中，户均林地面积是有限的甚至是匮乏的，这就导致了林农的分散式经营，与规模化运作相比，林地远不能发挥其应有的增收效应。

2. 林地收入增加有限，家中主要劳动力已流失至其他生产经营领域

虽然林业收入是农户生产经营收入的重要组成部分，但是近年来林业收入的增幅明显低于其他类经营收入。突出的劳动力要素，如家中自有劳动力和雇佣劳动力均无明显促进作用，且对“低—中—高”三个层面的收入群体均是如此，而外出务工人群反而对林业收入造成了明显的消极影响。调研发现，外出务工已经逐步成为林农的主要增收途径，家庭林地面积少的林农已经逐步转化为兼业农户，外出务工甚至成为家中主要收入来源。林业增收幅度的降低，换来的是其他经营方式的收入增加，劳动力虽仍然是重要的影响因素，但是已经远远丧失了其在林业经营中的优势。不难看出，如果林地经营模式持续不变，将会导致更多劳动力向其他行业的流失，造成林业发展愈发滞后。

3. 林权抵押贷款申请率低，合作社经营可满足林农增收需求

抵押贷款是林农非常重要的社会资金获取方式，但是，模型结果显示林权抵押贷款对“低—中—高”收入人群均不存在显著影响。对照本年度监测结果发现，申请林权抵押贷款的农户仅有155户，占全部监测群体的4.43%。有林权抵押贷款需求的农户也仅占8.11%，与2015年相比，具有林权抵押贷款需求的人群降低了约18个百分点。可见，林权抵押贷款较难开展实施，这一统计结果也映照了模型模拟结果。

相对于商业资本的可获得性、申请门槛等，社会组织层面的帮助更适合普通林农与散户经营。模型结果显示，有无合作社经营在中低收入人群中，没有明显作用，但是在高收入人群中，其正向作用非常显著，即参与合作社经营的林农收入会更高。

问题与建议

一、主要问题

（一）造林履责预期收益低，部分林农造林履责积极性不足

承包经营林地的林业经营主体负有造林绿化和加强森林经营的责任，根据2017年监测发现，虽然总体上林农的造林履责情况较好，但是仍有10.05%的林农有宜林地却没有及时造林，而且访谈中发现造林之后没有进行管护的林农比例甚至更高，林农造林履责主要受以下因素影响：第一，造林履责的预期收益低。近些年受国际木材市场冲击，国内木材价格下降，使得不少已经达到采伐条件的林木，林农也不愿意去采伐，有些地方出现马尾松没人采伐，杉木少量采伐的现象，木材价格的下降，使林农造林管护的预

期收益下降，其造林履责积极性受挫。第二，造林履责的预期收益不稳定。林农造林履责的预期收益除了受木材市场价格影响之外，还受到政策多变性的影响，林农的处置权和收益权得不到保障，木材采伐管理政策、天然林禁伐政策以及地方的生态文明建设政策，都可能限制林农行使林木处置权，特别是各市、县在落实上级指示的时候，要求更加严格，采伐权限控制越来越死，导致林农收益权受到极大损害，林农寒心，不敢再投。第三，大量林农外出务工，劳动力缺乏。由于林业生产经营周期长、林地经营碎片化，大部分林农的林地面积较少，使得多数林农都是兼业林农，林业收入在收入体系占比较低，课题组调查发现林农外出务工是影响其造林履责的重要因素，外出务工使得造林履责缺乏必要的劳动力，限制了其履行造林管护的责任和义务。第四，造林成本高。大量劳动力外出，以及劳动力价格的提升，推动机械化造林发展，但是由于机械化造林不仅可能会破坏当地的生态系统，立地条件差的地方还可能会引起水土流失问题，所以部分地方开始限制采用机械化造林，迫使林农仍然采用人工造林方式进行造林，使得造林成本较高，加上其他各种成本，即便南方造林条件较好的地方造林成本可达1500元/亩，也限制了林农造林履责的积极性。第五，造林抚育补贴差异化不足。2016年12月财政部和国家林业局联合发布《林业改革发展资金管理办法》（财农〔2016〕196号），同时废止财农〔2014〕9号文件，但是财农〔2016〕196号文件没有给出具体的造林和抚育补助标准，许多省份仍然参照财农〔2014〕9号文件标准进行补助，而财农〔2014〕9号文件补贴标准存在一定程度的“一刀切”问题，如人工营造的乔木林和木本油料林每亩补贴200元，森林抚育补贴标准为每亩100元，没有考虑到各地的造林条件差异性，不利于调动林农造林履责积极性。

（二）新型林业经营主体发展面临多瓶颈，管理规范性有待进一步提高

第一，资金不足。虽然目前各地政府加大了财政扶持力度，出台了各类优惠政策，但新型林业经营主体仍然面临着资金瓶颈问题。一是仍有许多新型林业经营主体不了解国家关于农民合作组织的优惠政策，很多合作社因各方面原因未得到财政的支持；二是新型林业经营主体难以通过林权抵押贷款获得正规信贷，少数不惜铤而走险借用高利贷；三是许多新型林业经营主体自有资金较少，如林业专业合作社缴纳小额会费或出资的社员较多，注册资金低；四是新型林业经营主体多数经营林业初级产品，产品附加值低，而且价格不稳定，自身“造血”能力有限。第二，人才和技术不足。当前大部分新型林业经营主体由农民组成，而文化程度较高的农村青壮年大多外出务工，有知识、有能力的大学生不愿投身农村基层工作，造成懂技术、会管理、市场开拓能力强的高素质经营管理人才缺乏，经常单打独斗、封闭式意识较强，组织化、规模化的新型林业生产经营理念淡薄，难以适应新时期的生产需要。第三，产业选择不合理。部分新型林业经营主体在产业发展选择上，为了追求新颖和特色，发展技术不成熟和没有相关技术支撑的产业，甚至存在严重跟风现象，听说某产业好之后，尚未充分了解该产业，未对产业发展风险和市场进行评估，也未进行引种试验的情况下，就进行大力发展，导致产业无法发展，大量资源被浪费。第四，管理规范性不足。虽然大部分新型林业经营主体有相应的管理制度，但是部分管理制度直接引用他人的，未能够结合自身实际情况，而且在

实际运行中形同虚设，落实不到位，比如，有些林业专业合作社社员把合作社当成争取优惠政策和项目扶持资金的组织工具，而合作社理事会、监事会流于形式，建社后从未或很少召开过理事会或监事会会议，未能发挥日常管理和监督作用，合作社运作主要由发起人或者理事长控制，没能形成社员民主参与的决策机制。

（三）林权抵押贷款增长乏力，银行机构和林业经营主体积极性低

第一，条件苛刻，覆盖范围有限。自2013年《关于林权抵押贷款的实施意见》发布以来，各地林权抵押贷款快速发展，但也面临着增长乏力的困局，截至2016年底，全国抵押林地面积9759.01万亩，占已确权林地的3.64%，与2015年相比，变化不大，而且年末贷款余额和平均每亩贷款均成较大幅度下降，这其中一个重要原因就在于大部分林权抵押贷款只针对权属清晰、易于变现的用材林，从而将其他大量林权排斥在外，比如非林地上营造的经济林、集体经营的商品林、联户办证的林权和公益林，均难以通过林权抵押获得贷款，从而使林权抵押贷款的进一步发展受到极大制约，森林资源资产资本化进程受限。第二，程序繁杂，林业经营主体积极性不足。为了控制贷款风险，各地银行经营机构对林权抵押贷款均实行了较为严格的贷款流程，即便是几万元的小额林权抵押贷款，却需要提供与一般企业贷款相同的材料，走相同的流程，促使许多林业经营主体选择手续更为简单、放款速度更快的其他贷款产品，调研发现2016年样本农户仅25.14%的有林权抵押贷款需求林农申请了贷款，大部分没有申请的原因主要是条件苛刻和手续繁杂，而且银行信贷员也因为林权抵押贷款的手续繁杂，其努力与收益之比，和其他银行金融产品相比较不具优势，因而也不爱做林权抵押贷款业务，促使林权抵押贷款成了“鸡肋”产品，林业经营主体和银行信贷员都不偏爱。第三，风险较大，银行经营者积极性不足。林业地区多处于深山远山地区，林权抵押贷款面临着“评估难、管理难和处置难”三大难以破除的“顽疾”，使得银行经营机构始终对林权抵押贷款存在“畏贷”心理，使得目前林权抵押贷款中，林业专业大户、林业龙头企业获得的贷款多，普通林农获得的贷款少，融资成本和融资期限均与林业生产客观情况“脱钩”，不少林权抵押贷款的贷款利率可达基准利率的70%，部分贷款甚至还有5%的评估费用，这进一步限制了林业经营主体的贷款意愿。

（四）林业产业扶贫效果受限，生态护林员选聘和管理规范性不足

林业扶贫大有可为。我国60%的贫困人口分布在山区，在贫困地区大力发展林业，利用森林资源发展绿色富民产业，可以吸纳贫困人口就业增收，增加林产品有效供给，改善生态状况，促进生态保护与脱贫增收协调发展。在调查中发现，我国林业扶贫还存在以下问题：第一，林业产业化发展水平低，扶贫效果不能充分发挥。我国林业产业化程度普遍较低，经营分散，组织化程度低，分散的小户经营仍然占大部分，林业规模经营效果不足，科学化种植水平不高，单产水平有待进一步提高，林业专业合作社、家庭林场、林业龙头企业和林业专业大户的示范带动效果有限，缺乏下游产业链支持，贫困户生产的林产品销路有限。第二，生态护林员选聘和管理规范性有待进一步提高。虽然很多地方制定了相应的选聘及管理办法，但是部分地区仍然存在程序上问题。比如，有些地区生

态护林员主要由村里选拔，林业局及林业站等主管部门在选聘过程中缺乏话语权，只能被动接受村集体选拔的结果，出现生态护林员年龄超出规定的年龄范围的情况。还有些地方为了扩大生态护林员选聘范围，增加生态护林员人数，降低补助标准，导致生态护林员岗位对建档立卡贫困户缺乏吸引力。第三，生态公益林补偿标准偏低。由于当前生态公益林补偿资金来自于政府财政，因此补偿标准偏低，这与林地的租金水平相比相差较大。

（五）社会化服务体系尚不完善，服务供给水平较低

社会化服务对于林业发展发挥着重要作用，在林农生产经营前期、中期以及后期提供相应服务，就目前林业社会化服务体系发展状况而言，仍旧存在不完善之处：第一，林业社会化服务供给主体单一。由政府创建或者控股的林权管理中心和乡镇林业站是林业社会化服务的主要供给主体，其他组织在社会服务中发挥作用尚不明显，而林权管理中心和乡镇林业站提供的技术服务，内容少且时效性不充分，无法切实满足林农生产经营需求，甚至有些县级以下林业主管部门没有专门的林业科技推广和社会化服务机构。第二，林业社会化服务范围有限。在林业社会化服务供给中， 尚未充分发挥教育科研机构的积极作用，主要依靠整体提供林业服务及技术，林农通过此渠道获取的社会化服务，无论是在数量上，还是具体类型上都较为有限，林业社会化服务覆盖面狭窄，进而导致社会化服务市场程度不高。第三，专业技术人才不足，服务水平较低。林业服务工作环境较为艰苦，属于基层服务，存在专业人才流失现象，且对高素质专业性人才的吸引程度不高，在人才队伍建设中，知识结构、年龄结构等存在不合理之处，同时林业社会化服务资金投入不足，林业社会化基层服务机构资金受限，没有充足经费培养和选拔林业服务人员，导致林业社会化服务水平较低。第四，资金辐射面不广，保障力度不足。虽然近些年各地不断加大对林业社会化服务体系的投入力度，但是由于部分县级财政基础薄弱，总量有限，资金辐射力度不足，有些项目没有对口的资金申报，对社会化服务体系的建立、推广都存在不同程度的影响。

二、政策建议

（一）提高造林履责预期收益稳定性，优化造林履责环境

1. 优化林地结构，加强营林技术培训

针对木材市场价格不稳定的问题，各地可以根据当地林地结构现状，一是优化林种结构，根据实际情况调减一般用材林面积，调增工业原料用林、高效经济林的比例。二是优化树种结构，调减马尾松和杉木纯林面积在乔木林面积中所占的比例，补植适宜当地生长的珍贵阔叶树种、木本粮油树种，分散林产品价格风险的同时，提高森林抵抗病虫害、防御自然灾害能力。同时，各地基层林业部门要加强对林农的森林经营管理培训，提供施肥、喷药等技术指导，进行科学经营，提高林农造林管护效率，提升造林履责的预期收益。

2. 构建利益机制，保障林农合法权益

充分保障林农的处置权和收益权，保持政策的稳定性，对于具有重大生态价值、需

要禁伐进行保护的林地，符合国家或省级生态公益林划定标准的，则应划入相应级别的公益林进行管理，按照相应标准给予林木所有者进行补贴；不符合国家或省级生态公益林划定标准的，则需要研究制定合理的补偿方案，譬如福建省重点生态区位商品林赎买等政策，采用赎买、改造提升、租赁、置换等多种形式对林木所有者进行补偿。

3. 创新造林模式，增加造林履责路径

鉴于劳动力大量外出，使造林履责受到极大限制，各地应不断探索创新造林模式，学习推广国内成功的造林模式，如"林业大户承包引领式造林"，在依法、自愿、有偿的前提下，指导林农灵活采取入股、租赁、互换、转包等有效形式，将零散的土地向有资金、懂技术的能人集中，形成大户效应；"合作社合作式造林"，通过村两委创办、林业企业领办、倡导林业大户牵头办等形式创立合作社，实施"村两委、林业企业、林业大户+合作社+林农"的"三位一体"经营模式，将宜林地向合作社集中，林农以林地入股、以人头入股，合作社统一进行营造林，实现风险共担、利益共享。

4. 适当机械造林，降低造林履责成本

机械化造林整地进度快，质量高，不仅节省了人力和时间，而且极大地提高了效率，在一定程度上解决了炼山难、杂灌清理不易，人工整地缓的问题，因而应客观看待机械化造林所带来的生态环境问题，对于立地条件较好并且生态恢复能力强的地方，应鼓励使用机械化造林；对于立地条件较差或者生态恢复能力较差的地方，应限制使用机械化造林。

5. 实行差别补助，平衡造林履责成本

进一步细化造林补助和森林抚育补助标准，实行差别化补贴政策，根据土地、地形、气候、土质等条件，给予不同的造林补贴和抚育补贴，对于生态脆弱区、林木生长环境较差的地区给予政策倾斜，给予更高的造林和抚育补贴，打破"一刀切"补助标准，平衡各地营造林成本，调动林农积极性。

（二）破解新型林业经营主体发展瓶颈，推进规范化运行

1. 拓宽资金渠道，化解资金瓶颈

一是要加强国家优惠政策宣传力度，提高政策宣传的精准度，由乡镇林业站直接向新型林业经营主体宣传相关政策，以及享受政策的条件；二是积极争取金融部门的信贷支持，将新型林业经营主体纳入金融机构的信用评估范围，根据新型林业经营主体的特点创新金融信贷产品和信贷模式，扩大林权抵押贷款范围，简化融资程序，相应调整林业贷款贴息政策，提高新型林业经营主体贴息适用性；三是积极争取社会资金投资。

2. 加强技术培训，提高人才素质

一是各级地方政府和林业主管部门，应尽量给新型林业经营主体牵线搭桥，寻求科技支撑；二是建立并落实培训制度， 定期对新型林业经营主体的主管人员、专职技术人员、专业财务人员进行相关技术及管理方面培训，使其在新型林业经营主体发展和建设中掌握一定的业务知识和技术；三是与相关院校进行合作，将新型林业经营主体作为院校的科研教育实习基地，广泛引入年轻人才到新型林业经营主体实习；四是鼓励科研人员、农技推广人员、大中专毕业生到新型林业经营主体任职、创业的扶持政策，多种途

径、多种措施探索解决新型林业经营主体发展中人才缺乏问题。

3. 优化产业选择，提升竞争实力

一是各级地方政府要全面深入评估当地资源特色，根据评估结果进行战略布局，以及各产业前景和市场状况，对新型林业经营主体进行适当引导，避免产业发展缺乏技术支撑，避免跟风现象导致后期出现销售不畅、价格大幅下跌及恶性竞争等现象出现；二是当地工商、林业主管等部门要大力宣传品牌兴林、品牌强林理念，强化品牌意识引导，搭建品牌创建平台，精心指导争创著名商标，扩大产品的美誉度和公信力，提高市场竞争力；三是对于有一定基础的新型林业经营主体，要引入新技术，探索精深加工，从初级林产品生产销售向深加工产品发展。

4. 完善管理制度，推进规范运行

一是健全民主管理制度，林业专业合作社等新型林业经营主体要通过民主选举成立理事会和监事会，依据实际情况认真制定章程，照章办事；二是要建立、健全财务管理、项目责任、奖罚等内部管理制度，确保规范运行、正常运转；三要建立利益分配制度，兼顾生产者与投资者双方利益，实行公平、公开、公正的二次分配；四要建立社会监督和内部监督相结合的监督机制，政府有关部门要监督合作社是否依法经营，监事会和成员要对理事会的各项工作实行监督，真正做到社务公开、阳光操作、健康发展；五是建立多级标准动态管理制度，对于规范程度不同的新型林业经营主体给予不同的奖励。

（三）积极扩大林权抵押贷款覆盖范围，建立健全林权抵押贷款新机制

1. 在政策允许的范围内积极扩大林权抵押贷款覆盖范围

一是探索建立经济林木（果）权证制度，破解非林地上营造的经济林不能办理所有权证等难题；二是探索建立林地经营权流转证制度和抵押贷款等难题，破解以出租、转包、入股等方式流转的集体商品林地不能办理所有权证和抵押贷款等难题；三是探索建立村级融资担保基金制度，由村民和村集体共同出资设立联保基金，成立村级林业信贷担保合作社，合作社为社员提供林权贷款担保，社员以本户林权向合作社反担保，由合作社、银行、贷款林农三方自行组织开展信贷调查、资产评估和不良贷款处置变现，破解小额林权难以贷款难的问题；四是探索建立完善生态公益林收益权质押贷款制度，将生态公益林的生态补偿收益、非木质林产品收益纳入林权抵押贷款范围，盘活生态公益林收益权。

2. 鼓励金融部门自评估，简化贷款流程

一是加强信贷人员林业专业知识培训，并由地方林业部门和金融部门联合制定林业金融指导手册，丰富信贷人员的林业知识，提高其林业资产价值评估能力；二是由地方林业部门和金融部门根据当地当期林木市场价格、林分条件、树龄、树种等条件制定林权抵押价值参考目录，定期进行更新，对于金额比较小的林权贷款，金融部门可以根据参考目录对抵押林权进行放贷，免去评估费用，简化流程，降低实际贷款成本；三是充分发挥乡镇林业站职能作用，为办理林权抵押贷款的林农提供“一站式服务”，申请贷款林农只需要向林业站提交材料，林业站集中提供申请材料报送、协调解决申请材料审核中出现的各种问题、督促审核审批等“一站式”服务，并给乡镇林业站补充一定工作

经费。

3. 建立健全林权抵押贷款新机制，降低贷款风险

一是建立林权担保收储机制，各省尽快制定省级林权收储担保业务管理办法，规范收储担保流程，保障各方利益，同时有条件的地方政府出资控股组建一批林权收储公司，开展林权收储、林权托管、林权抵押贷款担保、不良资产处置、收储兜底等综合服务业务；二是不断扩大森林保险范围，提高森林保险保障水平，做到应保尽保，鉴于普通农户林业资产较少，风险意识较低，参保积极性不足，建议生态公益林由县级政府统保，保费由各级政府按比例分摊，商品林实行政策性基本保险和商业叠加保险并举，政策性基本保险由村集体统一参保，有需要且有条件的林业经营主体可以在此基础上叠加商业保险；三是简化理赔手续，提高理赔效率，对于受害面积较小的，可以委托乡镇林业站进行认定，保险公司可以直接采用乡镇林业站认定结果进行理赔，探索建立预赔付制度，提高理赔效率；四是有条件的地方可以建立林权抵押贷款风险补偿机制，分担银行风险。

（四）大力推动林业产业化发展，规范生态护林员选聘管理

1. 提高林业组织化程度，促进林业产业化发展

首先，重点培育一批实力突出的龙头企业或林业专业合作社，采取“公司（合作社）+基地+农户”模式，努力营造企业带大户、大户带贫困户，千家万户共同参与林业产业的发展局面。利用龙头企业的技术、资金、营销市场资源来带动贫困人口发展林业生产、林下经济。贫困户通过土地入股，参与分红，并且在造林、管护、运输、销售等林业生产过程中以劳务形式获取工资收入。其次，通过派驻扶贫工作队、科技特派员，开展科技扶贫和劳动力技能培训，走就地创业、外出务工、增收脱贫的发展之路，教给贫困户新形势下的谋生本领和发展经济的实用技术，提高贫困人口综合素质，增强贫困人口脱贫致富能力。同时，围绕结构调整和优势特色产业开发，按照实际、实用、实效的原则，办好科技示范基地，发挥基地的聚合、辐射及示范作用。

2. 规范生态护林员选聘，创新管理模式

首先，在生态护林员选聘过程中，切实按照既定政策选聘生态护林员，同时对生态护林员选聘程序做好档案管理，在县林业局和林业站做好档案备份以备查阅。其次，针对生态护林员队伍创新管理模式，保证生态护林员薪酬待遇，做好生态护林员工作考核，协调好原专职护林员与生态护林员的工作，同时用好两支队伍。既可以使两支队伍的管护范围重叠，明确双方职责，使两者互相监督，做好巡山护林任务；也可以使两支队伍管护区域分开，根据薪酬状况确定管护面积和工作量。

3. 提高生态公益林补偿，实行差异化对待

首先，各地要认真贯彻落实中央对于生态公益林的补偿、补助和补贴等政策，让贫困群众从中得到实际收益；其次，研究制定差异化生态公益林补偿机制，对于同时属于生态保护功能重要区域和老少边穷的地区，以及以生态立市、生态立县的区域，进行差异化对待，给予更高的补偿标准。

（五）完善林业社会化服务体系，提升服务供给能力

1. 扩展供给主体

一是引导和鼓励林业专业合作组织以及村集体加强自我服务，及时掌握市场信息，积极吸取新技术，形成规模化生产经营服务；二是在双赢原则指导下，加强林业龙头企业在社会化服务中的作用，组织林农进行产业化经营，实现与小型林业企业、普通林农互惠互利；三是鼓励社会资本积极参与林业社会化服务体系，按照民办、民营、民管的原则，规范发展一批森林资源资产评估、林业项目可研设计等林业中介机构，引导组建一批种苗繁育、造林抚育、管护采伐及工程监理等专业化组织；四是改造升级地方林权交易服务中心，建立集林权政策咨询、信息发布、资产评估、产权交易、变更登记、抵押贷款为一体的现代化服务平台；五是利用政府在林业社会化服务体系中的主导地位，积极主动承担政策宣传、技术培训、森林防火等公益性、基础性服务。

2. 拓展服务范围

一是积极推广林业技术，针对当地林业发展实际情况，有针对性地建立专业化农技推广队伍，进行定期培训，探索农技推广方式的多样化，及时解决本地林业生产经营中存在的问题；二是提升林业信息服务，加强林业社会化服务宣传力度，提高其认知程度，如通过建立乡村信息服务站，设置信息栏等方式，并将现代传媒技术应用到林业信息传播过程中去；三是不断完善金融服务，促进信贷产品、保险产品创新，加强林权评估工作，将商业银行、股份制银行、保险公司纳入林业社会化服务体系中。

3. 加强人才培养，提高服务水平

一是加强林业科技推广人员队伍建设，优化人员专业性和综合性技术结构，加大对基层技术人员的专业知识和继续教育培训，提高林业技术推广水平，同时还要建立相应地考核和激励机制，充分调动起科技推广人员的工作积极性；二是完善基层推广部门基础设施的配备，搭建科技推广服务平台，尽可能地对县、镇级推广机构配备齐全的办公和交通用具、调查检测仪器和科技服务网络系统，实现与上级科技服务平台的对接，便于及时反馈问题，从而提高基层问题的解决效率；三是切实做好林业科技依托单位或科技专管人员的人才保障措施，加强与技术依托单位省林业科学研究院、林业调查规划院和市林业科学院等科研机构的对接，大胆探索和实践符合林业发展和服务林农的林业科技政策机制，提高林业科技贡献率。

4. 优化资金环境

一是加大对基层林业部门的资金支持，鼓励开展多样性、创新性的林业社会化服务活动，尝试无偿基础性服务和有偿增值性服务相结合的服务供给方式；二是加大对林业社会化服务体系建设的投入力度，建立林业社会化服务资金投入机制，发挥财政资金的导向作用；三是完善并落实林业社会化服务组织的税收优惠政策，根据其服务规模和效益适当减免税收，降低服务主体负担；四是引导金融部门为林业社会化服务组织提供优惠的信贷政策，降低其利息负担；五是鼓励社会资金投入林业社会化服务事业，采取“政府主导—企业投资”、股份合作或企业赞助等多种形式，逐步形成多渠道、社会化的林业社会化服务机制。

2017

集 体 林 权 制 度 改 革 监 测 报 告

林权流转研究报告

监测概况

一、研究背景

2016年下半年，中共中央办公厅、国务院办公厅颁布了《关于完善农村土地所有权承包权经营权分置办法的意见》，提出逐步建立规范高效的“三权”运行机制，不断健全归属清晰、权能完整、流转顺畅、保护严格的农村土地产权制度。林业部门按照中央的总体部署，探索集体林地“三权分置”改革，逐步建立集体林地所有权、承包权、经营权分置运行机制，部分试点先行地区创新发放了“林地经营权流转证”，进一步盘活了集体森林资源，对吸引更多社会资本投身林业产业发展，进一步增加林农财产性收入，形成林地集体所有、家庭承包、多元经营的格局起到了积极作用。为监测“三权分置”、集体林权流转的进展，发现流转中存在的问题，指导流转政策的完善，按照报经国家统计部门备案的连续跟踪监测方案，2017年国家林业局经济发展研究中心继续对辽宁、福建、江西、湖南、云南、陕西和甘肃7省70个县（市）的林业部门350个样本村和3500户固定样本农户上一年度林权流转行为进行了回访，掌握了县、村和农户三个层次监测对象2016年林权流转的基本状况，主要发现如下。

二、林权流转概况

（一）流转规模

1. 样本县流转规模持续大幅增长，样本农户流转交易相对稳定

监测数据（图2-1）显示，2016年70个样本县累计流转林权4060.12万亩，较2015年增加了1585.46万亩，增加了64.07%。样本县林权流转规模大幅增长，表明林权二级市场发育更加充分，要素市场在集体林业资源动态配置效率改善方面的作用更加突出，集体林权流转的政策效应更加明显，经营适度规模的改善有力提升了林地集约化程度。

2016年样本农户流转交易相对稳定，3500户样本农户全年合计流转林权35618.33亩，较2015年减少了760.67亩，减少了2.09%，总体上与2015年基本持平（图2-1）。样本农户层面流转交易小幅下降，则主要可能与固定样本回访监测方法有关；一方面现有样本农户流转意愿2016年比2015年有所下降，另一方面已流转林地尚未到期，再次入市交易受到了一定制约。但流转交易对农户间林地资源优化配置的调整作用还是非常突出，使得更多林地流入有意愿和有能力经营的农户手中，必将促进集体林业经营水平的进一步提升。

2. 江西、湖南和甘肃省农户流转活动较为活跃

监测数据（图2-2）显示，2016年江西、湖南和甘肃3省样本农户林权流转面积、涉及地块数显著高于其他省份。其中江西省样本农户流转林权面积共计15477.00亩，占样本农户家庭经营林地面积的25.57%；湖南省7772.00亩，占28.02%；甘肃省4601.00亩，占26.44%。

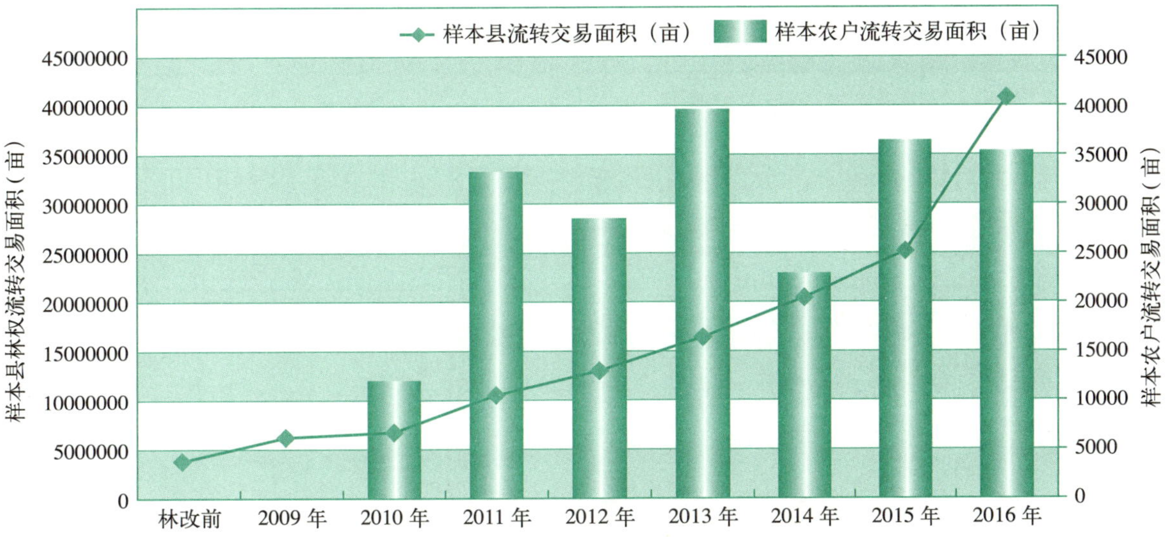

图 2-1　样本县和样本农户林权流转变化趋势

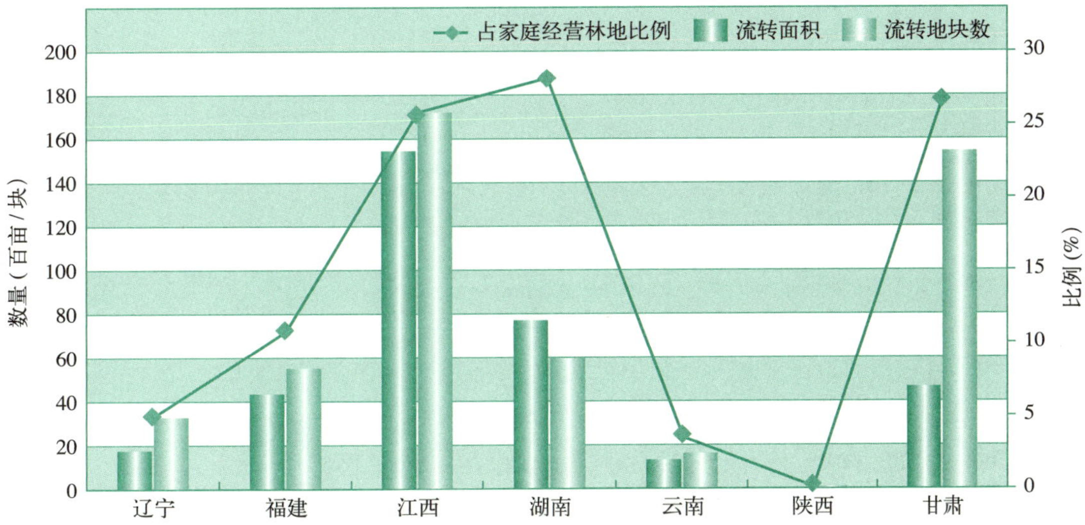

图 2-2　2016 年样本农户林权流转情况比较

3. 流转活动区域差异明显

2014－2016年监测数据（表2-1）比较显示，福建、江西和湖南3省样本农户林权流转相对更为活跃，云南和陕西省流转活动相对较少。这种区域差异主要和不同省份的区域经济社会发展水平、林业经营传统、产业结构等因素密切相关。福建、江西和湖南3省是我国的重点集体林区和木材重点产区，林业经营传统悠久；改革开放以来，该地区经济社会整体发展相对较快，一部分林农涉足兴办木材加工企业，也有部分林农选择了其他非林就业机会，林权流转双向意愿都比较强烈，林权流转市场发育相对更为成熟。云南和陕西两省则地处内陆或偏远边疆地区，经济社会、林业产业和城镇化发展相对落后，农户的林业经营传统则主要以家庭生计利用为主，分林到户以后，惜售情况较为突出，流转市场发育也就相对缓慢。辽宁省由于率先推行了公益林承包到户和流转探索，加之近年林下经济的榛子和林药发展较快，流转林地用于发展林下经济的供需相对旺盛。甘肃省流转规模保持增长状态，但以流出为主，主要和甘肃经济社会发展水平相对偏低，农户林业经营传统不强，农户主要为了资本收益而流出林地。

表 2-1 2014–2016 年林权流转规模情况

省份	年份	流转面积（百亩）	占家庭经营林地（%）	流转地块数（块）	流入比例（%）	流出比例（%）
辽宁	2010	29.00	6.77	49.00	3.73	3.04
	2011	21.78	5.81	46.00	0.99	4.82
	2012	30.75	8.60	64.00	3.36	5.24
	2013	31.00	9.62	57.00	3.59	6.03
	2014	45.57	12.08	71.00	4.08	8.00
	2015	60.15	15.89	60.00	6.69	9.20
	2016	17.90	4.90	33.00	2.88	2.02
福建	2010	126.34	28.52	108.00	27.64	0.88
	2011	98.26	23.07	102.00	22.38	0.69
	2012	178.93	45.09	154.00	43.43	1.66
	2013	48.05	20.48	81.00	17.35	3.13
	2014	55.60	17.41	93.00	15.80	1.61
	2015	108.75	32.23	83.00	25.69	6.54
	2016	43.35	10.69	56.00	3.70	6.99
江西	2010	53.62	10.92	84.00	7.85	3.07
	2011	53.84	10.99	66.00	7.13	3.86
	2012	85.42	16.64	81.00	13.67	2.97
	2013	44.42	8.97	81.00	5.82	3.15
	2014	36.99	7.25	51.00	5.66	1.59
	2015	117.25	20.17	104.00	17.69	2.48
	2016	154.77	25.57	173.00	20.31	5.27
湖南	2010	157.18	45.79	73.00	24.20	21.59
	2011	74.99	26.32	78.00	20.38	5.94
	2012	66.70	22.66	70.00	19.79	2.87
	2013	53.37	21.92	65.00	18.92	3.00
	2014	61.74	21.44	70.00	18.83	2.61
	2015	23.62	9.77	61.00	5.44	4.33
	2016	77.72	28.02	61.00	24.54	3.48
云南	2010	17.23	5.02	19.00	2.31	2.71
	2011	15.87	4.40	19.00	2.39	2.01
	2012	15.53	3.51	27.00	2.31	1.20
	2013	13.18	3.52	30.00	1.83	1.69
	2014	12.98	3.43	30.00	1.81	1.62
	2015	14.86	3.97	33.00	1.83	2.14
	2016	13.49	3.53	16.00	2.01	1.52
陕西	2010	5.90	0.73	4.00	0.22	0.51
	2011	2.48	0.28	3.00	0.00	0.28
	2012	2.46	0.28	4.00	0.00	0.28
	2013	4.19	0.49	6.00	0.24	0.25
	2014	4.29	0.50	8.00	0.25	0.25
	2015	5.87	0.68	10.00	0.01	0.67
	2016	0.50	0.06	1.00	0.00	0.06
甘肃	2010	2.37	1.30	14.00	0.00	1.30
	2011	18.92	10.25	150.00	3.26	6.99
	2012	18.60	10.18	87.00	3.32	6.86
	2013	10.72	5.84	31.00	3.30	2.54
	2014	10.77	5.83	35.00	3.28	2.55
	2015	33.29	18.61	129.00	0.00	18.61
	2016	46.01	26.44	155.00	0.00	26.44
总计	2010	391.64	12.82	351.00	8.83	3.99
	2011	286.16	9.57	464.00	6.91	2.66
	2012	398.39	13.42	487.00	11.02	2.40
	2013	204.93	8.78	351.00	6.09	2.69
	2014	227.95	7.83	358.00	5.63	2.20
	2015	363.79	12.31	479.00	7.95	4.36
	2016	353.74	11.50	495.00	7.29	4.21

注：流入和流出比例表示样本农户流入和流出林地面积分别占家庭经营总面积的百分比。

（二）样本农户流入林权更为积极

监测数据（表2-1）显示，2010－2016年，总体上样本农户流入林权更为积极，总体上各年流入林地面积占家庭经营林地总面积比例都显著高于流出比例。其中，福建、江西和湖南3省样本农户流入林地面积占家庭经营林地总面积比例相对更高，净流入规模也相对更大；辽宁、云南和陕西3省流入和流出比例相对较为平衡，净流入规模不是非常显著；甘肃省是个例外，7年平均来看，流出比例大大高于流入比例，尤其2015年和2016年两年，更是全部为流出，没有样本农户流入林权。

（三）互换比例增加，出租占比较高

从样本农户2010－2016年间各类方式流转林权占流转总面积的比例（图2-3）看，出租占比总体上始终较高，是最为主要的一种流转方式；但互换方式占比持续提高，增长趋势较为明显；转让、转包、入股三种方式波动较为明显；抵押和其他方式占比基本保持稳定，但抵押占比各年都没有超过1%，每年仅有零星的交易。

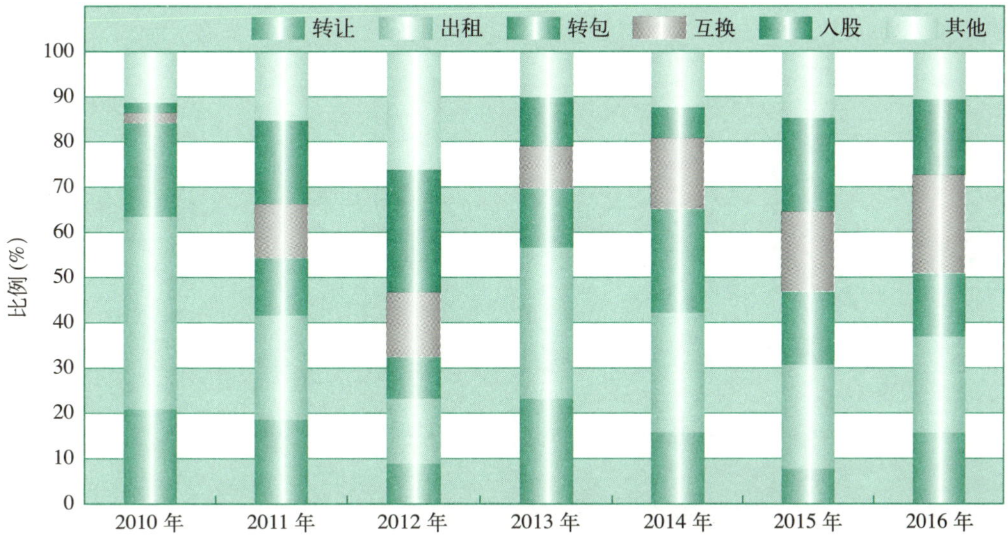

图 2-3　2010－2016 年样本农户林权流转方式变化情况

（四）经营政策限制对不同林种流转有直接影响

由于相关政策对不同林种经营利用有不同程度的限制，进而对相关林种的流转交易产生了不同的影响。样本农户监测数据（图2-4）显示，商品林和公益林相比，经营政策限制较少的商品林流转交易更为活跃，2010年以来各年的流转面积都高于公益林。从趋势变化看，农户商品林流转交易数量2011年出现过一个交易高峰，随后至2014年是一个震荡调整过程，直到2015年和2016年再次达到并且超过了2011年的交易规模。公益林则自2011年以来一直保持小幅平稳增长过程。从流转面积占该类型农户家庭经营面积比例看，商品林和经济林的流转率与流转数量的趋势过程和相互比较关系基本一致，商品林各时期流转率都显著高于同期公益林流转率，波动关系与数量波动过程相同。

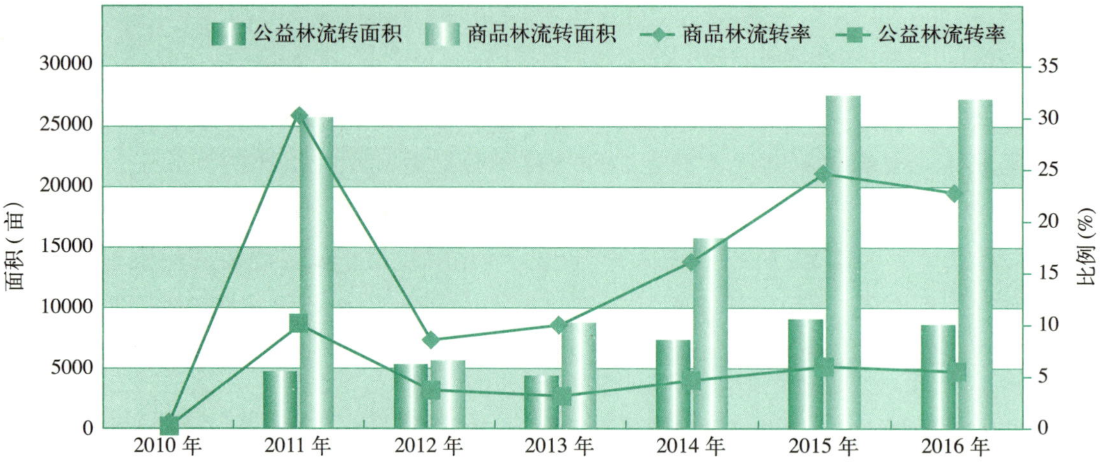

图 2-4　公益林和商品林流转比较

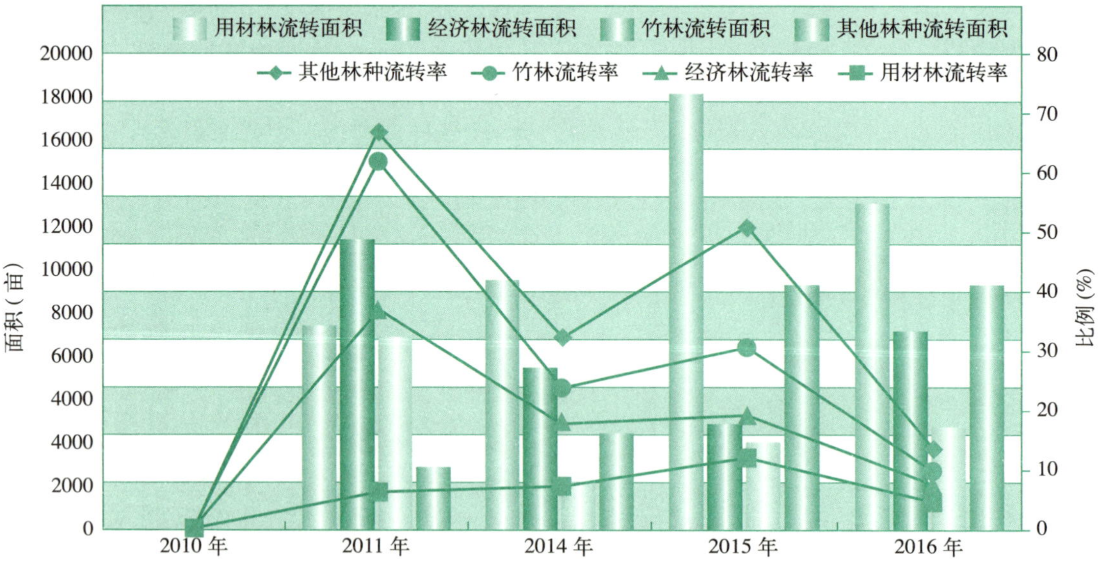

图 2-5　用材林、经济林、竹林和其他林种流转比较

从用材林、经济林、竹林和其他林种流转数量年际变化（图2-5）看，用材林和其他林种2010年以来流转数量总体上呈上升趋势，在2015年达到峰值，2016年小幅回落；经济林和竹林流转面积总体呈减少趋势，2015年是交易数量的谷值，2016年小幅回调增加。各林种的流转率比较关系及波动过程与相应的数量比较和波动过程基本一致。

（五）跨村范围流转活动增多

监测数据（图2-6）显示，2016年跨村范围的流转交易规模有较大幅度增长，外村村民参与流转面积为15050.57亩，占到了样本农户流转总面积的37.17%，较2015年增长了22.80%。同时，工商企业参与流转农户林权的规模也有所扩大，2016年样本农户与工商企业间的流转面积达到了5674.09亩，占比14.01%，较2015年增长了大约2.72%。村范围以外的流转规模首次超过了本村村民之间的流转数量，而在此之前，流转交易主要是在本村村民之间进行。上述情况显示，林权流转正在更大范围发挥改善集体森林资源配置的效果，对于提升集体森林经营水平也将发挥更大的作用。

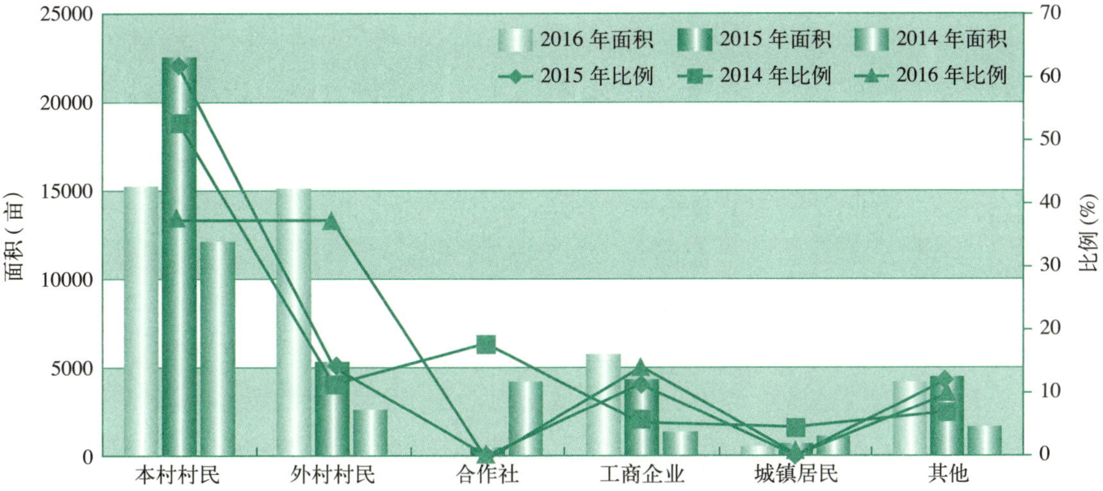

图 2-6 2014－2016 年不同对象流转面积和比例

另一方面，需要关注的是，合作社在林权流转方面的作用则连年大幅下降，2016年和2015连续两年和样本农户之间的累计流转面积仅为57.7亩，累计占比0.16%，较2014年累计降低了17.93%。

监测结果

一、流转意愿分析

（一）样本农户林权流转意愿始终低于两成

2010－2016年监测数据（图2-7）显示，样本农户林权流转的意愿一直很弱，愿意流转林权的农户数量占全部受访农户的比例最高为2015年的19.43%，最低为2011年的8.80%，7年平均水平为15.23%。相对应的是绝大部分样本农户不愿流转林权，不愿流转林权的农户比例平均占到了受访农户的84.77%，最高的2011年为91.20%，最低的2015年也达到了80.57%。

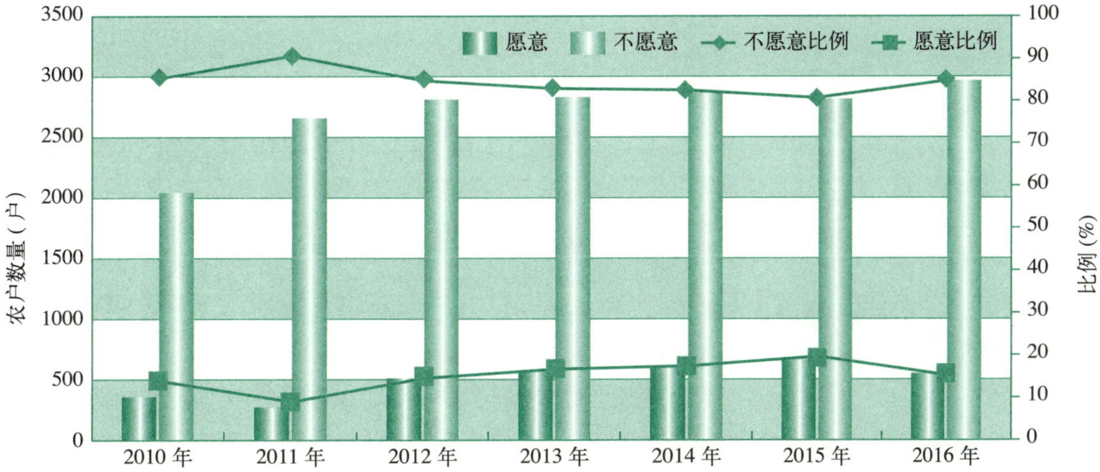

图 2-7 样本农户林权流转意愿变化

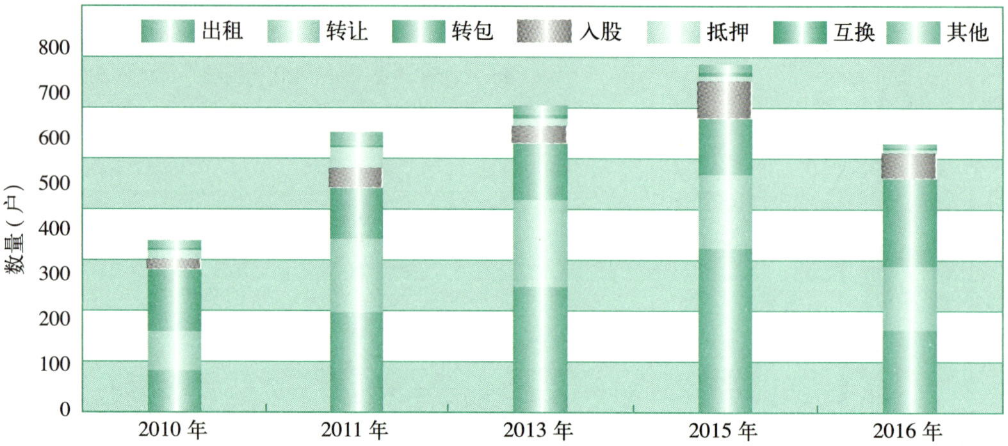

图 2-8　样本农户林权流转意愿方式比较

综合多年监测数据（图2-8）看，有流转意愿的农户多数偏好出租、转让和转包的流转形式。

（二）参与流转林权的农户群体特征

2015－2016年流出林权农户的群体（表2-2），主要是一些单纯务农、收入水平中等、初中和小学文化程度、家庭成员没人担任村干部、年龄50岁以上的农户。而流入林权农户的群体，则主要是50岁以下、初高中文化程度、收入中等的农户；同时村干部家庭农户和固定工资收入农户流入比例较流出比例也有较大提高。

表 2-2　2015－2016 参与林权流转农户的群体特征　　户

农户特征		2016 年流出	2015 年流出	2016 年流入	2015 年流入
户主年龄	30 岁以下	15	3	0	2
	31 ～ 40 岁	43	15	5	9
	41 ～ 50 岁	64	48	72	40
	51 ～ 60 岁	148	60	60	32
	60 岁以上	66	48	30	14
受教育水平	小学	144	69	39	21
	初中	148	77	81	49
	高中	38	24	35	21
	大学以上	6	4	13	6
收入在本村的地位	较高	37	35	48	4
	中等	207	123	105	66
	较低	92	16	14	27
户主是否村干部	不是	219	131	83	54
	是	117	43	84	43
户主职业	务农	139	96	82	43
	务农兼打工	57	19	19	19
	务农兼工副业	32	10	17	18
	外出打工	46	18	1	0
	固定工资收入者	46	27	32	14
	其他	16	4	16	3

（三）样本农户流转林权从众心理明显

2016年，样本农户流转林地的首要原因仍是村组干部宣传，其次是看到别人都流转，缺乏劳动力，再次是其他、缺乏劳动力和急于用钱。相较2010－2015年（图2-9）情况，看到别人都流转了这一因素影响上升到前列，缺乏劳动力和急于用钱因素相对排序明显下降。农户的从众心理实质上就是关于流转的心理偏好受到大众或者主要群体的影响进而发生了改变；而“村组干部宣传”和“看到别人流转”实际影响的都是农户关于流转的心理偏好，所以这两者对农户流转心理过程变化是一致的，可以归于一类，也就是农户流转的从众心理。

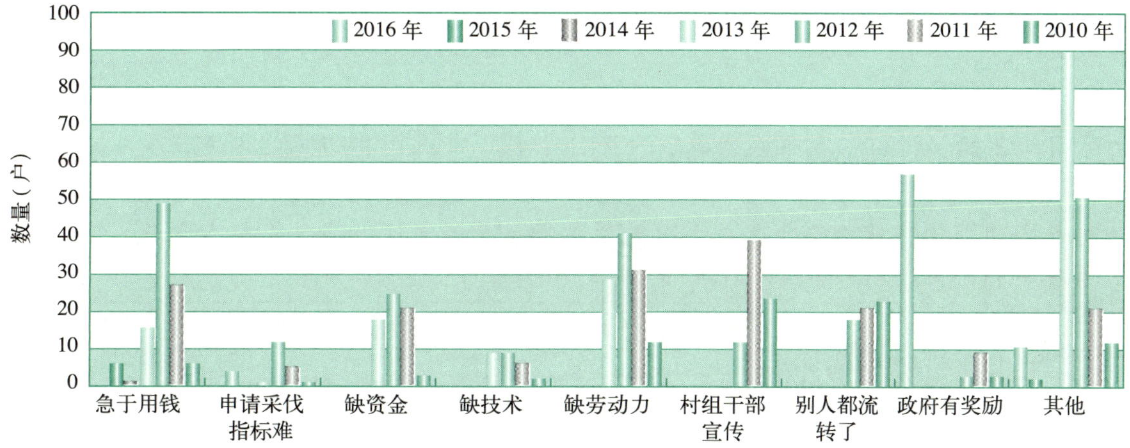

图 2-9　样本农户流转动因情况

二、流转价格分析

（一）样本农户林权流转价格大幅下降

根据有流转交易样本农户的流转收入、流转面积和年限，以流转总收入除以面积和年限，得到每年每亩的流转平均价格。不论是公益林还商品林，2016年较2015年价格都出现了大幅下降，其中公益林平均流转单价下降了5.20元，降低了90.29%；商品林平均流转单价下降了0.30元，降低了18.80%。其中公益林平均流转价格2011－2015年先是有所增长，然后2016年有较大幅度的下降；而商品林流转价格则2011年以来总体变化较为平稳，2011－2013年连年小幅上涨，之后则是小幅回落（图2-10、图2-11）。

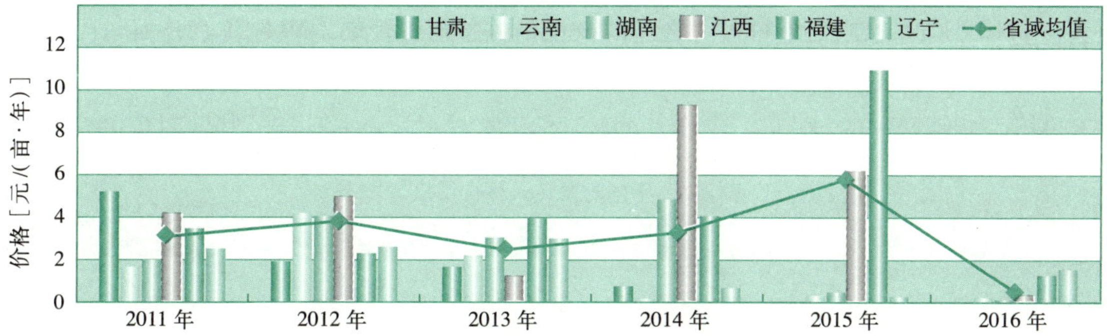

图 2-10　2011－2016 年公益林流转价格比较

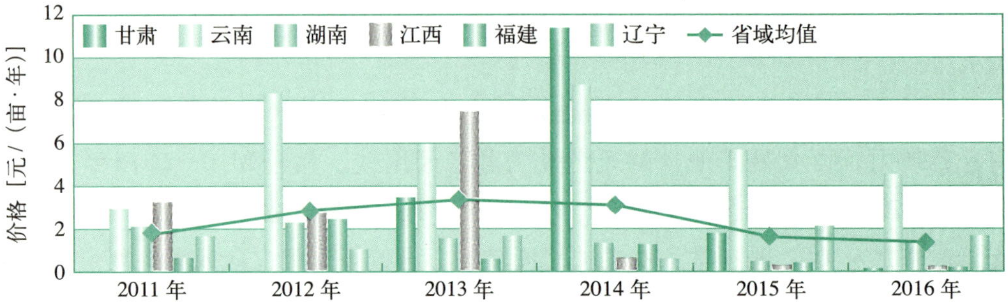

图 2-11　2014-2016 年商品林流转价格比较

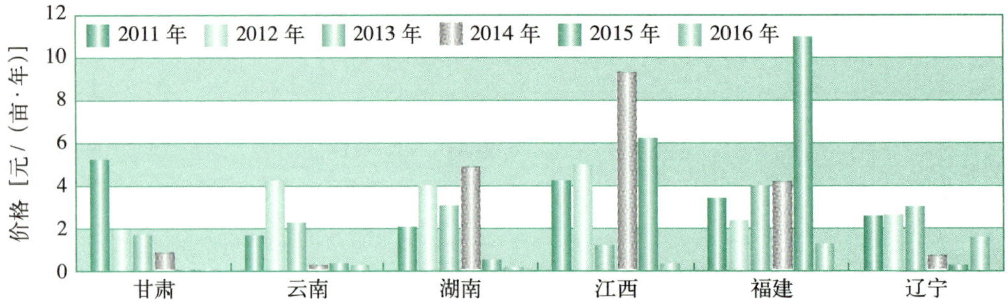

图 2-12　2011-2016 年分省公益林流转价格比较

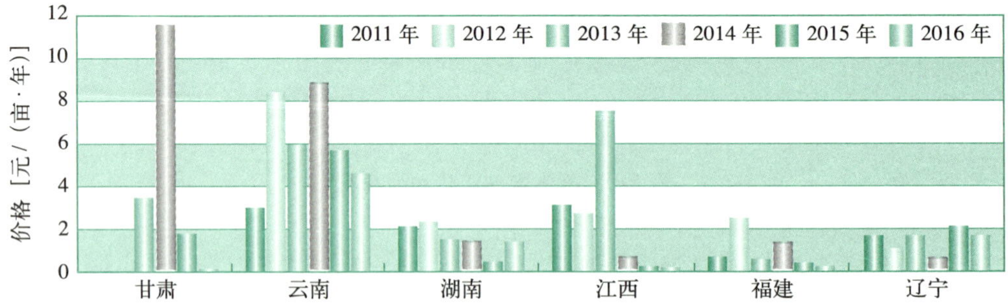

图 2-13　2011-2016 年分省商品林流转价格比较

分省（图2-12、图2-13）来看，2011－2016年，各样本省公益林流转价格水平及其变化都较为明显，其中甘肃省公益林流转价格持续走低，其余各省年际间不规则波动；各样本省商品林流转价格同样也存在较大波动，其中甘肃、江西和福建3省商品林流转价格波幅相对更大，湖南、辽宁和云南3省价格水平变化相对平稳。

（二）与外村村民间的流转交易价格最高

2014－2016年监测数据（表2-3、表2-4）显示，各年平均的流转价格，不论是转入还是转出价格，样本农户与外村村民之间的交易价格位居各流转对象之首。外村村民的平均转入价格是其他对象的5.49倍，本村村民的4.98倍，合作社的2.01倍；转出价格是工商企业的3.40倍，城镇居民的2.61倍，合作社的1.91倍，本村村民的1.71倍，其他对象的1.24倍。

表 2-3　不同对象转入林权价格　　元 /（亩·年）

省份	年份	本村村民	外村村民	合作社	城镇居民	其他
甘肃	2016 年	—	—	—	—	—
	2015 年	—	—	—	—	—
	2014 年	1.50	—	—	—	—

（续）

省份	年份	本村村民	外村村民	合作社	城镇居民	其他
云南	2016 年	6.32	29.47			
	2015 年	6.80	29.47	—	—	—
	2014 年	4.39	26.55	—	—	—
湖南	2016 年	0.35	0.86			8.33
	2015 年	4.65	—	—	—	—
	2014 年	2.71	—	2.67	—	—
江西	2016 年	0.27	1.81	—		0.34
	2015 年	0.40	2.10	—	—	0.50
	2014 年	1.73	2.71	—	—	1.81
福建	2016 年	0.15	—	—	4.64	0.99
	2015 年	0.51	1.26	5.17	—	0.81
	2014 年	0.32	2.83	0.58	—	0.22
辽宁	2016 年	1.09	15.06	—		4.80
	2015 年	2.19	5.96	12.50	—	0.58
	2014 年	0.33	7.94	—	—	0.74

从省域之间比较看，云南省的流转价格相对最高，转入价格高出江西省12.24倍，福建省9.80倍，湖南省4.26倍，辽宁省2.35倍；转出价格高出江西省9.74倍，辽宁省4.93倍，甘肃省3.85倍，福建省2.93倍，湖南2.60倍，陕西省1.69倍。

表 2-4 不同对象转出林权价格 元 /（亩 · 年）

省份	年份	本村村民	外村村民	合作社	工商企业	城镇居民	其他
甘肃	2016 年	18.06	—	—	0.01	—	0.01
	2015 年	12.59	14.47	—	0.00	—	0.00
	2014 年	—	—	—	0.02	—	9.59
陕西	2016 年	—	—	—	44.00	—	—
	2015 年	—	—	—	1.03	—	0.33
	2014 年	—	—	—	14.29	—	0.17
云南	2016 年	81.30	—		0.30		—
	2015 年	—	24.54	—	0.42	—	50.42
	2014 年	—	68.35	—	0.27	13.78	26.42
湖南	2016 年	0.06	58.91		0.61	0.05	—
	2015 年	0.49	1.23	—	3.56	—	—
	2014 年	1.57	—	3.73	1.11	—	14.52
江西	2016 年	1.02	3.38	—	0.15	7.41	0.13
	2015 年	2.27	0.08	15.00	1.00	—	1.53
	2014 年	1.57	2.78	—	2.05	—	0.13
福建	2016 年	5.56	0.51	—	—		—
	2015 年	0.77	1.20	5.14	—	—	34.62
	2014 年	1.68	10.53	—	—	—	7.62
辽宁	2016 年	2.46	20.76			—	—
	2015 年	1.50	4.06	—	—	7.81	—
	2014 年	1.70	1.09	—	—	—	0.46

（三）“谁造谁有”获取方式转出价格大幅提高

从获取方式（表2-5）看，2016年“谁造谁有”获取方式林权转出价格大幅提高，样本农户转出价格平均水平为103.43元/(亩·年)，远远高于其他各获取方式流转交易价格。不仅如此，除“谁造谁有”和“其他”的转入价格以外，剩余的各种获取方式2016年较2014–2015年流转交易价格普遍下降。

表2-5 不同获取方式流转价格

元/(亩·年)

时间	流转价格	自留山	原责任山确权	谁造谁有	人均承包	招标拍卖	退耕	流转	其他
2014年	转入	5.14	15.91	12.11	3.39	3.19	5.40	2.97	6.25
2015年	转入	14.14	1.80	—	2.90	2.73	—	1.89	1.74
2016年	转入	0.44	0.24	—	3.33	0.45	3.33	0.22	8.33
2014年	转出	2.16	30.63	17.17	3.56	0.87	—	12.00	20.37
2015年	转出	0.90	2.38	2.25	2.89	4.48	20.02	13.33	1.21
2016年	转出	0.16	0.59	103.43	0.03	0.50	0.11	2.14	0.01

（四）各类流转方式交易价格普遍下降

根据样本农户2014–2016年监测数据（表2-6）分析，不论是转入、转出价格，还是两个方向的平均价格，抵押、转让、出租、转包、入股各类流转方式的交易价格普遍呈下降趋势，仅其他流转方式的价格水平有所提高。具体来看，2016年较2015年，抵押流转方式价格下跌了95.44%，转让下跌了91.94%，出租下跌了96.34%，转包下降了72.24%，入股下降了94.86%；而其他流转方式交易价格则提高了1.08倍。

表2-6 不同流转方式价格

元/(亩·年)

年份	流转价格	抵押	转让	出租	转包	入股	其他
2014	转入	6.86	14.30	1.80	3.27	15.37	2.45
2015	转入	—	2.26	1.37	1.02	9.74	1.11
2016	转入	—	0.39	0.20	0.60	—	0.70
2014	转出	0.33	2.16	5.23	8.16	—	17.57
2015	转出	8.19	5.66	5.18	2.00	6.26	2.54
2016	转出	0.37	0.25	0.04	0.24	0.41	6.89
2014	平均	3.60	8.23	3.51	5.71	15.37	10.01
2015	平均	8.19	3.96	3.28	1.51	8.00	1.83
2016	平均	0.37	0.32	0.12	0.42	0.41	3.80

（五）流转价格形成机制的关键影响因素

对样本农户林权流转价格与主要影响因素采用一般多元线性模型进行回归分析结果显示：地块特征和政策因素两类因素对林权流转价格有显著影响，其中平均流转年限和用材林、经济林和竹林小计的面积比在1%显著水平上影响显著，有承包合同面积比和非联户经营面积比在5%显著水平上影响显著；家庭因素变量没有表现出显著影响。

1. 短期流转价格高于长期

平均流转年限对流转价格在1%的水平上有负向的显著影响，即交易地块平均流转年限越短，流转价格越高。林权流转价格虽然受多种因素影响，但其价格基础是林地在规定期限内收益净现值。短期流转价格较长期更高，表明短期流转地块的年化收益净现值高于长期。可能原因主要包括以下几个方面：首先，贴现时间的影响。在交易双方贴现率和林地预期经营收益一致的情况下，流转期限（即贴现时间）短，贴现后的现值自然相对更高。这也充分体现了林业较长的生产经营周期对其盈利能力的不利影响。其次，是流入方对长期流转更高的经营风险所要求的价格补偿。流转交易的年限越长，流转地块可能遭受火灾、病虫害、泥石流等损害的概率越高，流入方所要承受地风险越大。在达成流转期限较长的交易时，流入方为了获得相应的风险补偿，最大可能地规避风险，会压低交易价格。最后，短期流转地块经营项目多为周期短、见效快、收益高的林下经济活动，如林下参、何首乌等中药材种植或者林下养殖项目。这一方面避免了用材经营贴现时间较长的不利影响，也能规避长期经营中的其他风险，使得短期流转价格相对较高。

2. 用材林、经济林和竹林面积比例越大，流转价格越高

用材林、经济林和竹林小计的面积比例对流转价格在1%水平上存在显著正向影响。这意味着这三林种小计面积占流转成交面积比例越大，流转价格越高，证明了林地特征是影响林地价格的关键因素。林权流转实质上是对承包林地林木所有权和林地经营权的交易，价格基础是约定期限内的预期经营收益，预期收益越大，流转价格就越高。按照我国现行有关法律、法规和政策规定，经济林和竹林不受采伐限额和公益林利用管制的影响。经营者只要不改变林地基本用途，可以根据市场行情自主经营。同时竹加工行业的发展、干鲜果品、木本粮油市场需求的增长，也带动了经济林和竹林经营的收益水平，自然也就拉高了流转交易价格。用材林虽然受到采伐管理有关政策、法律和法规一定程度的限制，但在规定范围内允许进行主伐利用，其预期收益比较明确。因此，相对公益林，此三类林种流转价格自然相对更高。

3. 有承包合同面积比越大，流转价格越高

有规范承包合同林地占农户经营林地面积比对流转价格在5%水平上有显著正向影响。农户林权的合法凭证主要包括林权证和承包经营合同两项，其中林权证只是载明了农户对特定地块林木的所有权。林地合法经营权则是由农户和集体经济组织签订的林地承包经营合同，合同中会载明地块特征、承包期限、承包费用等。承包合同是农户开展林地经营利用的法律依据。如果有规范完整的承包合同，流入方可以通过此承包合同较为正式、公允、全面的了解流转林地，同时对林地的价值有一定的预估。由此，流入方会更倾向于有完整合同的流转林地，流出农户会在确定此类地块流转价格时更有话语权，价格会相对更高。林地经营者承包林地时完整订立合同对提高日后流出或转租价格有所帮助。

4. 非联户经营面积比越大，流转价格越高

受访农户非联户经营林地占家庭承包林地面积比与流转价格在5%显著性水平呈正相关关系。这意味着联户经营林地流转价格低于费联户经营林地。联户经营通常是几户农户联合承包一块林地，每户在承包合同中占有比例或者相同份额。非联户经营是指林地由某个农户单独承包经营，相对具有更加自主的经营管理权。联户经营是林权制度明晰产权工作不彻底的产物，主要是改革过程中为了追求工作进度，对一些勘界存在现实困难的地块采取的折中处理。流转交易中，联户承包地块存在协商交易成本较高的现实问题，自然也就会从成本补偿的角度拉低成交价格。

三、流转满意度分析

（一）对流转费用和程序满意度持续上升

近4年监测数据（图2-14、图2-15）显示，样本农户对流转费用和程序的满意度持续提升，2016年样本农户对流转费用的满意度达到了33.73%，自2013年累计提高了15.94个百分点；2016年样本农户对流转程序的满意度达到了41.67%，自2013年累计提高了23.77个百分点。

（二）获取流转信息感觉更加困难

关于获取流转信息难易程度近3年的调查数据（图2-16）显示，不少样本农户认为获取流转信息较为困难，并且困难程度有所增强。2016年，认为获取流转信息比较难和很难的样本农户比例达到了61.39%，较2015年提高了12.99个百分点，较2014年提高了18.49个百分点。

同时认为，获取流转信息很容易和比较容易的农户比例数则连年下降。2016年认为获取流转信息很容易的样本农户比例为8.35%，较2015年下降了0.59个百分点，较2014年下降了5.10个百分点；认为获取流转信息比较容易的样本农户比例为12.35%，较2015年下降了5.65个百分点。

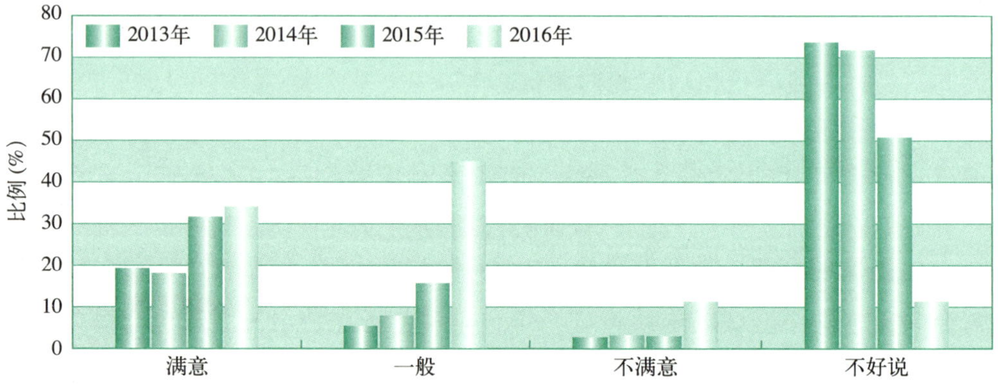

图 2-14 流转费用满意度

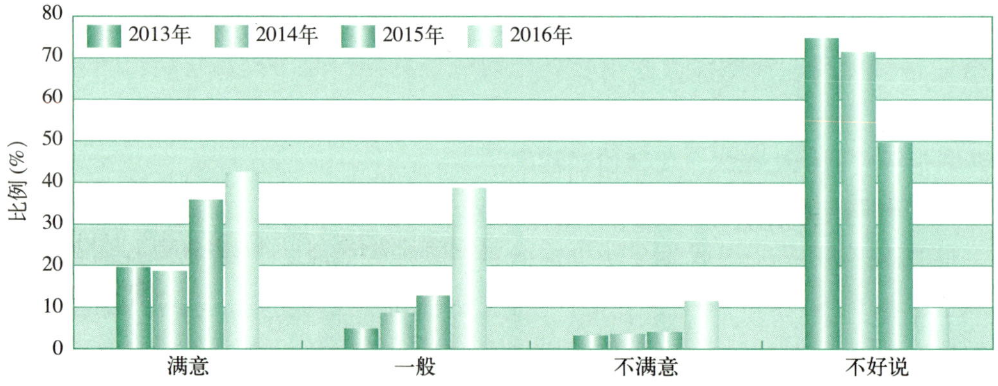

图 2-15 流转程序满意度

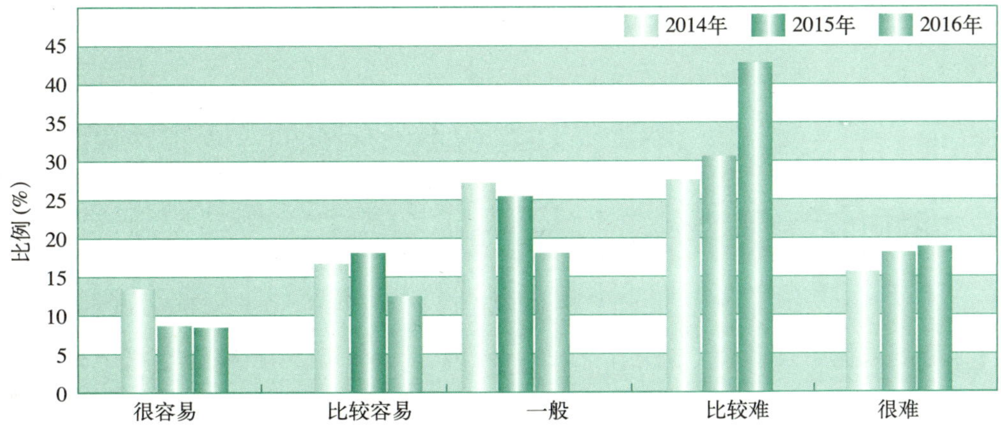

图 2-16　获取流转信息难易程度

这个监测结果与近年统计的逐年增加的全国县级以上林权管理服务中心数量出现背离；林权管理服务中心越来越多了，林权流转信息获取却更加困难。这反映林权管理服务中心提供的服务内容和农户对信息的需求可能存在不一致的地方，也可能是林权管理服务中心提供信息的途径与农户习惯的信息获取途径不一致；这都需要林权管理服务中心加强主动服务意识，深入农户了解农户的信息需求内容和具体的获取途径，进一步提高服务质量。

（三）对流转价格满意度有所下降

2016年样本农户对流转价格满意度为32.53%，与2015年基本持平；但认为一般的比例达到了46.99%，较2015年提升了34.83个百分点；不满意的比例为13.25%，较2015年提高了4.18个百分点；同时认为“不好说”的比例为7.23%，较2015年下降了39.16个百分点（图2-17）。总体看来：一方面农户对流转价格满意与否的态度更加鲜明，含糊态度大大降低；另一方面，由于中国文化中对于否定性意见表达的含蓄传统，一般态度中实际隐含着不甚满意的意味。这样总体看来，样本农户对流转价格的满意度是呈现较大幅度的下降，这与2016年流转价格较大幅度的下降也是一致的。

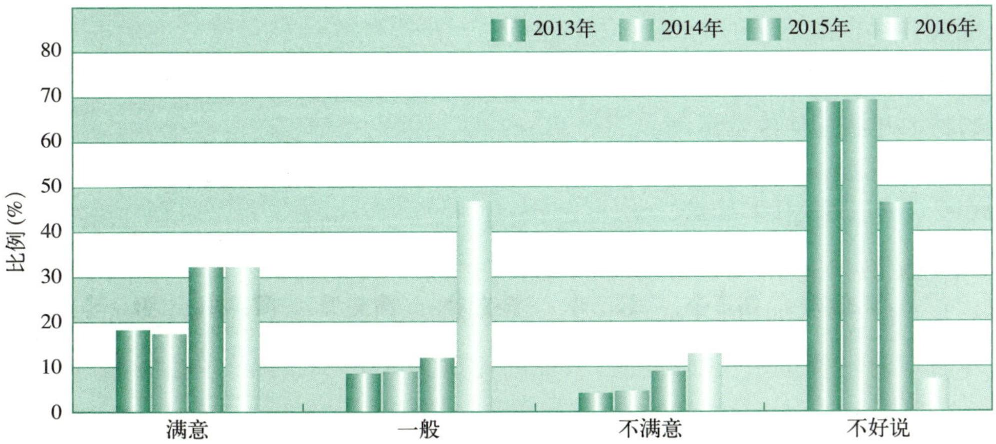

图 2-17　流转价格满意度

问题与建议

一、存在的问题

（一）参与林权流转农户比例仍然不高

近3年监测数据（图2-18）显示，江西、湖南、云南和甘肃4省样本农户林权流转发展呈增长趋势，辽宁、福建和陕西则呈下降趋势；7个样本省总体参与林权流转的农户比例最高的2015年也仅为12.34%。流转对优化林地资源配置，提升林业经济适度规模和集约化程度还有较大潜力可挖。另一方面，云南和甘肃林业经营传统相对不强的省份，短期内流转规模的快速提高，样本农户承包林地大量进入流转市场，受政策宣传影响和从众心理明显，一旦未来市场收益情况发生变化，尤其是经营收益水平提高时，有关管理部门要做好应对大量低价流转的林权因为转入和转出农户利益分配的变化而出现的毁约纠纷，切实维护契约的严肃性；同时也要加强宣传和交易管理，保证流转交易是基于自愿、合法和公平交易进行的。

（二）流转林地实际经营情况堪忧

综合2014－2016年样本流转林地经营用途情况（图2-19）可以看出，近3年流转林地的实际经营状况还是有很多隐忧。首先，流转林地用于发展用材林比例3年来总体上呈现下滑势头。用材林在集体森林资源中是主要的林种，占据了集体森林资源的绝大部分，国家通过林改调动农户经营积极性的重点也在用材林方面，这对于缓解我国木材供给短缺、改善林业生态条件将起到主要作用，同时对于农户增收致富也会起到直接的贡献。集体林业通过加强经营实现增绿、增质和增效关键在于用材林。而监测数据却显示，样本农户流转林地用于用材林经营的状况处于下滑势头，确实令人担忧。另一方面，流转林地用于发展经济林和林下经济的比例也呈相对下降趋势。经济林和林下经济项目一般多为周期短、见效快的经营内容，对农户经营收入的贡献作用较为直接显著。流转农户在这两个经营方向的比例下降，则意味着经济林和林下经济在当下的市场形势下，对农户家庭经营资本也缺乏足够的吸引力，势必进一步限制集体林经营效率的提升。最后，流转林地用途方向增长最快的闲置和不知道具体用途，这也意味着，流转农户根本没有对流转的林地开展任何经营活动。

（三）流转资金主要用于非林经营

近3年监测数据（图2-20）显示，样本农户林权流转资金主要用于非林经营方向，各年用于储蓄、做生意和其他方面的比例都显著高于投入林业和用于林业生产方面。2014年，样本农户流转资金用于非林经营方面的比例为66.67%，高于林业方面用途33.33个百分点；2015年为62.61%，高出25.22个百分点；2016年为72.29%，高出44.58个百分点。

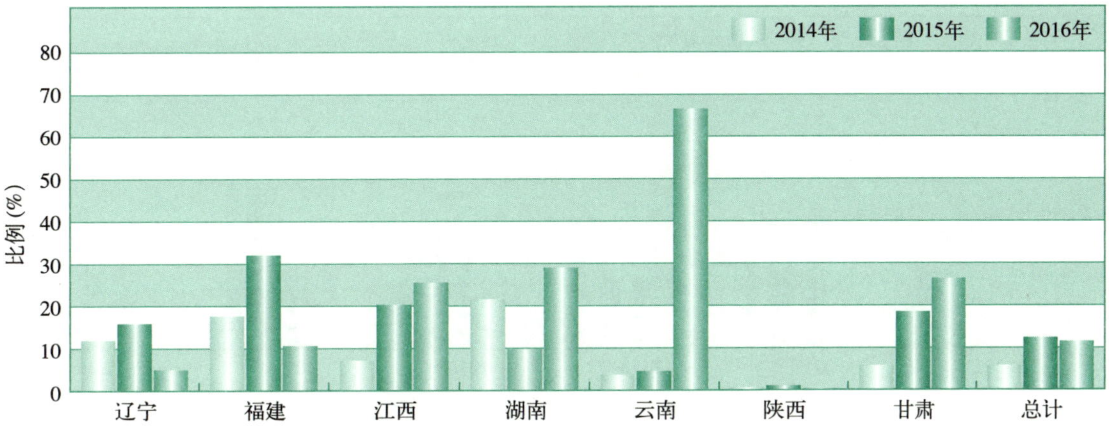

图 2-18 流转林权占农户家庭经营林地面积比例

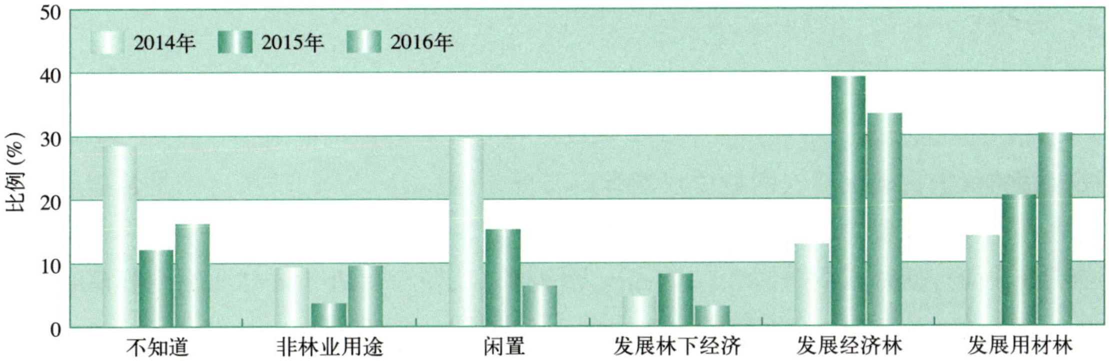

图 2-19 样本农户流转林地经营用途比例

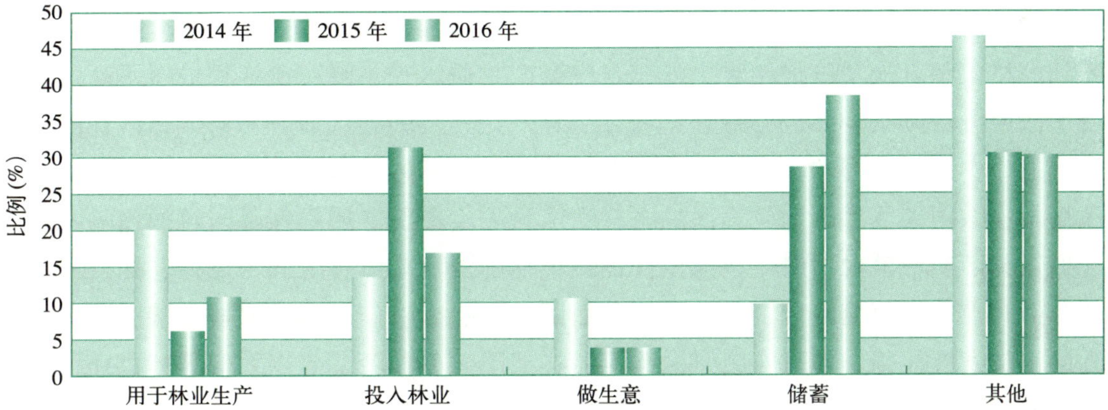

图 2-20 近 3 年流转资金用途

（四）对流出林地后悔农户的比例升高

从2011－2016年样本农户对流出林地的认知态度变化（图2-21）可以看出，样本农户对流出林地的满意度呈下降趋势，同时有些后悔态度的农户比例有所反弹。反映出样本农户对待林权流转心态的纠结，一方面在政府的宣传动员和看到其他人流转，在从众心理的驱动下，也参与了流转；同时对于政策和流转结果又有些吃不准，一旦看到某些利益变化，又产生后悔心理。

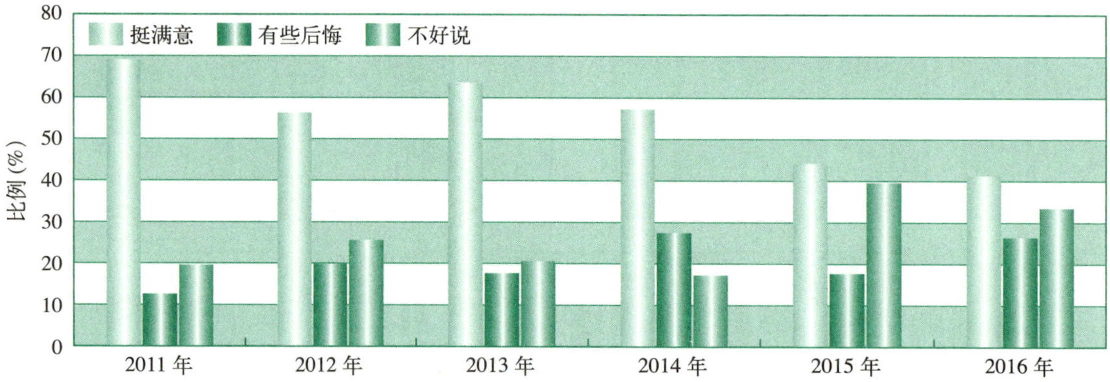

图 2-21 样本农户对流出林地的认知态度

二、建议

根据2016年11月25日《国务院办公厅关于完善集体林权制度的意见》（以下简称《意见》）（国办发〔2016〕83号）关于集体林权流转的政策目标包括两个方面：一是对林农林权权益的保护，确保林农的处置权能有效实现［《意见》之（五）］；二是希望通过流转优化林权资源配置，促进集体林业适度规模经营［《意见》之（十一）］。为充分保证农户依法全面行使林权的处置权，进一步发挥林权流转对促进集体林业适度规模经营的作用，建议通过对当前有关政策的深化完善进一步顺畅林流转权。

（一）合理区划公益林

农户承包的集体林一旦被纳入各级公益林区划范围，流转方式以及流转后的经营就会受到严格限制，流转价格相对更低，农户资产收益水平下降，流转积极性不高。各级政府要按照分区分类经营战略合理区划公益林，尤其是国家层面应对集体林区在国家林业发展战略中要有清晰的功能定位。根据集体林权长期的经营传统和我国天然保护的主要区划，应该把集体林区定位为商品木材生产为主，主要功能是保障国家的商品木材需求和促进林区农户就业增收；要谨慎并在最小范围区划集体林区的公益林，并且要对区划的公益林在市场价值基础上进行赎买，从而切实保障农户的合法权益，落实我国林业的分区分类发展战略。如果实施家庭承包的林地绝大部分全部界定为商品林，在经营收益和规模效益的诱导下，农户流转林权的积极性应会有所提高。

（二）扩大转让的对象范围

按照《国家林业局关于规范集体林权流转市场运行的意见》（以下简称《规范意见》），家庭承包林地，以转让方式流转的，流入方必须是从事农业生产经营的农户，原则上应在本集体经济组织成员之间进行。这对于吸引真正有兴趣、有能力的林业经营者是一个极大的限制，尤其对于吸引外部的新型经营主体通过流转扩大经营规模的影响更为明显。建议修改有关政策规定，取消林权转让的对象限制，允许各类经营主体参与转让。

（三）加大联户承包林地确权到户工作力度

按照现行关于林权流转有关政策规定，联户承包林地流转必须经全部承包农户签字同意方为有效，这必然造成此类流转交易协商交易成本相对较高，农户经营过程中因为目标不一致也容易产生纠纷。应该继续加强此类林地产权明晰到户工作力度，认真梳理联户承包的具体原因，能够勘界到户，应尽快单独确权到户；对于因地形、或者林地立地条件造成的分级确权地块过于琐碎，无法按人头确权到户的情况，则应该协调联户承包人相互之间通过有偿流转相对集中确权到户；然后相关地块的二次流转交易才能更好发展。

（四）简化流转管理，强化流转程序和流转用途监督

目前一些流转活动仍然需要乡镇政府批准、林业部门审查、国土部门登记等多个环节。流转活动是农户或者集体经济组织对其合法财产权的处置，对于农户来说只要是其真实意愿的表达，对于集体经济组织来说，只要内部决策程序公开公正透明，有关政府及其部门应该尽量减少干预，以降低流转的交易成本，促进流转发展。有鉴于此，各级政府及其相关部门对农户或集体经济组织林权流转的过程不必设置过多的批准审查程序，只需按照有关法律规定，加强对流转后林地用途进行监督即可，不论是谁经营，只要符合林地用途管理和其他森林资源管理、经营的法律政策规定即可。同时，有关部门应基于我国村民委员会自治的有关法律法规，加快完善村级自治组织及其内部决策、监督机制和程序，并建立相应追责机制，以尽量避免个别干部借流转损害集体利益。此外，国土部门应考虑林业的低效性和公益性，取消对林权确权和流转登记的相关高额收费，减轻农户和集体流转林权的直接成本。

（五）进一步夯实林权长期稳定的制度基础

任何一项财产权的流转交易，都需要以清晰稳定的产权制度安排作为基本前提条件，同时还要具备相应的市场条件。如果希望通过流转改善集体森林资源的动态配置效率，促进经营水平的提升，除了做好政策的宣传、解释工作，还需要在基本制度层面夯实基础。从明晰产权的角度，既需要具有足够权威性的政策、法律和法规来明确界定林权的内容、归属关系，更需要在实现相关权能的执行层面给出具体的安排。在两办出台了《关于完善农村土地所有权承包权经营权分置办法的意见》之后，林权“三权分置”运行的基本制度框架已初步清晰呈现，这对于推动集体林权流转、盘活森林资源具有重大实际意义。但目前所有关于集体林权的相关政策、法律和法规等制度安排，对于各项权能执行层面的规范还不够具体，对农户产权长期预期的保障力度还有所欠缺。其中较为关键的几点包括：一是对于防止各级政府和村集体擅自调整承包经营关系，影响农户的承包权和经营权的约束和限制需要进一步明确；二是对于承包期限的最高限制，为有关村集体到期调整承包关系留下了空间；三是对经营权流转过程中合同纠纷的过多行政干预降低了农户对产权稳定性的预期；最后，有关森林资源处置方面的各种政策限制影响了经营权的实现。上述方面政策和相关法律法规的不完善，对于有效的林权二级交易

市场的形成发展具有重要的制约作用。这也是当前林权流转进展总体较为缓慢的深层次原因。未来，应通过深化改革，结合我国全面推行依法治国方略进程，继续完善林权实施和执行方面的政策和法律规范，夯实林权流转的长期制度基础。

附：农林林权流转价格影响因素分析的变量选取和实证模型结果

农户林权流转价格多元回归模型，基本模型设定如下：

$\ln(P) = \alpha 1 + \alpha 2$ old $+ \alpha 3$ training $+ \alpha 4$ income $+ \alpha 5$ comprop $+ \alpha 6$ threeprop $+ \alpha 7$ avelimit $+ \alpha 8$ conprop $+ \alpha 9$ frcprop $+ \alpha 10$ uncmfprop $+ \alpha 11$ regprop $+ \alpha 12$ direction $+ \alpha 13$ way $+ \alpha 14$ who $+ \alpha 15$ manfprop $+ \varepsilon$

模型中P为农户2016年流转林权的单位价格，用每年每亩的成交价格表示，具体等于农户流转总收入除以流转面积与流转年限的乘积。取单位价格是为了控制面积与时间的差异，更好反映家庭特征、林地特征、政策和其他因素对交易价格的影响。单位价格数据不服从正态分布，但其对数值服从正态分布，能够满足经典线性模型的正态分布假设，同时也不影响变量的总体分布。自变量设置及回归结果见表2-7。

图 2-7　自变量设置及回归结果

变量	系数	标准差
old 户主实际年龄（岁）	0.0060	−0.0150
training 户主是否接受过林业培训	0.0393	0.3219
income 家庭林业经营年收入（元）	0.1034	−0.0776
comprop 商品林的面积占家庭林地经营面积的比例（%）	−0.6338	0.4205
avelimit 农户流转地块的平均流转期限（年）	−1.5750***	−0.2291
threeprop 用材林、经济林和竹林小计面积占家庭林地经营面积的比（%）	0.9055**	0.4167
manfprop 人工林面积占家庭林地经营面积的比（%）	−0.6053*	0.3608
conprop 有承包合同的林地面积占家庭林地经营面积的比例（%）	0.8787**	−0.4283
frcprop 有林权证的林地面积占家庭林地经营面积的比例（%）	0.1004	0.4204
uncmfprop 非联户经营面积占家庭林地经营面积的比例（%）	0.4991*	0.2929
regprop 有登记林地面积占林地经营面积的比（%）	0.1789	0.3482
direction 流转方向	0.5284	0.4490
way 流转方式	0.0023	0.2181
who 流转对象	−0.0548	0.1147
常数项	4.55888***	−1.483

*** $p<0.01$, ** $p<0.05$, * $p<0.1$

2017

集体林权制度改革监测报告

集体林现代公司制经营研究

2002 年，福建省率先在全国自上而下开展林改；2008 年，林改在全国全面推行；2012 年，全国林改主体改革基本完成，深化改革开始向纵深推进。林改通过“均山、均股、均权”的方式将集体山林分到户，有效保障了林农的山林权益，但也带来了小农户与大市场、林地细碎化与规模化经营、经济效益与生态效益、个人利益与公共利益之间的矛盾，如何继续通过集体林经营体制改革创新实现林地规模化经营、经济效益与生态效益、个人利益与公共利益的有机统一成为了巩固林改成果、深化林改进程、发挥林业在生态文明建设中基础性作用的关键。

农业由于较早面临规模化经营等问题，通过长期的摸索实践已总结出了适应农业特性的家庭农场、专业大户、农民合作社等类型的新型农业生产经营主体，2013－2017 年连续 5 年中共中央、国务院一号文件都将推进新型农业生产经营主体发展列入其中。由于林业面临规模化等问题相对较晚，政府希望推动的新型林业生产经营主体类型基本是照搬农业。鉴于林业与农业在生产经营上的差异性，政策推动的效果并不理想，新型林业生产经营主体的整体发展较为缓慢，对适合林业特性、具有生命力的新型生产经营主体类型的总结还不多。

福建省沙县西霞村是较早开展林改的村庄，通过对西霞村自 2005 年以来集体林从“小组经营—林场经营—公司制经营”的深入调查，生动地展现出西霞村村民探索实现规模化、多元化、资本化经营和“生态美、百姓富”有机统一的现代公司制经营方式的丰富历程，并详细介绍了西霞村集体林现代公司制运营的具体做法和取得成效，总结了西霞村探索集体林现代公司制经营的经验，讨论了其推广复制价值和可行性。

西霞村基本情况介绍

一、西霞村概况

沙县位于福建省中部，以“沙县小吃”闻名全国，2014 年被批准为全国农村改革试验区。截至 2015 年底，沙县全境总面积 1815 平方千米，耕地面积 24.08 万亩，林地面积 221.56 万亩，森林覆盖率 75.9%，地区生产总值 191.16 亿元，位列福建县级综合经济实力第十位，总人口 26.66 万人，近 1/4 的人口常年外出经营“沙县小吃”[①]。

西霞村地处福建省三明市沙县城郊，隶属凤岗街道所辖行政村，离沙县城关 8 千米，土地总面积 30798 亩，林地面积 26521 亩，耕地面积 1952 亩，辖 6 个自然村 10 个村民小组[②]，57 种姓氏。截至 2016 年底，西霞村共 435 户 1651 人，劳动力 960 人，其中超过 2/3 外出务工经商，外出务工经商人员中约 80% 从事“沙县小吃”[③]。

① 数据来源：由沙县人民政府办公室提供。

② 2005 年西霞村林改时仅有 9 个村民小组，第 10 小组是 2005 年底外迁进村的三峡移民。

③ 数据来源：由西霞村村委会提供。

二、西霞村林业生产经营制度变迁

1950 年，西霞村实施土地改革，将山林分到户。1956 年成立高级合作社，山林并入生产大队。1963 年落实中央关于将“劳力、土地、牲畜、农户”固定给生产小队使用的政策（简称“四固定”），将部分山林划分到生产队（村民小组）。1981 年实施林业体制改革，确定集体山权林权，划定自留山（简称“林业三定”）。1986 年响应号召成立林业股东委员会经营村集体林，实施“分股不分山，分利不分林”，后由于股东委员会财务不能独立，成为村委会的提款机，导致村民长期不能分红，于 1994 年被撤销，山林重新由村集体经营。2005 年，西霞村在福建全省开展林改的背景下实施了村庄林权改革。2008 年末，西霞村两委提出建立集体林场，将分到小组的山在采伐完后收归林场统一经营，并于 2011 年正式登记注册成立西霞村新园林场。2014 年，西霞村新园林场改制成沙县新园林业有限公司（图 3-1）。

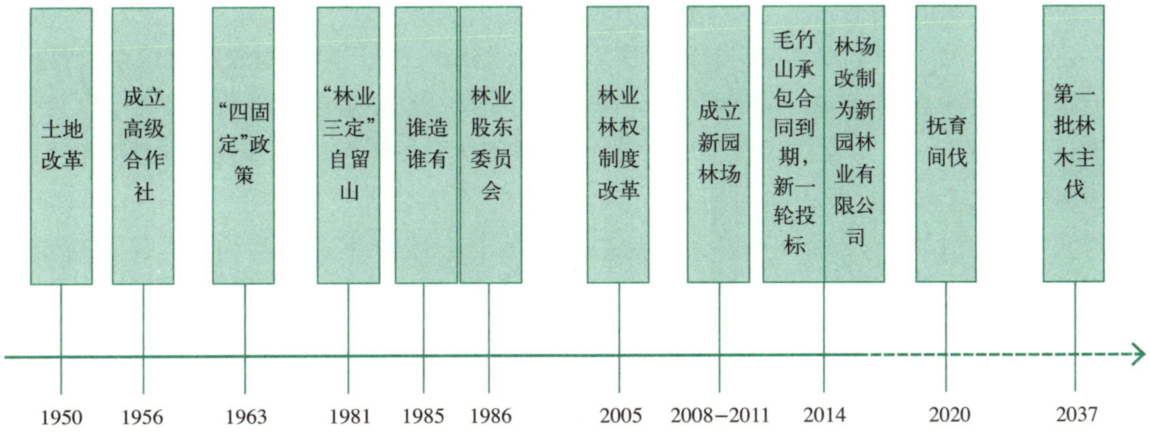

图 3-1　1949–2016 年西霞村主要集体林权制度变迁

三、林改时村庄林权结构

西霞村 2005 年开展林改时的山林结构按照经营情况可分为 7 个部分（图 3-2）。

村集体经营山林：面积 5968 亩，占总面积 22.50%，属商品林，树种以杉木为主，在 2005 年林改前由村集体统一经营管理。

村集体林改前流转山林：面积 3811 亩，占总面积 14.37%，由村两委于 2000 年前后在未召开村民代表大会的情况下直接处置给私人（大户），流转程序不够规范，2005 年林改时未到流转期限。

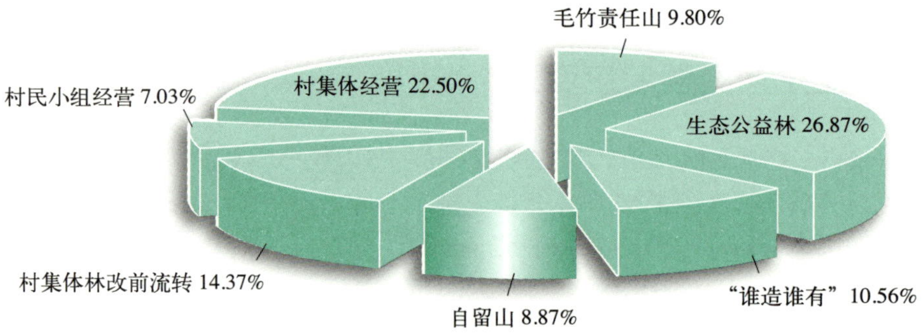

图 3-2　2005 年林改时西霞村林权结构

“谁造谁有”山林：面积 2800 亩，占总面积 10.56%，树种包括杉木和毛竹。杉木林是 20 世纪 80 年代中期西霞村部分村民响应国家“谁造谁有”号召种植果树后，由于果树遭遇病虫害而改种形成的。“谁造谁有”毛竹林是村民在集体经营林地上私下种植或毛竹山承包者利用毛竹自然扩边特征占有。“谁造谁有”山林由于历史条件局限，与村委会签订合同的比例不足二成，林改前基本属于无偿占有。

毛竹责任山：面积 2600 亩，占总面积 9.80%，“林业三定”时曾划分给村民小组管护，由于管护不力于 1994 年由村集体回收，重新发包给村里 20 名毛竹经营能手经营，发包期限 20 年，按 1994 年发包面积收取林地租金 30 元 /（亩·年），村委会与村民按照 4 : 3 的比例分享租金收益，林改时未到期。

生态公益林：面积 7127 亩，占总面积 26.87%，以发挥生态效益为主，经营受到严格管制，但仍属集体财产受集体管护。

自留山：面积 2350 亩，占总面积 8.87%。1981 年我国实施林业经营体制改革，要求村集体在不影响集体林业发展的前提下，把一部分荒山按人头均分给农户永久所有。

村民小组经营山林：面积 1865 亩，占总面积 7.03%。小组经营山林最早在落实“四固定”政策时划分，2005 年林改时各村民小组对其经营管护已达 42 年，被村民视为“习惯性资产”。

林改具体做法

西霞村将 7 种类型林权的山场按照林改的需要进一步划分为三大类：深化改革部分、完善提高部分和巩固确认部分。深化改革是西霞村林权改革的重点工作和主要体现，改革对象为林改时仍由村集体经营的 5968 亩商品林；完善提高部分 9211 亩，包括村集体林改前流转山林、“谁造谁有”山林和毛竹责任山；巩固确认部分 11342 亩，包括生态公益林、村民小组经营山林和自留山。

一、深化改革部分林权构成与做法——分山到组，均权均利到户

（一）林木收益权确权办法

首先，将确定划分到村民小组的4291亩山林分为近熟林、中幼林两大类；其次，考虑远近因素将两类山场划分为7个组合，采取抓阄的方式将7个组合的林木分别落实到7个联户小组[①]承包；最后，7个联户小组再按照各组2005年林改时认定的家庭人口数，将变现后扣除缴纳给村委会林木款的剩余纯收益均分到户。各组林木价值由村集体组织成立的41人评估小组评估定价；林木款缴纳按照签订合同：间伐：主伐＝20%：30%：50%的比例分时段缴纳。

（二）林地承包权确权办法

第一，面积以现有承包林木分配到联户小组的面积为准，人口以2005年村庄林改时确定的人口为准。第二，山地承包期限为50年，从2004年9月20日始至2054年9月20日止。第三，林地承包费由评估小组根据林地的条件差异，按片确定每年每亩租赁费，缴纳方式根据租赁方式选择。属于林木的，在间伐、主伐时必须按合同缴纳前期租赁费。第四，林地租赁费每5年调整1次，按当时当地的12厘米的杉原木销售价格与现时当地的12厘米的杉原木销售价格的倍数进行调整。

二、其他部分林改做法——巩固已分林权，明晰未定权责

巩固确认部分：生态公益林林改时再次明确由村集体集中管护，生态补偿费用按照15%：20%：65%的比例在村委会、护林员及林改时的全体村民间分配；自留山已被村民视为永久的私有山林，林改时期继续巩固确认，由村民长期无偿使用；小组经营山林已被村民小组视为“习惯性资产”，林改时明确为村民小组所有。

改善提升部分：改善提升部分的山林都是2005年林改时村集体承包未到期或未明确期限的山林。毛竹责任山年承包租金被进一步明确按照4：3的比例在村委会和林改时全体村民间进行分成。“谁造谁有”山林确认了村庄“谁造谁有”林地面积和所有者，明确了林地租金收取办法，并规定承包期限为30年。明确村集体林改前已流转山林到期后，若受让方因未采伐完林木继续占用林地时，超期林地租金按逐年翻倍的办法收取。改善提升部分的山林在2005年林改时都没有纳入划分林地，承包到期后如何处置没有安排。

---

① 为有利于根据山林条件尽可能公平划分，将参与林改的9个村民小组分成7个联户小组，3组、9组合并成1个联户小组，6组、8组合并成1个联户小组，1、2、4、5、7各自单独组成1个联户小组。

“重新集中、统一经营”——成立新园林场

一、为什么成立

在政府自上而下的推动下，2005 年西霞村林改坚持以维护林农利益为政策出发点，采取分山到组、均权均利到户的方式，保障了林农享受制度红利的均分可得。但由于这次改革时间紧，缺乏对农村历史参考、未来规划、林业经营的综合性考虑，林改后也引发了诸多问题。

（一）林地经营破碎化，规模经营难以形成

在林场范围内，林班是被划分为若干面积大小比较一致的永久性地段，是森林经营活动和生产管理的单位，其面积一般为 20 ~ 25 公顷。小班是根据林班内土地利用状况和林分调查因子的差别进行划分的最小单位。西霞村 2005 年林改时在充分考虑山林立地条件、林龄等情况下，尽可能实现在各组之间的公平划分，但也导致了山林破碎化：首先，同一个联户小组经营着不同的林班，如第 1 联户小组同时经营着 2 个不同林班号的林地（表 3-1）；其次，同一林班地块被划分给多个联户小组，如林班号为 26 的地块被同时划分给了 4 个联户小组。林地的破碎化直接导致了生产成本的提高、规模效益的下降和部分政府扶持政策享受资格的丧失。

表 3-1　分山到各联户小组的林班交叉情况

林班号	26	27	29	30
第 1 联户小组	✓		✓	
第 2 联户小组		✓	✓	
第 3 联户小组				
第 4 联户小组				
第 5 联户小组	✓		✓	
第 6 联户小组	✓			✓
第 7 联户小组	✓			✓

（二）村民急于转让变现，信息不明多被贱卖

首先，林农担心政策会变，急于分利，多数小组分到山后迅速把手中的成熟林进行转让，后来连中幼林也提前转让。仅 2005－2008 年 4 年时间，通过林改分到各联户小组的山场 70% 以上就已转让，集中于少数人。由于林地流转年限普遍较长，林农担心林地会变成有钱人的林地，可能一辈子都无法获得林地经营。

其次，由于西霞村山林长期都是归村委会管理，林农对集体山林的资源状况掌握不清，不清楚林地的土质结构、土壤类型，对林业经营政策掌握不足，使得多数小组流转的价格都严重偏低，通过林改划分给林农的大部分林木收益在林农的仓促转让中转移到了少数人手上。

林改后，由于组员嚷着要实惠，第二小组决定卖山分钱。出于经济考虑，组员林**提出由其统一购买林木与林地，而小组最终决定将林地全部卖给林**并通过入股或取现的方式结清钱款。一方面“肥水不流外人田”，卖给本村人还可自主入股。另一方面，林开明直言可自行估价，减少交易成本，可分配金额增多，何乐而不为？接着，小组对组内成熟林与中幼林进行简单评估并通过小组内部协商，确定最后售卖价格。分红时，小组以入股或付现两种方式按人头均分收益。交易结束后，村小组7个人共10股，而林**占股最多。不久之后，7个合伙人对林木进行了主伐，每一股均多分了三四万元。之所以如此低价转让的原因在于：①村民对国家税收政策了解不清，不知道当年林木流转后，其相应税收其实是可以退回来一部分；②不熟悉山林的情况，低估了山林蓄积量。

（三）造林抚育资金筹集困难，山林失管比较严重

一方面是由于小组转让林木时急于分利，没有预留造林抚育资金，或预留的资金不足，导致分到联户小组的山林在林木被砍伐后难以筹钱造林，多只能靠自然更新，抚育投入很少或者根本没有投入，林分质量下降明显，造成了比较严重的山林失管局面；另一方面，小组不是正式组织，林子很难管好。

村书记语：“当时林改的时候，以小组为单位分山，林木是可以砍伐的，但是林木砍伐掉以后就把资金全部分到村民手上，由于经营的短视性，没有预留继续造林的资金，筹资村民意见又不一，没办法造林。在没钱造林的情况下，林地就被低价外转掉了。”

村主任语：“反正他都有收益，有收益呢，他们就把这些钱全部分掉。分掉之后有的没有钱造林，有的有留第一年造林的钱，第二年、第三年抚育的钱就没有留住，那你更不要说小组从每家每户再把钱收回来做抚育这一块。就出现很多失管掉。”

（四）村财失去重要来源，公益事业难以推进

将集体经营的林权分到小组后，导致集体可以灵活处置的资产没有了，村中公益事业建设失去可靠的资金来源，公益事业停滞不前，只能到处求人。

村民A：“就是以前村里，今天要做一个公益事业，村里没钱，就卖一片山场，就等于卖山场的钱都做村里公益事业花掉了。”

村民B“林地确权到户，村财收入紧张，影响村中公益事业建设。因为在短期内向村民集资困难，公益事业就没人做。”

二、怎么成立

（一）内部酝酿

看着大片砍完的山林由于无法筹集造林资金一直荒废，刚经历分山分利喜悦没多久的村民们心里也不是滋味：村民们长期形成的林子砍了不能不种的传统认知使得越来越多的村民开始商讨如何应对。同时，因大量的林地采伐后不造林，村两委面临的来自县林业局和基层政府的压力也越来越大，村集体和村民小组申请采伐指标也愈加困难。为此，部分小组组长主动同村两委沟通并商讨如何解决造林资金不足等问题。在这些问题的驱动下，村两委开始寻求变革。2008 年底，村两委内部就西霞村“是否回收林改时下放的林地经营权及林地经营权回收方式”进行了多次讨论，并逐步形成了“成立林场，集中经营”的设想。之后，村两委多次组织召开“两委扩大会议”，就西霞村成立林场一事向党员、代表及干部征求意见并初步拟定林场经营规模，并于 2010 年初在林场分红制度、集资方式及运营模式等方面形成了较为具体可行的意见。

（二）村民大讨论

首先，各小组组长组织召开组内户代表会议，向村民介绍林场分红制度、集资方式及运营模式，并向各组员征集其对成立林场的不同看法和对现有林场运营方案的修改建议。其次，由各组组长征集并汇总建议，作为林场章程成形的参考建议，并组织小组成员就个人意见分“赞成”“反对”“弃权”三方面进行书面登记。统计结果显示，超过九成的户代表赞成以林地入股建立集体林场，不足一成的农户选择弃权，3 户明确反对。

（三）决议成型

首先，组长根据意见统计结果，向村委会汇报各组情况。其次，村干部对各小组情况进行汇总。结果显示，西霞村各小组均同意成立集体林场。最后，村两委及时组织召开村民代表大会，表决通过成立集体林场的决议并签字确认。2011 年 1 月，沙县西霞新园林场在工商部门完成注册登记后正式挂牌成立。

三、运营的基本方式

西霞村新园林场以村集体出资 3 万元作为投资人登记成立，以向村集体借款为主要集资方式，对回收林地进行造林抚育。在经营管理上，林场专门聘请具有林业相关工作经验的村民胡伯泉担任林场经理，组织日常的生产经营活动。林场收益分红、林木采伐等重大事项由村民代表大会决议，坚决维护林农知情权、处置权。在红利分配方面，林场在采取预留 15% 造林基金的基础上，将林场经营收益按三七分成的方式在村集体与村民间进行分配，享受分红的村民资格依据 2005 年林改时登记的村庄人口确定。

四、取得的成效

（一）造林抚育齐跟上，绿色生机重焕发

成立林场后，分到小组被砍伐完后的山林即收归林场经营，林场通过向村委会借用造林资金的方式筹集资金后很快就组织专业技术人员将抛荒的530亩林地进行了更新造林，并对收归林场时已经由小组低投入造的幼林进行了及时抚育，绿色生机重新焕发在村庄山林间。截至2014年底，林场造林的面积达到了1255亩，投入金额达55.59万元；抚育的面积达到了5348亩，投入金额达90.74万元（表3-2）。

表3-2　2011－2014年林场造林抚育投入情况

年份	造林面积（亩）	造林支出（元）	抚育面积（亩）	抚育支出（元）
2011	530	222600	1394	251180
2012	31	12925	803	142202
2013	67	31490	1358	241460
2014	627	288870	1793	272520

（二）集中经营成规模，政策扶持获益多

成立林场后，林改时划分到各个小组的山场在林木砍伐后由林场统一组织生产经营活动，生产经营的专业化、组织化和规模化明显提升，达到了政府优先扶持的条件，新造山林全部获得造林抚育补贴：新造林每亩获得100元的造林补贴、90元的抚育补贴，截至2014年底，林场共获得60.68万元造林抚育补贴，占造林抚育总投入的41.47%（表3-3）。

表3-3　2011－2014年林场获得的政府造林补贴情况　元

年份	2011	2012	2013	2014
造林补贴	53000	3100	6700	62700
抚育补贴	125460	72270	122220	161370

林场转制——成立沙县新园林业有限公司

一、为什么要转制

（一）村集体与林场不分家，村民担心林场资产沦为“干部林”

随着时间的推移，林场经营资产价值不断扩大。一是林场成立初期种植的林木长势喜人，资产价值显著提升。按照胡经理的估计，林场种植的林木达到采伐年限时每亩蓄积量至少达到10立方米以上，能够获得的毛收入仅以2011－2014年4年间种植的1255亩山林进行计算，也将超过1000万元。二是林场最初仅经营通过林改分到小组后采伐完收回的山，但成立后经营范围明显扩大：林场成立初期即明确将仍由村集体经营的山林和林改前村集体已转让的到期山林交由林场经营，成为林场资产；2013年通过村民代表

大会明确“谁造谁有”的山林到期（最迟到 2034 年）后收归林场经营，成为林场资产。

村民看到林木长势喜人和林场资产价值明显增加时充满了希望，对林场经营成效高度认可，但在认识到村集体与集体林场不分家，林场实际仍是由村委会管控的情况下，村民开始越来越担心：林场经营资产在若干年以后会不会再像 2005 年林改前一样沦为“干部林”？是否会被村干部贱卖或侵占？

（二）采伐后归还林场的林地逐步增多，造林抚育资金短缺日渐严重

由于林场主要经营的是采伐后的林地，林木生长周期又非常长，最快也要到 2020 年才能间伐，结果是林场经营初期基本没有收入来源，造林资金在 2014 年之前主要是通过向村集体预借和申请政府补贴的方式筹集。随着越来越多的林地采伐完交给林场后，村集体面临的资金压力越来越大，造林和抚育资金难以为继。2011—2014 年 4 年间，林场投入的造林抚育资金高达 146.33 万元，而林场可支配的收入不足 10 万元，仅能维持日常的管理开支。不断增加的经营面积和难以为继的造林抚育资金投入使得村干部和林场经理不得不考虑通过申请林权抵押贷款的方式将资产转变成资本，但林场作为一种特殊的生产经营单位，市场知名度和认可度都较低，也没有明确的法律规范相适应，得不到金融机构的承认。

> 林场经理语：“林场的话，按理来说是可以贷款的，但实际操作起来银行不会给你贷的。因为假如说今年是我当村主任，明年换成你来当，那你不管这个（贷款）了，那还有办法？那你歧视我村里面那我有钱也不去还了，以前就有出现过这种情况。”

（三）分红人口资格认定固化，引发村民不满增加

西霞村在林改时是按照 2005 年认定的人口划分林权，集体林场时期通过按林改时人口认定分红资格的方式延续了下来。2005—2016 年，西霞村人口净增了 151 人，村庄内部包括组与组之间、户与户之间的人口结构也发生了较大变动，但按照 2005 年林改时人口分红，外嫁人员、过世人员都能分红，嫁入人员和出生子女却不能分红，集体的东西作为集体成员分不到，引发了人地矛盾。随着时间推移，引发的矛盾日益尖锐，不满日益增加。

> 村民林**，2005年将山场确权到户时仅4口人，户主、妻子和两个未婚儿子。随后两个儿子相继结婚，老大育有一子一女，老二育有一子，原本的4个人口的小家庭到2010年已经发展成9个人口，但能获取的收益仍只占当时4个人口时的收益，而且难以均分引发了兄弟俩的不满与矛盾。

（四）经营管理不够规范，业务拓展难以实施

一是林场成立时尽管有在工商部门登记，但由于当时成立的初衷是为了解决2005年林改时分到小组的山场砍伐后抛荒的问题，注册是以村集体作为投资人出资3万元的方式完成的，是一种简化的处理方式，与实际情况并不相符，形式大于实质；二是林场与村集体之间的财务界限并不清晰，村集体与林场财务基本没有分家；三是林场成立初期以投入为主，基本没有收益，日常的经营管理工作主要由胡经理负责，开展托管山场、买卖山场等拓展性业务时，由于需要通过村民代表大会表决，导致决策成本高、决策效率低、推进困难。

二、转制的主要做法

第一，明确村集体林权归属关系。在维持林地所有权归西霞村委会不变的前提下，将原集体林场经营的2690亩山林、村集体已流转到期收回的2600亩毛竹山无偿划为转制的公司经营管理，并将林权登记为公司所有。代管村集体统一经营管理的生态林。至此，西霞村村集体经营管理的山林都由公司统一经营管理。第二，建立现代化公司管理组织架构，实现与村委会并行运转。公司设立股东会、1名执行董事、2名独立监事和1名经理。股东会，西霞村委会作为法人股东占股30%，由村委会主任代行股东权利并进入股东会，全体村民作为不记名股东占股70%，由10个村民小组各选派1名记名股东持有股权并进入股东会，各记名股东股份按照所代表小组人口数占全村人口比例认定，记名股东股份不能转让、不能继承。执行董事从股东会成员中直接选举产生，监事由股东会从村两委成员中选举产生，经理由执行董事提名并经股东会表决通过后聘任，但不能由村两委人员担任。执行董事、独立监事和经理的任期均为3年，可以连任。第三，完善重大事项决策和监督机制。将需要表决的重大事项从围绕采伐和收益分配扩大到年度造林抚育计划、采伐计划、年度收益分红人口认定、林权抵押、林权担保、山林买卖等，将重大事项表决机制由村民代表大会改由股东会，超过七成股东赞成才能认定通过。发挥党支部的作用，选举村党支部成员当选独立监事，监督执行董事、经理执行公司职务的行为。第四，实行经营收益动态分配方式。公司章程规定公司用材林经营收益应在预留30%造林基金的基础上，按照三七分成的方式在村集体和全体村民间分配，毛竹山经营收益由原来按4∶3的比例在村集体与全体村民间分成改成按3∶3∶1的比例在村集体、全体村民和公司间分成，村民分红资格认定以分红当年村庄登记人口为准。第五，注册登记公司法人。以划入公司所有的林木作为实物注册资本，于2014年6月在沙县工商局注册登记沙县新园林业有限公司，成为由村集体林木资产作为注册资本、由村委会和全体村民持股、以从事林业生产经营为主营业务的股份制公司。

三、转制经营取得的成效

村庄自主探索的集体林现代公司制经营模式为其塑造了优质口碑，得到了政府的高

度认可。2015 年，西霞新园林业有限公司被评为县示范公司，获得政府奖励 5 万元；2016 年成功升级为市示范公司，获得政府奖励 5 万元；2017 年计划申报省级示范公司。

（一）消除了村民的顾虑，让村民放心安心

一是消除了林农对资产会被村干部或经理任意处置的顾虑。通过聘用专业的评估人员量化了公司的资产，并将股权明晰到了各个小组；通过设立股东会、执行董事、独立监事和经理，形成相互制约；公司的重大事项必须经过股东会表决，执行董事和经理对公司的业务操作受到 2 名独立监事的监督，独立董事、监事、经理的任期被规定为 3 年，期满后需与村领导班子同步换届。

二是化解了人地矛盾。为稳定村民情绪，实现持续发展，林场转制后，规定按照分红当年村庄人口来认定村民的分红资格，实现土地红利在代际间的合理分配，有效化解西霞村日益严重的人地矛盾。

（二）提升了经营效益，增加了村民和村集体的收入

通过完善决策监督机制，改善经营管理方式，公司经营的效益明显提升。林场改制成公司后，仅毛竹山贡献的纯利润由公司成立前的每年 7 万元增加到 34 万元，林农年人均分红由原先的 18 元增至 88 元，村财由每年 4 万元增加到 14.6 万元。据专业人士估计，公司经营的用材林在进入轮伐期后，将为村财年收入贡献达到 30 万元，村民年获得的人均分红将达到 420 元。

（三）拓宽了融资渠道，实现资产变资本、资本变收益

林场转制成公司，有效提高了法律对公司的约束、保障力度，提高了银行贷款积极性。2014 年，新园林业有限公司以 100 多亩幼林向沙县农商银行贷款 60 万元，用于造林抚育。2015 年，沙县新园林业有限公司作为抵押人，将自有林木资产抵押给银行，帮助沙县某公司担保贷款 240 万元，期限 3 年，借款人在负责还本付息的条件下每年支付新园林业有限公司 2.4 万元，增加了公司的财产性收益。

（四）促进了公司经营的现代化、市场化和业务开展的多元化

公司经营管理的现代化、市场化主要体现在公司对造林、抚育、管护工作的人员聘用不再拘泥于本村、不再受限于人情，而是采取公开招标、签订合同的方式进行，约定各自权责，严格按照合同规定办事。例如，公司的造林合同中明确指出："乙方（承包方）完成抚育生产任务后，申请甲方验收，验收合格的按合同的付抚育费，若不合格甲方责令乙方返工，直至合格为止。"公司的山林管护工作是聘请专门护林队伍来完成，使得专业监管技术能得以引进，提高了监管效率。

公司已经开展的多元化业务包括：2014 年，帮助托管凤岗街道际 村村民魏发松 10 多年前在西霞村承包的 110 多亩山林，预计于 2023 年主伐，届时将获得 20% 的利润分成；2015 年，利用从沙县农商银行获取贷款中的一部分购置了 70 多亩成熟林，开展了公司的首笔山林买卖交易；2015 年，通过公司的林木资产帮助借款人抵押，获益 2.4 万元 / 年。

目前公司正在将西霞村森林资源与美丽乡村建设相结合，规划建设一处100亩交通便利、环境优美的森林氧吧，并兴建10栋毛竹屋，给游客提供垂钓、自助野炊、家庭休闲等活动，促进森林资源资本化。

探索经验总结与推广复制可行性讨论

一、探索经验总结

（一）以林农利益为中心，在个人利益、集体利益和国家利益间求平衡

西霞村集体林从小组经营到公司经营的探索过程，始终将维护村民利益作为基本出发点和落脚点。小组经营直接将由村集体经营的林木收益权和林地使用权划分给了农户，林场经营和公司经营都明确经营收益的70%必须均分到户。尽管如此，2005年林改时由于缺乏对村集体利益的考虑，导致村财的重要收入来源突然消失；分到小组的林地在林木被砍伐后大面积失管，使得青山成为荒山，损害了国家的生态利益。2011年，村民在获得林场七成股份的情况下，将2005年分到小组的林地在林木采伐后交由林场（公司）经营：一方面保障了自身的利益、维护了集体的利益；另一方面成立林场后通过造林抚育很快将荒山变成青山，由种植纯林变成适度套种阔叶树，维护了国家的生态利益。

（二）有效践行民主与集中制度，既发挥村两委的引领作用，又充分依靠林农

2005年林改时的林改方案主要是在保障林农对集体山林具有权益的总体原则基础上制定的，但对于是分山到组还是分山到户则充分尊重了林农的意见。在村两委结合实际认为“均山到组、均权均利到户”更具可行性的情况下，充分调动各个小组组长组织开展讨论，就分山到户与分山到组进行充分的意见表达，最终通过村民代表大会、按照少数服从多数的原则形成决议，通过民主实现集中。2011年成立林场和2014年成立公司的设想和方案均是经过村两委协商、征求党员和村民代表意见的基础上形成，并在不断征求林农意见、吸收林农建议中完善，通过村民小组户代表会议或村民代表大会投票确立。

（三）用改革解决改革中出现的问题，并在解决问题过程中深化改革

2005年西霞村林改是在政府的推动下为解决当时仍由村集体经营山林存在的林木产权不明晰、经营机制不灵活、利益分配不合理等突出问题而实施的。西霞村通过林改，实现了阶段性目标。但落实到小组经营后又出现了森林经营破碎化、缺乏造林抚育资金导致林地大面积失管等突出问题。如何解决？西霞村村民选择了自主进行继续改革的方式，通过将2005年林改时分到小组的林地在林木砍伐后以林地入股的方式成立林场集中经营，很快使荒山变绿山。但随着时间的推移，林场资产不断扩大带来的村民对资产处置的担忧，各类林地的林木采伐后陆续交由林场经营带来的造林抚育资金难以为继，按2005年林改时人口分红带来的人地矛盾突出等问题开始显现。如何解决？西霞村村民还是选择了自主进行继续改革的方式，将集体林场转制成现代化公司，在有效延续林改确

立给林农利益的同时，创造性地实现了林业经营的规模化、多元化和资本化，有效解决了上述问题。

（四）摆脱束缚，勇于从传统经营走向现代管理

在延续林农权益保障的基础上，西霞村通过自下而上的创新路径，推动林业生产经营方式在不同时期的灵活转变，并创新成立全省首家村民共有、以从事林业生产经营为主营业务的股份制林业有限公司，实现林业由传统经营向现代管理转变，摆脱了旧事物的约束，勇敢接纳了新事物。在公司经理聘用上，选择了具有林业站工作经验、在生产经营上具有技术优势的专业人员；在公司的主营业务上，无论是育苗、造林、抚育、管护等基本走向了市场化，通过招标的方式完成，效率成为了最重要的考核指标；在新业务拓展上，勇于尝试，勇于探索。

二、可推广和可复制性讨论

西霞村集体林探索实现现代公司制经营的过程，是村民不断自主探索的过程，最终形成的“与村委会并行运转、按现代化公司架构运行”的公司制经营体制，打破了我国林权改革后实现专业化、规模化经营多依靠促进流转的常规模式，用实践证明了实现村民共有、利益共享的现代化公司经营的可能性，既保证了村民享有村庄共有资产的基本权利，又产生了效率。

西霞村集体林地实现“利益共享、专业经营”的公司化运营方式，是在村民林业收入占总收入比重逐步下降、文化水平不断提高、对现代化知识与手段的认知度和接受度不断增强、村庄劳动力向外转移与乡村外出精英回流趋势并存、民主进程有序推进、地区林权市场化制度环境建设不断完善等背景下发生的。上述特征在很大程度上代表了中国农村当下乃至将来发展的方向，加上林场成立初期较低的森林面积约束，西霞村所探索的林业生产经营方式具有较好的可推广复制特点。

2017

集体林权制度改革监测报告

重点生态区位商品林赎买研究

党的十九大报告明确提出加快生态文明体制改革，建设美丽中国。“草木植成，国之富也”，林业肩负着建设生态文明和美丽中国的庄严使命。然而，在提供更多优质生态产品以满足人民日益增长的优美生态环境需要的同时，如何把生态优势转化为经济优势，实现生态美与百姓富的有机统一是中国特色社会主义进入新时代对林业的新期待。因生态保护需要，福建省对977.37万亩重点生态区位商品林实行限伐、禁伐政策，使林权所有者的“处置权、收益权”受到严重影响。为了破解林农利益与生态保护的矛盾，福建省从2015年开始率先开展重点生态区位商品林赎买等改革试点，积极探索生态美与百姓富有机统一的实现路径，取得了明显成效，成为福建省在深化集体林权制度改革探索中的又一新创举。为更深入地推进改革试点工作，为全国生态文明试验区提供有益的探索与模式借鉴，国家林业局经济发展研究中心深入到武平县、永安市、沙县、武夷山市、永春县、永泰县、政和县、建阳区等16个试点县（市、区）进行实地调研，梳理重点生态区位商品林赎买等改革实施现状，总结赎买改革取得的成效与经验，深入分析改革中存在的问题，并提出相应的政策建议。

改革实施现状

一、改革动因

为了保护生态安全，《福建省林业厅关于公布国家级生态公益林和省级生态公益林及重点生态区位商品林区划界定范围的通告》（闽林〔2012〕10号）区划界定了977.37万亩重点生态区位商品林，即位于重点生态区位范围内，符合国家级和省级生态公益林区划条件，暂未按有关规定和程序界定为生态公益林的森林和林地。这些重点生态区位商品林主要位于“三沿一环”（沿路、沿江、沿海、环城市周边一重山）、水源保护地等生态脆弱或敏感区。因生态保护需要，省政府及市县政府明确发文规定暂停或限制采伐。实行限伐后，其中除天然商品林可享受每年每亩15元的补助、经济林可由林农自主经营外，其余大部分林木没有享受补偿或补助政策，给林权所有者造成很大的经济损失。特别是“三线林”内的商品林70%以上为近成过熟林，由于限制采伐，林农面临守着“绿色银行”不能变现的严峻现实，群众意见很大，矛盾日益突出。

为了缓解生态保护与林农矛盾的需要，在2014年永安市重点生态区位商品林赎买探索的基础上，福建省林业厅和财政厅于2015年7月联合发布《关于开展重点生态区位商品林赎买等改革试点工作的通知》，正式启动试点工作。从2016年开始，福建省选择武夷山市、建阳区、顺昌县、永安市、沙县、新罗区、武平县、东山县、诏安县、永春县、永泰县、闽清县、福安市、柘荣县等14个县（市、区）开展赎买等改革试点；2017年增加南平市全市和武夷山国家公园，福建省达到16个试点单位。因南平全市已列入试点，扣除武夷山市、建阳区、顺昌县、武夷山国家公园等包含在南平市内的面积，试点单位重点生态区位商品林面积为299.08万亩，占全省重点生态区位商品林面积的30.60%（表4-1）。为贯彻落实《国家生态文明试验区（福建）实施方案》和《福建省贯彻落实〈国家生态文明试验区（福建）实施方案〉任务分工方案》，制定了《福建省重点生态区位商品林赎买等改革试点方案》（闽政办〔2017〕9号），确定福建省在“十三五”期间实施重点生态区位商品林赎买等改革试点面积20万亩，赎买重点为矛盾最突出的人工商品林中的成过熟林。

表4-1 福建省及试点县（市、区）重点生态区位商品林概况

地区	重点生态区位商品林面积（万亩）	占林地总面积（%）	地区	重点生态区位商品林面积（万亩）	占林地总面积（%）
福建省	977.37	7.03	建阳区	16.02	4.45
武夷山市	39.09	10.20	顺昌县	26.58	10.59
永安市	21.16	5.63	新罗区	28.12	8.22
沙县	17.4	7.98	诏安县	17.61	16.15
武平县	7.99	2.46	永春县	5.43	3.85
东山县	1.23	11.60	闽清县	9.35	5.52
永泰县	20.71	7.58	福安市	31.26	15.99
柘荣县	2.39	3.49	南平全市	167.69	5.16

二、改革做法与结果

（一）改革做法

1. 赎买主体

福建省重点生态区位商品林赎买主体主要有3类：①地方政府。12个试点单位规定重点生态区位商品林只能由县（市、区）政府进行赎买。②由林业部门成立的公司。如沙县成立沙县森林资源收储管理有限公司，永泰县成立国有林业开发有限公司，永春县成立永绿林业发展有限公司进行赎买。③公益性组织。如永安市成立一个社会性、非营利性的“生态文明建设志愿者协会”负责赎买工作。

2. 赎买流程

赎买流程一般包括：申请、初审、评估、确定参考价、签订合同、办理林权变更登记手续。

3. 赎买模式

各试点单位在重点生态区位商品林赎买探索实践中出现了赎买、改造提升、租赁、置换等多种改革模式。不同赎买模式优劣势比较见表4-2。

（1）赎买

赎买指在对重点生态区位内非国有的商品林进行调查评估的前提下，与林权所有者按双方约定的价格一次性将林木所有权、经营权和林地使用权收归国有，林地所有权仍归村集体所有。各试点单位均将直接赎买作为重点生态区位商品林赎买改革的重要方式。

（2）改造提升

改造提升是指对除铁路、公路干线两侧和大江大河及其主要支流两岸规定范围内的人工“重点三线林”外，其他的重点生态区位中杉木、马尾松、桉树等人工纯林的成过熟林，适当放宽皆伐单片面积限制，允许以小班为单位进行改造，最大面积不超过300亩。采伐后不再新种桉树，及时营造乡土阔叶树种或混交林，并根据规划逐步纳入生态公益林管理。改造提升可获得一定的补助。如沙县对达到采伐年限，按要求进行改造，改造提升后纳入生态公益林管理的重点生态区位商品林补助 1000 元 / 亩；永春县对采伐后不再新种桉树，及时营造乡土阔叶树种或混交林，并根据规划逐步纳入生态公益林管理的重点生态区位商品林补助 500 元 / 亩。

（3）租赁

根据《福建省重点生态区位商品林赎买等改革试点方案》，租赁指政府通过租赁的形式取得重点生态区位内商品林地和林木的使用权，并给予林权所有者适当经济补偿。租赁期间林地林木所有权不变，参照天然林和生态公益林管理。试点单位中武夷山市、永春县、福安市等对租赁形式中林地林木权属的规定与福建省试点方案相同，其中，武夷山市明确林权所有者为管护责任人。东山县、柘荣县、诏安县提出通过租赁的形式取得林地和林木使用权并进行国有经营管理。

（4）置换

置换指按照《福建省人民政府办公厅关于开展生态公益林布局优化调整工作的通知》（闽政办〔2014〕160 号）规定的程序和要求，将重点生态区位内的商品林与重点生态区位外现有零星分散生态公益林进行等面积置换。

（5）其他方式

除以上方式外，各地还积极探索生态补偿、入股、合作经营等其他改革形式。如武夷山市把不愿意被赎买或租赁的重点生态区位内商品林，划入县级生态公益林，参照国家级生态公益林进行管理和补助。柘荣县通过依托国有林场和林业合作社，实施资金入股、劳务合作、订单生产等模式。

表 4-2　重点生态区位商品林赎买模式比较

赎买模式	优　势	劣　势
赎买	①切实补偿林权所有者的经济利益，能够从根本上解决重点生态区位商品林目前存在的社会不稳定问题；②林木所有权一次性买断，方便林业部门后续管理；③一次性回收资金，让山上的“死钱”变成“活钱”，提高了林权主体收入	①收储资金负担沉重；②林地使用权期限不一使操作困难；③赎买后的经营管护问题无明确政策依据；④林权权利人丧失了继续经营林地和林木的权利，部分林权权利人担心未来林地及林木价值提高而导致收益受损，被赎买意愿不高
改造提升	①大幅降低赎买成本，提高赎买资金使用效率；②改造提升后由林权权利人继续经营，既避免了林地经营纠纷又能实现可持续经营；③将林分逐步由单一树种、单一林层的人工针叶林改造为阔叶林或针阔混交复层林，有利于树种结构优化调整，提高林分质量，提升生态功能；④改造提升后纳入生态公益林储备库，可以适时调整出一部分被划入生态公益林的人工针叶纯林，优化生态公益林布局	①虽然规定改造提升后按照生态公益林管理，但由于没有纳入生态公益林范畴，森林生态效益补偿金需要由试点县（市、区）财政自行解决，地方财政负担较重；②改造提升的技术规程要求较高，监管困难；③当前的改造提升补贴标准只能弥补造林当年的造林和抚育成本，而针阔混交林后期抚育及采伐成本远远高于人工纯林，林权权利人有一定的利益损失
租赁	①相对灵活，租赁方约定每年给付林地使用费或一次性给付租赁期间林地使用费，资金占有量较少，赎买资金负担较轻；②只取得重点生态区位内商品林地和林木的使用权，并给予林权所有者适当经济补偿，在租赁期间以较小的代价缓解林农权益与生态保护的矛盾	①租赁到期后林木林地处置问题模糊，给未来留下隐患；②存在较多不稳定因素，经营风险大，如林权主体可能因为林地市场价值的变化造成违约。③租赁期限普遍较短，增加了大量工作量，后续租赁资金难以保证；④租赁价格普遍偏低，林权主体租赁意愿不高

（续）

赎买模式	优势	劣势
置换	①置换后的林地划入生态公益林，破解当前部分生态公益林小班不在重点生态区位和不连片等问题，使生态公益林规模、结构、布局更加合理，森林生态功能更加完善；②林权主体获得等面积林地，权益得到保障	①集体林权制度改革后，村集体预留的林地很少，一般低于10%，大多是灌木林、偏远的天然林、风水林，不具备置换条件；②零星分散的生态公益林一般是地处偏远和不具备经营条件的林地，林权主体置换意愿很低

4. 赎买价格

各试点单位通过对赎买对象调查评估，根据不同树种、森林资源现状、立地条件等提出交易指导价（最高限价），通过与林权所有者协商一致或公开招投标、集合竞价等方式进行赎买。部分试点单位明确了赎买后的林地使用租金，一般参照生态公益林补偿金标准，如目前永安市、武平县、武夷山市、新罗区林地使用租金分别为 13.4、16.75、17 和 18.60 元 /（亩·年）。南平市在测算赎买资金投入时按照铁路征地补偿标准估计了林地补偿费。但多数试点单位未明确赎买后的林地补偿问题。各地参照当地林地使用费确定租赁价格，如永春县确定租赁价格为 100 元 / 亩，政和县按照每亩每年 50 元的标准进行租赁（表 4-3）。

表 4-3　福建省及试点县（市、区）重点生态区位商品林赎买价格

地区	赎买价格确定方式	平均赎买价格
福建省	由各县（市、区）政府根据实际情况确定	
武夷山市	公开竞价或协商方式	杉木 456 元 / 立方米；马尾松 200 元 / 立方米；阔叶树 200 元 / 立方米
永安市	按参考价协商、公开招投标或集合竞价方式	赎买 1210 ～ 1430 元 / 亩；合作改造给予 500 元 / 亩补助
沙县	协议、公开招投标、集合竞价等方式	天然商品林赎买 3000 元 / 亩，人工商品林赎买 5000 元 / 亩，采伐迹地造林更新每亩补助 800 ～ 1200 元，人工促进天然更新每亩补助 500 ～ 800 元。经省林业厅批准并列入重点生态公益林储备库的小班，每亩补助 1000 元
武平县	采用协议的方式	商品林年龄在 16 年以上（含 16 年）的按每亩不高于 1500 元；年龄 16 年以下的按每亩不高于 1000 元。租赁按当前生态公益林补助标准 16.75 元 /（亩 · 年）为基数
东山县	调查评估，充分协商	具体赎买、租赁的价格经县政府常务会研究通过后另行制定
永泰县	采用协议的方式	2000 元 / 亩
柘荣县	采用协议、折价入股、公开招投标、集合竞价四种方式	850 元 / 亩
建阳区	公开招投标或集合竞价	林木所有权赎买按 5500 元 / 亩，林地补偿按 6500 元 / 亩计算，资金投入按每亩 1.6 万元测算
顺昌县	采用公开招投标或集合竞价等方式	2200 ～ 4500 元 / 亩
新罗区	采用协议的方式	不高于 3500 元 / 亩。收储、置换、租赁、入股等各种形式赎买，以现行省级生态公益林补助标准 18.60 元 /（亩 · 年）
诏安县	公开竞价或充分协商	按照不同树种、林龄价格区间及评估价 800-2800 元 / 亩不等
永春县	公开竞价或充分协商	改造提升一次性补助 500 元 / 亩
闽清县	协商，公开竞价	林地租赁价格 10.5 ～ 13 元 /（亩 · 年）不等
福安市	双方协商，按最低赎买价或评估指导价赎买	1100 元 / 亩

5. 赎买资金来源

为解决重点生态区位内商品林赎买等改革试点工作所需资金量大的问题，福建省建立以财政资金为主、广泛吸引社会资金参与的多元化资金筹集机制。试点单位赎买等改革资金来源主要包括省级财政补助金、森林资源补偿费返还以及地方财政资金。开展改革试点工作以来，省级财政累计拨付补助资金 14378 万元，各试点单位自筹资金 31280 万元。部分试点区探索、实施广泛吸引社会资金参与的多元化资金筹集机制。如永安市设立永安市生态文明建设基金，并建立各级政府、社会各界持续投入机制，自 2014 年起，每年筹集资金超过 3000 万元，资金来源如下：①市财政出资 1000 万元；②林业育林费、森林植被恢复费安排 500 万元；③中国绿色碳汇基金会永安专项基金安排 200 万元；④社会捐资 1300 万元。

6. 赎买后续管护及利益分配方式

赎买后完善管护机制，科学经营，着力提升森林质量是保证重点生态区位商品林赎买改革可持续推进的关键。

（1）管护主体

各试点市（县、区）都明确了重点生态区位商品林赎买后的管护主体，主要有 3 种情况：①由县级国有林场或其他国有森林经营单位统一经营管理。如建阳区就近委托县国有林场统一经营管护；柘荣县委托地方国营柘荣县金山林场进行统一经营管理；顺昌县委托县国有林场进行统一经营管理。②委托专业营林公司管护。如闽清县人民政府委托闽清县营林公司经营管护；武平县由县人民政府委托县国投公司对赎买后的林木林地进行管理。③采用聘请护林员等购买服务形式进行管护。如永安市实行集中统一管护，交由市森林资源巡防大队统一管护，签订管护协议，实现专业队伍专业化管护；永春县赎买的林木林地由永绿林业发展有限公司采用购买服务的方式经营管护，聘请护林人员进行护林；福安市租赁的重点生态区位商品林由乡镇聘请护林员划片区进行统一集中管护。

（2）管护资金来源

林木赎买之后需要管护，但目前福建省并未单独设置重点生态区位商品林赎买管护资金，各级财政并未明确后续管护资金投入。根据各试点区实施方案，后续管护资金的可能来源包括：①赎买后有关征占用林地、经营利润等收入。②生态公益林补偿金。③地方财政资金。但当前各试点区赎买后管护资金主要从赎买资金中开支。

（3）赎买后管护及收益分配方式

重点生态区位商品林不同赎买模式的后续管护及收益分配方式不同：①赎买。各试点区规定赎买林木原则上不进行商品性采伐，赎买后的商品林林分质量差的由经营单位进行林分结构改造，提高森林质量和生态服务功能；对适宜发展林下种植的，应精准施策，科学发展林下经济。②改造提升。林权所有者可按商品林政策采伐原有生态效益低下的单树种针叶林，采伐收入归林权所有者，同时林业部门给予一定补助；采伐完成后按照林业部门的要求进行补植改造，其中 50% 必须为阔叶树，补植完成后签订界定书，逐步纳入生态公益林管理。改造提升后的林木收益归林权所有者所有，若及时变更生态公益林资源档案数据，即可按生态公益林管理规定享受森林生态效益补偿金。③租赁。武夷山市、政和县等规定在政府租用期间林木权属不变，林木由林权所有者管护，参照生态公益林管理。其他试点区规定租赁期间由当地政府委托相应管护主体统一集中管理。试点单位规定租赁期限内不得进行商品性采伐，其中，永春县明确租赁期间林木原则上不进行主伐或更新采伐，特殊情况确需采伐的，收益分配按永绿公司和林权所有者三七分成。④置换。在维持生态公益林总面积不变的前提下，置换后的重点生态区位商品林及时调整为生态公益林，其补偿费主要作为林地租金和护林员管护、森林防火等费用。

（二）改革结果

福建省通过建立多方位保障制度，出台试点方案、成立组织机构、落实管护责任、开展监督检查，确保赎买工作有序开展。截至 2017 年 11 月底，福建省累计完成重点生态区位商品林赎买、租赁等改革试点任务 17.58 万亩，占任务数的 88%（表 4-4）。从全省赎买情况看，通过赎买模式完成的改革面积 11.46 万亩，占改革完成数的 65.17%。其中，永安市、永泰县、柘荣县、建阳区、新罗区、诏安县、闽清县、福安市将赎买作为唯一的改革模式。通过租赁模式完成的改革面积 4.99 万亩，占改革完成数的 28.37%。其中，武平县、东山县、顺昌县、南平市以租赁模式为主要的赎买改革模式。

表 4-3 重点生态区位商品林赎买等改革试点工作进度统计 亩

统计单位	计划任务		进展情况		改革完成数			
	计划数	完成比例（%）	调查数	评估数	小计	赎买	租赁	其他方式
福建省	208500	84.3	207504	168106	175841	114592	49887	11362
2016 年	112000	110.2	140590	134000	123393	86019	28040	9334
武夷山市	12000	118.2	14183	14183	14183	8609	967	4607
永安市	30000	130.9	39273	39273	39273	39273	—	—
沙县	10000	109.2	10915	10915	10915	5043	4200	1672
武平县	17200	119.2	20496	20496	20496	5261	15235	
东山县	10800	123.8	13373	13373	13373	2680	7638	3055
永泰县	20000	65.4	30276	23685	13079	13079	—	—
柘荣县	12000	100.6	12074	12074	12074	12074	—	—
2017 年	42500	99.1	39031	25646	42113	28461	11624	2028
建阳区	10000	52.7	5270	—	5270	5270	—	—
顺昌县	8000	206.8	6363	4921	16545	4921	11624	—
新罗区	10000	30.1	10110	3437	3010	3010	—	—
诏安县	4500	100.7	4533	4533	4533	4533	—	—
永春县	4000	153.9	6154	6154	6154	4126	—	2028
闽清县	3000	107.1	3214	3214	3214	3214	—	—
福安市	3000	112.9	3387	3387	3387	3387	—	—
2017 年新增	54000	19.1	27883	8460	10335	112	10223	—
南平市合计	52000	19.9	27883	8460	10335	112	10223	—
武夷山国家公园	2000	0.0	—	—	—	—	—	—

数据来源：福建省林业厅 截至 2017 年 11 月 30 日。

改革取得的成效与经验

一、维护林权所有者合法权益，促进林区和谐稳定

一是通过生态效益有偿交易机制实现了社会得绿、林农得利。自开展赎买试点以来，福建省重点生态区位内17.58万亩商品林得到有效保护，让原本待砍伐的商品林，变身为清新福建的“绿色不动产”。而农户手中的林子经过客观、公正的评估后，按自愿、公开的原则进行赎买，保护了林农的“钱袋子”，让山上的“死钱”变成“活钱”，为林农提供创业资金，促进林农多元化发展，稳定林区治安。二是合法权益得到保障，林农满意度有所提升。调研中林业部门表示改革实施后林区群众上访事件明显减少。福建省集体林改监测500个农户样本中，共12户有商品林被划为重点生态区位商品林，仅有1户表示不愿意被赎买。当前已有1户拥有70亩重点生态区位商品林的农户于2015年被赎买13亩林地，赎买价格为2700元/亩。该农户对赎买程序和赎买后的经营管理方式表示满意，对赎买方式的满意程度一般。2016年2月，武夷山市政府共收储签收星村镇13位林农20片山场2115亩，林木蓄积量11219立方米，签收金额达455.16万元。村民表示虽然收储价格不算高，但整个过程公开公平，又完全自愿选择，还是愿把林子卖给政府。

二、创新生态赎买模式，推进改革顺利实施

重点生态区位商品林赎买改革是一项具有公益性、艰巨性和长期性的工作，各试点区结合实际情况，探寻既使改革顺利推进又绿利兼得的法子，为赎买改革工作的全面铺开提供了可复制、可推广的示范和标杆。沙县共有重点生态区位商品林17.4万亩，省财政共补助资金762万元。如果直接赎买，按照4000元/亩的赎买价格，资金缺口巨大。沙县在改革试点中进行赎买模式创新，“把一分钱掰成两半花”——对处于水源地的林子以及天然商品林（占总面积20%），采取直接赎买和定向收储。定向收储除每亩给予1000元收储金外，还将其列入重点生态公益林储备库，林权所有者凭此可享受省级生态公益林补偿金；其余80%多是人工商品林，采取“我补贴，你来改”的办法，林权所有者要按照林业部门的要求进行择伐，采伐收入归林权所有者；同时，采伐完成后按照50%的比例补种阔叶树苗和针叶树苗。验收成活达标后，还可再享受每亩1000元的奖励。这种改造提升模式实现了“三赢”：首先，满足林权所有者采伐林木的合理需求，最大限度保护林农利益；其次，县里以1/4的价格完成了赎买任务，提高赎买资金使用效率；第三，新一轮的补植有利于林分结构的调整优化，实现良好的生态效果。

三、探索多元化资金筹集机制，推动资本进山入林

一是探索受益者合理负担的生态效益有偿交易机制。永安市以市场化交易和公益化

参与为准则，按照“谁受益、谁付费”的“责权共担、利益共享”的基本理念，建设并完善赎买林交易平台，推进重点生态区位商品林利益补偿和交易。经过2014－2016年的探索实践，赎买重点生态区位商品林3.7万亩，林分改造7341亩。此外，充分利用国家现有的政策性项目建设机遇，结合实施的碳汇项目进行提升改造，通过碳汇造林、再造林项目，碳汇森林经营项目，减少毁林增汇项目等实现生态效益与经济效益的有机结合。二是利用政策性银行贷款投入林业生态建设，让青山变成金山。南平市大力争取政策性贷款开展重点生态区位商品林赎买工作。顺昌县国有林场通过科学集约经营，调整针阔比例，积累的抚育优势赢得了银行对其长久效益的确认，2017年3月争取到中国农业发展银行南平市分行贷款3亿元。顺昌县计划赎买后的林子由顺昌国有林场接管，进行专业改造，提高全县森林的综合生态效益。建阳区政府重点生态区位商品林赎买项目获得农业发展银行贷款授信人民币3亿元。永安市森林永安建设工程赎买的重点区位商品林列入国家战备储备林基地建设，向国家开发银行申请贷款资金1亿元，拟用于重点生态区位商品林套种珍贵树种等林分改造提升。

四、提高赎买后森林自我补偿能力，实现“不砍树也致富”

一是实施后续补偿机制，有效缓解配套资金不足的瓶颈。柘荣县属于贫困县，因省里下达的762万元赎买试点经费远不足实际补偿支出，地方财政配套资金压力大。因此，柘荣县探索实施后续补偿机制，不仅对原林权权利人一次性予以补偿，还本着“还利于民”的原则，规定林地被依法征用、占用，林地皆伐、择伐等情况下的后续补偿及收益分享措施，并以项目倾斜等方式鼓励原林权权利人发展林下经济，从而增强广大群众“保住青山绿水，挣来金山银山”的观念。实施后续补偿缓解了地方财政配套资金不足问题。据统计，柘荣县商品林赎买亩均投入850元左右，低于全省其他试点区投入。二是建立收益分享机制，刺激林业产业发展。从2015年开始，柘荣县积极探索创新重点生态区位商品林赎买模式，开创性地提出“入股经营、收益分享”的交易方式。村委依托林场引进林业企业，在赎买林地上发展林下经济，套种金线莲、铁皮石斛等高价值中药材，群众通过入股、务工、订单生产等方式与企业展开合作，有效增加收入渠道。该县还积极在森林资源丰富、赎买面积较大的东源乡筹建国家级森林公园，将林业融入生态旅游发展的大格局中，通过多措并举把赎买后的“青山绿水”变成“金山银山”。

五、通过“多元共治”激发林业发展新活力，助力乡村振兴战略

由于重点生态区位商品林赎买改革涉及多方利益相关者，需要通过引导、协商、沟通等方式鼓励多方参与来达到治理目的。一是充分发挥村集体组织服务作用，盘活村集体资产。集体林改后林权分山到户，但权属认定难、协调难以及农村基层认“祖宗山”等问题较为突出。为此，宁德市林业局采取由村委会统一集中申报拟赎买的连片重点生态区位商品林，并负责协调解决被赎买商品林林权所有者之间的纠纷矛盾，实现统一赎买、利益共享、责任共担，有效地化解矛盾纠纷。通过推进“整村赎买”，不仅为村集

体经济发展注入资金和活力，而且有效改善和提升村生态环境和质量，为“美丽乡村”建设提供了良好条件和契机。如柘荣县绸岭村将797亩村集体商品林赎买后，村集体获得100多万元的赎买收入。该收入一方面投入村容村貌建设，另一方面投资入股村中企业，每年为村财增收4万多元。二是激活国有林场活力，拓宽国有林场发展空间。多个试点单位在重点生态区位商品林赎买后，依托国有林场统一经营管理，成功解决了县级以下国有林场经营规模小、效益低、管护成本高、生存难、干部职工队伍不稳定等问题，进一步发挥国有林场培育和保护森林资源的重要作用。同时，有利于国有森林资源资产的管理和监督，进一步拓宽国有林场发展空间，为全省深化国有林场改革提供经验和借鉴。三是动员全社会参与赎买改革，实现改革与生态保护、精准扶贫的良性互动。首先，有力助推生态建设，生态优环境美逐步显现。柘荣县立足重点生态区位商品林赎买，实现森林资源有效整合和统一管理，为实施林分改造修复、提升森林资源质量和改善生态景观等提供有力保障。良好的森林生态环境为该县荣获“国家级生态县”提供了扎实的基础。此外，有力促进林农增收，创新生态扶贫新模式。多地通过依托国有林场和林业合作社，实施资金入股、劳务合作、订单生产等模式，大力发展林下经济等产业，进一步拓宽群众增收致富的渠道。柘荣县英山乡半岭村群众将805亩集中连片个人林木进行赎买后，给每户群众直接带来1万～5万元不等的收入。同时，该村依托金山国有林场发展林下经济的契机，群众参与林下种植金线莲、铁皮石斛等中药材，取得较好的经济收入。完店村群众自发成立基金会，将2100亩个人商品林赎买资金注入基金会，并投入以全村群众为成员的万顺农业专业合作社，用于发展农业、林业生产和新农村建设、旅游开发等项目。

改革存在的问题与建议

一、存在的问题

（一）赎买的政策框架还不成熟，缺乏法律依据和实施标准

赎买改革缺乏法律依据，政策框架不明确，一些具体的赎买问题缺乏实施标准等是调研中林业局、林权主体普遍反映的问题。一是重点生态区位商品林赎买改革缺乏法律依据，仅依靠地方政府推动难以满足生态建设的需要。当前推进重点生态区位商品林赎买改革的主要依据是《福建省重点生态区位商品林赎买等改革试点方案》（闽政办〔2017〕9号），尚未上升到立法层面，重点生态区位商品林赎买改革的法律依据不足。二是重点生态区位商品林限伐政策实施不到位，实际执行与政策规定有出入。如福建省对重点生态区位区划条件有明确的界定，但部分县（市）在政策执行中扩大了限伐范围，如国铁、国道、高速公路等重要交通干线两旁、重要水库周边为山地的，限伐范围扩大到一重山“可视范围”。农户及林业部门普遍反映，这样的界定范围太大，缺乏可操作性。此外，根据采伐管理政策，重点生态区位人工商品林改造提升可参照一般商品林的规定适当放宽皆伐单片面积限制。但部分试点单位仍然规定成熟林分采伐作业实行不超

过40%的更新性择伐，允许小块状皆伐或带状皆伐的面积控制在45亩以内。调研中发现这样的限制不符合林业经营实际，难以保持原有经营小班的完整性。三是赎买后林地使用问题缺乏实施标准，影响改革的可持续性。多数试点区在改革中没有涉及赎买后林地使用问题，仅有少数试点单位明确了租赁形式的林地使用期限和林地使用费。但是林地的剩余使用期限有长有短，赎买若不涉及林地使用问题将为未来留下隐患。四是林权证变更手续部门间沟通不畅，阻碍改革实施进度。当前林权登记已统一纳入国土部门不动产登记，由于国土部门对林业前期调查工作不熟悉，且引入第三方机构进行林业前期调查的费用太高（林地面积25亩以下林权证办理费用至少2500元），林权证变更速度较慢，影响赎买后续资金拨付，从而阻碍赎买进度。五是森林资源价值评估存在弊端，部分地区赎买价格偏低。赎买标的物包括林木所有权及林地经营权，但赎买价格仅以林木当前市场交易价格为主要依据，缺乏对林地经营权及未来收益的衡量，赎买使林地的社会保障功能无法充分发挥。此外，部分地区由于地方财政资金配套困难，制定的赎买交易指导价明显低于市场价格。赎买价格太低大幅降低林权主体的被赎买意愿。

（二）重点区位成过熟龄人工商品林赎买任务紧迫，赎买改革安排进度缓慢

个人和集体所有的成过熟龄林是重点生态区位商品林中矛盾最尖锐、急需优先赎买的林分。福建省已划定的重点生态区位内商品林约977万亩，而根据《方案》设定的目标，即2020年完成赎买等改革试点面积20万亩，仅占2.05%。全省重点生态区位内商品林中的成过熟龄林约300万亩，占总面积的30.71%。仅重点生态区位乔木林中的“三线林”面积108.41万亩，其中，个人和集体所有的近成过熟林分别为25.47万亩和30.48万亩，比例高达51.61%。以南平市为例，集体和个人的近成过熟人工商品林高达32.36万亩，占全市重点生态区位商品林的19.30%。按照当前的赎买进度将无法及时化解生态保护和林农利益间的矛盾，也会导致部分林权主体被迫降低预期，低价出售林木，正常的投资收益难以保障。

（三）赎买资金来源渠道狭窄，资金缺口成为改革实施最大瓶颈

目前，重点生态区位商品林赎买资金主要靠省级财政和县级财政投入，市级财政基本没有配套。此外，其他市场化的赎买资金渠道尚未全面建立。除极个别试点单位（如永安市、顺昌县）探索通过社会募捐、银行贷款等方式增加资金来源外，绝大多数未能实现市场化、多元化资金筹集，更未发现受益单位（如水力发电企业、自来水公司、高速、高铁部门）补偿重点生态区位商品林赎买的政策。仅依靠财政投入难以支撑持续扩大的商品林赎买面积，尤其对于经济不发达地区（如贫困县）而言，既面临政府财力的窘困，又面临赎买和后续管护较高成本的压力。由于赎买资金缺口较大，后期回报率难以预估，政府只能通过不断压低赎买价格实现收储，不利于赎买工作的开展。如武平县天然林赎买价格为500元/亩，人工商品林赎买价格为1000～1500元/亩，明显低于市场价格，不足以弥补成熟林的收益。同时，单一的政府投入难以激发生态受益者保护生态的积极性，也不利于赎买后的重点区位商品林可持续经营。

（四）赎买后收益机制不健全，后续经营管护难度较大

由于赎买的重点区位林大多位置偏僻，分布点多面广，与乡镇集体林或私有林犬牙交错，如果后续管理不到位将会出现乱砍滥伐等情况。大部分地方，如武夷山市、沙县、永春县等，赎买林地小块状，点多面广，现有管护力量不够，重点生态区位林赎买后管护难度较大，需要持续的后续管护资金投入。但是，目前各级财政并未针对赎买后林分管护资金给予补偿，各试点区重点生态区位商品林赎买后管护资金缺口较大，无法有效开展防火设施建设和管护措施。部分试点区通过政策性贷款方式筹集赎买资金，亟待通过赎买后林分提升改造产生收益以偿还贷款。但调研中发现，多数试点单位赎买后仅维持林分原有生态功能，没有任何收益。在赎买后的林分中发展林下经济的还很少，部分地区由国有单位试验性地种植林下作物，但由于规模不大、产业链未形成等原因发展并不成功。多数地区只指定了赎买后的管护主体，尚未明确后续收益在各主体之间的分配方式，难以形成赎买工作和森林质量提升的良性互动，也不利于赎买改革的可持续推进。

二、政策建议

（一）加快立法进度，尽快完善重点生态区位商品林赎买政策框架

一是加快重点生态区位商品林赎买等多元化、市场化生态补偿立法进度。建议在国家生态补偿立法框架内，加快地方性生态补偿立法进度，使多元化、市场化生态补偿有法可依，为重点生态区位商品林赎买改革提供硬约束。加快出台《福建省生态公益林条例》，把赎买后的重点生态区位商品林纳入省级生态公益林或生态公益林储备库，按照生态公益林标准给予补偿。明确财政资金用于保障生态公益林建设的比例，在省里上游补下游的转移支付资金中明确一定的比例用于重点生态区位商品林赎买和管护。二是尽快完善重点生态区位商品林赎买政策框架。一方面，宣传重点生态区位商品林限伐政策，允许生态区位商品林改造管理实施小班经营法。根据调研，当前的采伐面积限制给这部分重点生态区位商品林改造带来实际困难，建议允许按照小班经营法实施皆伐作业，保持原有经营小班的完整性，以有效地实施生态保护规划，加快生态公益林树种结构改良，优化生态公益林布局调整。另一方面，明确不同模式赎买后的林地使用问题。要求试点单位明确不同赎买模式赎买期间的林地使用价值及支付方式，并规定赎买到期后的林地使用价值归属，减少赎买过程中林地经营的不稳定性及到期后的林地纠纷问题。三是加强部门沟通，简化林权证变更手续。建议林业部门和国土部门建立沟通协调机制，由国土部门开设林权查询端口给林业部门。特别是针对林权分散的情况，按当前不动产登记规定需要所有产权人到场，建议简化为只要一个代表到场，提高办证效率，推进赎买进度。四是规范森林资源价值评估体系，根据市场行情制定赎买价格。尽量引入第三方评估机构，交易指导价应依照市场价格评估，赎买评估价应包括林地使用价值，在制定租赁价格时应根据林龄考虑林木占用的时间成本，使林权主体的合法权益得到有力保障。

（二）创新多样化赎买模式，加快推进重点生态区位商品林赎买改革

一是因地制宜分类施策，稳步推进优化新路子。建议对977万亩重点生态区位商品林进行分类，划出急需进行建设的景观林（尤其是“三线林”），鼓励尽快采伐成、过熟龄人工针叶纯林，由政府出资或与村集体合作改造成有利于“四化”、促进生物多样性和美化四季景观的乡土阔叶树种、珍稀树种。二是优化并推广沙县改造提升模式，推动赎买工作高效开展。建议在人工商品林占比较大的地区，优先推广改造提升模式，同时探索通过合作改造、托管、入股等方式进行模式优化。可以借鉴沙县“四共一体”经营模式，探索由林业局投资或与农户合作造林，村集体出地，实现“股权共有、经营共管、资本共享、收益共赢”的多方共赢改造提升模式。此外，结合生态公益林储备库建设，对林分较差的人工商品林和天然商品林采用定向收储、租赁等形式，逐步纳入生态公益林管理，使生态功能区结构、布局更加合理。三是及时调整赎买规划，加快推进赎买改革。尽快总结试点以来的经验成效，及时进行摸底调查，从省级层面适时调整重点生态区位商品林赎买规划，在全省推进重点生态区位商品林赎买工作。

（三）发挥政府引导协调作用，构建多元化的森林生态赎买基金筹集渠道

一是发挥好财政资金的杠杆作用，统筹整合补偿资金办大事。首先，统筹使用天然林禁伐补偿金新增部分。福建省天然林禁伐补偿金为15元/（亩·年），但很多天然林已经流转到个人手中，林地租金30～50元/（亩·年），农户对补偿金的获得感较低。建议对未来新增的天然林达到采伐年限的，由县里统筹使用补偿金新增部分统一赎买，逐年推进逐步缓解矛盾。其次，明确设区市财政资金配套比例。设区市重点生态区位商品林赎买任务主要由试点县（市、区）承担，建议由省级财政明确设区市赎买资金配套比例，缓解试点单位赎买资金财政压力。最后，把赎买资金政策性贷款纳入中央财政贴息计划。当前部分试点区通过向国家开发银行、中国农业发展银行争取政策性贷款作为赎买专项资金。建议省政府出台赎买资金贷款贴息政策，减轻试点单位利息压力，缓解其政策性贷款的后顾之忧。二是建立受益者合理负担的直接补偿体系，促进保护者与受益者的良性互动。调研中各地普遍反映应由省级以上层面做好顶级设计，建立受益者合理负担的补偿体系。建议加强与自来水公司、水电站、森林旅游景区等受益单位沟通协调，从饮用水、水电、森林旅游等渠道中提取一定比例资金，建立县级重点生态区位林补偿制度。三是探索生态效益有偿交易机制，拓宽森林生态赎买基金筹资渠道。推广永安市的生态效益有偿交易模式，建设并完善赎买林交易平台，推进森林管理碳汇项目，探索实现不砍树也能增加林农收入的新出路。充分发挥兴业银行、浦发银行等金融机构在绿色金融方面经验丰富的优势，结合福建省情特点，开展森林碳汇抵押融资、碳汇债券等碳汇金融产品，通过碳金融创新为森林生态赎买筹集资金。四是盘活森林资源存量资产，撬动金融和社会资本投资林业。一方面，利用福建省是全国首个国家生态文明试验区的政策优势，鼓励国有经营单位依靠抚育优势，争取政策性银行的长期限、低利率贷款，专项资金用于重点区位商品林赎买和经营管理，并结合商品林经营收益偿还本息。另一方面，对赎买的重点区位林进行抚育性和林分改造性经营，壮大林下非木质产业，盘活森林资

源存量资产，推广政府和社会资本合作（PPP）模式。

（四）完善赎买后收益形成机制，建立森林管护长效机制

一是继续发挥“多元共治”优势，探索多元化经营保障效益。鼓励林农开展复层林经营，种植珍稀树种，允许其进行抚育性质的经营。对在赎买林分内发展林下经济项目予以政策倾斜，切实增加林农收入。此外，充分发挥村集体、国有林场专业化、规模化经营优势，探索“X+县国有林场”托管合作经营方式，将赎买后的森林逐步改造培育成为以阔叶树占主导地位的多功能林，提升林分质量和生态功能。二是探索以森林生态效益入股、参与经营性收入分成等后续补偿方式，提高林权主体管护积极性。对于以租赁、合作改造等方式赎买的林分，应明确林木采伐收益分成比例，充分发挥各主体管护积极性。依托国有林场、林业合作社等，鼓励以森林资源、资金、林地入股等方式发展林下经济等产业，达到完善重点生态区位林保护和增加入股者收益“双赢”的目的。三是设立赎买管护专项资金，加强赎买后的森林管护效率。建议参照生态公益林补偿标准，把其中20%用于森林管护的部分单独列支，设立重点生态区位商品林赎买管护专项资金，作为赎买林分管护资金补偿金。四是加强森林资源管护力度，探索森林经营管护的长效机制。明确管护主体，明晰管护责任，加强赎买林分管护力度，探索形成森林资源规模化、专业化、市场化的管护机制。完善森林生态（防火）巡护大队巡护机制，加强队伍管理，加大信息化管理运用，确保护林巡山、森林防火、森林病虫害巡护到点、到位。同时，加大生态综合执法力度，建立森林生态环境保护机制，大力打击查处破坏赎买林分和破坏生态环境的违法行为。

2017

集体林权制度改革监测报告

普惠林业金融发展研究

2009年《中共中央国务院关于全面推进集体林权制度改革的意见》(中发〔2008〕10号)提出推进林业投融资改革。为了推进林业金融改革，发挥金融在集体林权制度改革和林业发展中的作用，银监会等五部门联合发布了《关于做好集体林权制度改革与林业发展金融服务工作的指导意见》(银发〔2009〕170号)，要求从加大林业有效信贷投入、引导多元化资金支持、建立森林保险体系等多个方面推动林业金融改革。2009年，中央财政建立森林保险保费补贴政策，2013年，银监会和国家林业局联合出台林权抵押贷款管理办法。在中央政策的推动下，各地林业金融取得突破性发展，以福建省三明市为代表的普惠林业金融发展为地方林业生态建设与产业发展注入了活力。

三明市是福建省重点林区，森林面积2646万亩，森林覆盖率76.8%。但三明市90%以上的林权为集体林权，分散在林农手中，而林农因为林权份额小且分散，部分林权没有办理林权证，一些林权是联户发证，存在银行监管、处置困难，这种分散的小额林权的抵押价值普遍不高，使得林农长期面临着贷款难的问题，这个问题已经成为制约林农发展生产、增收致富的一个重要瓶颈。2016年11月，为了破解林农贷款难的问题，三明市在沙县农村金融改革试验的基础上，充分借鉴其村级融资担保基金模式，在梅列区和三元区的3个行政村试点推行普惠制林业金融新产品，取得积极成效，先后得到国家林业局、福建省委、省政府的高度评价和重视，并开始进行复制和推广。

三明市普惠林业金融的背景分析

一、三明市开展普惠林业金融的环境基础

(一) 林业资源丰富，林业产业发展程度高

三明市位于福建省中部连接西北隅，全境总面积22965平方千米；辖1个县级市、2个市辖区、9个县。其自然概貌为“八山一水一分田”，山多林多是一大特色，是全国、福建省的重点林区，也是国务院批准建立的全国集体林区改革试验区，国家林业局确定的全国集体林区林业产权制度改革唯一试点和海峡两岸现代林业合作实验区、全国首个国家林业生物产业基地。三明市林业建设基础条件较好，不仅拥有丰富的森林资源，而且具有良好的生态环境，发展程度较高的林业产业。

1. 森林资源丰富

三明市林业用地面积2849万亩，占土地总面积的82.5%。全市森林面积2645万亩，森林覆盖率76.8%；活立木蓄积量1.65亿立方米，毛竹林储量4.18亿株；森林资源总量和主要林产品产量约占福建省的1/4。人均林木林地资源居全省第一，是全国少数几个超亿立方米的设区市之一，素有“中国绿都”之称。

2. 生态环境良好

三明市划定生态公益林730万亩、重点生态区位林195万亩、天然林517万亩。现有国家级自然保护区4处，省级自然保护区7处、自然保护小区1060处；国家森林公园6处、省级森林公园19处；国家湿地公园1处，是全国全省最密集的地区之一。境内分布高等植物

267科1062属2843种，生物多样性丰富。

3. 林业产业发展程度高

2016年，三明市实现林业产业总产值828亿元，其中规模以上林产工业产值673亿元，成为全市规模最大的产业集群；生物医药及生物产业产值120亿元，成为全市增长最快的新兴产业；笋竹、油茶、花卉苗木、森林旅游等特色产业产值347亿元。全市共有永安林业、青山纸业、福建金森、春舞枝花卉等4家林业相关产业上市公司，共培育涉林中国名牌产品和驰名商标10个、省级品牌86个，均居全省同行业、全市各行业之首。全市木材、人造板、松香等主要林产品产量均占全省的1/3左右，林业产业总产值约占工农业总产值的1/5，部分县林业上缴的税利约占财政收入的2～3成，不少地方的农民收入主要靠林竹业的开发，林业是三明市经济的支柱产业之一。

（二）林权改革积极，林业金融改革率先起步

20世纪80年代初期，三明市采取“分股不分山、分利不分林”的办法，组建村林业股东会，全面推行林业股份合作制改革，被中央政策研究室列为“中国农民的伟大实践”典型之一。1988年，国务院批准三明市为全国农村改革试验区，开展明晰产权、分类经营、落实承包、保障权益的集体林经营体制改革。2003年，福建省全面启动集体林权制度改革，2005年底三明市率先在全省完成明晰产权的主体任务，并随之将工作重点转向配套改革。2014年，三明市委、市政府下发《完善集体林权制度改革、构建新型林业经营体系的实施意见》，林改进入新一轮全面深化阶段。

针对林权估值难、贷后管理难、处置变现难等“三难”原因引起的林业融资难、融资贵的问题，三明市积极从林业特点出发，创新林业金融产品、林业金融风险防控机制，取得了明显成效。①在林业金融产品创新上，针对林业传统贷款期限短与营林周期长、资金需求量大的结构性矛盾，兴业银行三明分行在全国首推一款贷款期限为15～30年、融资成本控制在月息0.6%以下的林权按揭贷款；针对林权流转中受让方资金不足、双方担心变更登记过程会出现纠纷的问题，三明市推出了具有第三方支付功能的林权支贷宝新产品，有力地促进了林地经营权的流转。②在林业金融风险防控机制创新上，针对贷前林权评估难，贷后林权抵押物管理难、处置难的问题，三明市成立了三明中闽林权收储有限公司，为林农林权抵押贷款等林业金融提供一站式服务，同时解决林木评估和风险化解等问题；针对林木遭遇火灾、病虫害等自然灾害因素多，容易造成抵押物损失的情况，三明市在现行政策性森林综合保险基础上，叠加林权抵押贷款全额保险；在统筹考虑收储机构、银行、保险、林农、林业企业等各方利益的基础上，我市建立健全了资产评估、森林保险、林权监管、收购处置、收储兜底等“五位一体”的利益共享、风险共担机制。

（三）沙县农村金融改革为普惠金融提供丰富经验

2011年12月，三明市沙县被农业部、人总行、银监会和保监会等4个部门列为全国6个农村改革试验区之一。随后，沙县以发展普惠金融为目标，针对农户土地、房屋等主要资产抵押融资存在法律障碍现状，先行先试，积极探索，在福建省率先建立村

级融资担保基金，专为农户小额贷款融资提供担保服务，有效缓解农民生产发展融资难题。

村级融资担保基金贷款制度的前提是对村民的信用评级。沙县积极构建农村信用评价机制，以县农信社为主体，按照“先建档、后评级、再授信”的思路，在全县启动农户信用档案建设及信用评级工作。在建档上面，根据“基本概况、家庭收支、家庭资产、家庭成员、村（居）评价、信用评分、信用等级”等项目，按照“一户一册”的原则建立农户经济档案；在评级上面，以村为单位，由村支书、主任、村民代表等5～7人组成农户信用评定小组，对农户经济档案进行信用评分与评级，信用等级包括从3A至C等7种信用等级；在授信上面，根据农户信用等级，合理核定贷款授信额度；在共享上面，依托政府OA网络，实现农户信用信息在县域涉农银行间共享，并制定《沙县农户信用信息系统管理办法（暂行）》加以规范。目前，已实现农户经济档案及信用等级评定全覆盖。

依托农村信用评价体系，成立“社区型”村级融资担保基金，以“自愿、互助、诚信”为原则，通过村民出资，专为加入基金的农户提供小额贷款担保服务。符合条件的农户每户按1万或2万元加入基金，村民要申请贷款时，根据农户的信用等级和入股金额，按入股金2～5倍的额度发放贷款，最多可贷款10万元，有效解决农民发展生产和创业致富的资金问题。针对一些村因为有贷款需求的村民较少，无法成立村级融资担保基金的情况，沙县又在青州镇试点，成立乡镇一级的村级融资担保基金，把这些村民全统筹到乡镇基金中。为了防控风险，沙县的村级融资担保基金贷款还引入了贷款人保险制度，推出村级融资担保基金国寿小额贷款借款人定期寿险，专为村级融资担保基金量身定制，保险期内借款人身故，借款由保险公司全额偿还，提高农户抗风险能力。

沙县的村级融资担保基金贷款，为三明市开展普惠林业金融探索出路子，积累了经验。2016年底，三明市梅列区和三元区参照沙县的村级融资担保基金贷款探索设计“福林贷”产品，拉开了三明普惠林业金融快速发展的大幕。

二、普惠林业金融面临的体制机制障碍

（一）普惠林业金融供给结构不合理

三明市现有中国工商银行、中国建设银行、中国农业银行、中国银行、中国邮政储蓄银行、兴业银行、招商银行、交通银行、福建海峡银行、厦门银行、中国光大银行、中信银行、中国农业发展银行、三明农商银行等十余家国有及股份制商业银行，单就全市范围而言，虽然金融机构门类较为齐全，但是县城以下银行业金融营业网点不足，部分乡镇只有农村信用合作社的营业网点，部分乡镇虽然有中国邮政储蓄银行和中国农业银行的营业网点，但是这些金融营业网点的主要功能在于吸收储蓄，缺少开展发放贷款的权限，因此许多乡镇的银行信贷形成独家垄断经营的格局。此外，农村金融机构服务半径比较狭窄，村级农村金融服务仍近乎空白，农民难以享受到便捷的存、取、汇等基础性金融服务。

（二）普惠林业金融供应机制与政策不匹配

林业生产的长周期性带来林业生产的预期收益不确定性非常大，人为的和自然的灾害等意外事件都能导致森林在生长期内产生不可预料的后果，属于典型的高风险、低效益弱质产业，盈利空间较小。而且由于扶持政策体系和风险规避机制建设相对滞后，政府对商业银行的正向激励不够，导致商业银行用于林业领域的信贷投入相对不足，积极性也不高，林业企业和林农贷款难的现象仍较为常见，而手握小额分散林权的普通林农更难以获得贷款。

（三）林农担保抵押机制的制度约束强

由于大多数林农缺少符合银行要求的抵押物。一方面森林资源一般地处偏僻，交通不便、地广人稀，给金融机构贷前调查、贷后检查工作、抵押物管理带来较大的管理困难；另一方面抵押物的处置需要通过申请采伐指标、拍卖、变卖、诉讼等一系列繁杂的手续，采伐指标难以获取，而且深受林业部门的采伐计划和政策影响，将使全部或部分抵押权无法得到实现。此外，因为林权抵押贷款用于抵押的资产有别于其他的不动产，林木由于林种、林龄和生长环境的不同而有着不同的特性，金融机构缺乏熟悉林业知识的信贷人员，对林业了解不足，因而对林权抵押贷款积极性不高。至于林农拥有的农民宅基地、房屋产权和其他土地承包经营权用于抵押也存在一定障碍，使得相当一部分林农资金需求难以满足。此外，林业担保公司发育又比较滞后，担保费用高，担保抵押难、担保贵也成为制约林农融资的重要问题。

（四）农村信用环境不乐观

农村信用体系建设相对滞后，普通林农和新型林业经营主体缺乏基本的信息披露机制和征信记录，个别林农和新型林业经营主体诚信意识不强，恶意拖欠、逃废银行债务的现象时有发生。另外，失信惩罚机制缺失，也挫伤了金融机构信贷投入的积极性，抑制了银行信贷向农村地区的投放。

三明市普惠林业金融的探索与实践

三明市普惠林业金融是在沙县农村金融改革试验的成功经验之上，结合三明市林权特征，由三明市政府主导推进的林业金融创新产品，其主要目的在于解决普遍小额分散林权无法在银行抵押贷款的难题，盘活三明市80%以上的林业资产。其以林业资产为纽带，以诚信为平台，统一评级，分级授信，随借随还。在运作中，依托村合作社设立林业担保基金，农户以拥有的承包山、自留山等林权作为反担保标的，由村合作社内部负责林权处置，具有利率低、期限长、还款方式灵活等特点。

一、三明市普惠林业金融发展历程

三明市林业资源丰富，在进行集体林权制度改革以及系列配套改革之后，林木活了，青山成了“金山”，但是三明市90%林权分散在千家万户之中，林农手中的自留山、责任山、林权股权等分散的小额林业资源由于种种原因无法盘活，如何解决一家一户的贷款难题，是三明市一直探索和实践的重要课题。为了盘活这部分林权，三明市先后探索了多种产品，其中“福林贷”产品是最主要、最成功的产品。

（一）探索试点阶段（2016 年 10 月至 2017 年 4 月）

为了盘活丰富的林业资产，创新林业金融产品，推动普惠金融和绿色金融发展，2016年7月，三明市农村商业银行成立林业金融事业部，开展普惠金融和绿色金融相融合的调研和创新工作。经过3个月的调研，2016年10月三明市农村商业银行研究推出普惠林业金融专项产品“福林贷”，并在10月正式推出，在梅列区饱饭坑村、砂蕉村和三元区星桥村开展试点。试点取得良好成效，截至2016年12月底，饱饭坑村已授信67户、金额645万元，已发放贷款29笔、290万元；砂蕉村已建档65户，授信50户、金额500万元，已贷款20户、200万元；星桥村已授信30户、金额150万元，已发放贷款12笔、65万元。

普惠林业金融产品“福林贷”试点的成功，获得国家林业局、福建省政府的关注。2017年1月4～5日，全国林业厅局长会议在三明市召开，期间，国家林业局党组书记、局长张建龙一行8人，在福建省政府副省长黄琪玉，武警森林指挥部司令员沈金伦，福建省林业厅党组书记、厅长陈则生等人陪同下，实地考察了砂蕉村的普惠林业金融示范点。2017年1月18日，三明市林业局举办普惠林业金融村主干培训班，旨在为了更好地在梅列、三元两区推广“福林贷”产品，持续深化集体林权制度改革，进一步释放改革红利，不断增强林农的获得感。

2017年4月7日，《福建金融要讯》102期刊登常务副省长张志南关于“福林贷”的批示：为破解林农贷款难，担保难的问题，三明市创新推出“福林贷”，取得初步成效，请金融办银监局继续加强指导，总结推广。2017年5月，福建省委书记尤权、省长于伟国在三明市开展工作检查，在市林业金融中心展台，尤权、于伟国一行认真听取 “福林贷”对盘活林农小额分散林权重要性的介绍并表示肯定。2017年6月8～10日，中央政治局常委刘云山深入三明、南平、宁德的镇村、企业和园区，在三明市林业金融服务中心对普惠林业金融产品“福林贷”给予肯定。

（二）全市推广阶段（2017 年 5 ～ 9 月）

随着普惠林业金融产品“福林贷”在梅列区和三元区的试点成功，以及各级领导的关注和肯定。普惠林业金融产品“福林贷”在三明全市推广的条件渐趋成熟。早在2017年5月12日，泰宁农村信用社联社联手三明农商行召开普惠林业金融“福林贷”产品推荐会，并决定在丰岩村试点推广“福林贷”业务。2017年5月27日，福建农信联社三明办事处召开全市农信系统“福林贷”业务推广专题会议，为全市推广做准备。2017年6

月12日，福建省人民政府办公厅转发《省农信联社关于福建农信普惠金融发展行动计划（2017－2020年）》，提出要把稳妥推广“福林贷”林权贷款作为推进绿色信贷产品创新的重要措施。

2017年6月22日，三明市发布《三明市人民政府办公室转发市林业局等单位关于在全市推广普惠林业金融产品“福林贷”指导意见的通知》（明政办〔2017〕74号）（以下简称“《指导意见》”），提出全面做好“福林贷”推广工作，确保在2017年底实现所辖符合条件的建制村普惠林业金融覆盖面达80%以上，确保全市完成10亿元贷款任务。并且指出全市普惠林业金融产品统一使用“福林贷”，不再提出新的产品名称。随后，2017年6月23日，三明市林业金融改革工作推进现场会在三元区莘口镇西际村召开，要求“加快推广福林贷等林业金融新产品”，在2017年底实现所辖符合条件的建制村普惠林业金融覆盖面达80%以上。

2017年7月，三明市下辖各区、市、县先后召开普惠林业金融“福林贷”培训会，结合《指导意见》和各区、市、县实际制定出台推广普惠林业金融产品“福林贷”的实施意见、工作方案等，明确目标和任务，选择若干个村开展推广普惠林业金融产品“福林贷”的试点。2017年8月10日，福建省创新林业金融服务暨“福林贷”林业小额担保贷款服务模式现场推广会在三明召开，会议充分肯定福林贷的做法和成效。2017年10月1日，中共福建省委、福建省人民政府下发的《关于深化集体林权制度改革加快国家生态文明试验区建设的意见》（闽委发〔2017〕23号）中提出推广“福林贷”等普惠林业金融产品。

2017年8～9月，各区、市、县开始全面推广普惠林业金融产品“福林贷”。通常将推广阶段分为召开村民代表大会阶段、成立林业专业合作社阶段、贷款户授信阶段和授信户放贷阶段4个阶段。截至2017年10月底，三明全市已累计对3837户林农授信3.39亿元，有效盘活了林业资源。其中沙县表现突出，开办贷款村数123个，占市下达任务的100%；放贷938笔，共10317万元，占市下达任务的104%。

二、三明市普惠林业金融产品及特点

（一）产品定义

普惠林业金融产品“福林贷”是一款面对持有小额林权林农的金融产品。由村委牵头设立村级林业担保基金，当林权所有者向银行申请贷款时，依托林业合作社为林农提供贷款担保，同时林权所有者以其自留山、责任山、林权股权等林业资产作为反担保标的，银行收到林业合作社提供的同意担保意见书等有关资料之后，依照合同发放贷款。具有利率低、期限长、还款方式灵活等特点。

（二）贷款对象

普惠林业金融产品“福林贷”主要适用于信用状况良好，持有小额林权的林农，这点与林权证直接抵押贷款有很大的区别。“福林贷”在多个方面放松了林农贷款条件：第一，对林地面积要求放宽，林地面积较小的林农也可以申请贷款；第二，对林权明晰度要求放宽，未办理林权证或者林地承包经营合同的林权、联户发证的林权，只要林业合作社能够明晰其权属，而且没有争议，也可以用于申请贷款；第三，对树种要求放宽，除了成材周期短、市场需求量大、容易流转变现的杉木、马尾松之外，毛竹、果树、油茶也都可以用来申请贷款。

（三）贷款成本

普惠林业金融产品“福林贷”的成本主要包括贷款利率、保险费用、担保基金手续费三大类。相对于一般的林权抵押贷款，普惠林业金融产品“福林贷”少了评估费用，在贷款成本上得到较大幅度的下降。

1. 贷款利率

普惠林业金融产品“福林贷”的贷款利率最高上浮不超过同期贷款基准利率的50%，即年利率在7.125%以下，月利率在5.9‰以下①。

2. 保险费用

为了防控风险，普惠林业金融产品“福林贷”引入了贷款人保险制度，借款人申请普惠林业金融产品“福林贷”必须购买人身意外保险。保险金额为贷款金额，保险费率为0.15%，每年保险费用=贷款金额×0.15%。

3. 担保基金手续费

为保证林业专业合作社及村级林业担保基金正常运营，担保基金可以向所担保的村民一次性收取不超过担保额度1%的手续费，也可以不收取这部分费用。担保基金手续费部分作为运营资金，部分上交村财作为村各项服务费用的支出。

普惠林业金融产品“福林贷”设置了诚信激励机制，以行政村为单位，对出现不良贷款的村进行惩罚，如果整村“福林贷”不良率超过10%，则这个村合作社所有会员按照原利率基础上再上浮30%。

综合以上3种费用，在整村信用情况良好的情况下，一笔3年期“福林贷”贷款利率最高为7.125%，保险费率0.15%，担保基金手续费3.33‰，实际贷款成本为7.608%；如果出现整村不良率超过10%，则贷款利率最高为9.26%，实际贷款成本上升为9.75%。相比较于传统贷款，以及普通林权抵押贷款，在信用情况较好的情况下，贷款成本存在较大幅度下降。根据课题组的调查发现，普通林权抵押的月利率通常在9‰以上，即年利率在10.8%以上，如果考虑评估费用②以及额外的担保费用，普通林权抵押的贷款成本可能高达15%。

---

① 根据中国人民银行发布的2017年最新银行贷款基准利率，1～5年的中长期贷款基准利率为4.75%，按照50%的最高幅度上浮，福林贷最高利率不高于7.125%，即月利率不高于5.9375‰。

② 评估费用是由于客户需要聘请有森林资源资产评估资质的机构对森林资源资产进行评估而缴纳给评估机构的费用。一般分为两种收费方式：a. 计件收费。分为6档：一是额度在100万元（含）以下差额计费率9‰～15‰；二是100万～1000万元（含），差额计费率3.75‰～6.25‰；三是1000万～5000万元（含），差额计费率1.2‰-2‰；四是5000万～1亿元（含），差额计费率0.75‰～1.25‰；五是1亿～10亿元（含），差额计费率0.15‰～0.25‰；六是10亿元以上，差额费率0.1‰～0.2‰。b. 计时收费。分为4档：一是法人代表（首席合伙人）、首席评估师（总评估师）为300～3000元/（人·小时）；二是合伙人、部门经理为260～2600元/（人·小时）；三是注册评估师为200～2000元/（人·小时）；四是助理人员为100～1000元/（人·小时）。

（四）贷款期限

普惠林业金融产品“福林贷”遵循“一次授信、总额控制、三年循环使用”原则，贷款申请人与银行业金融机构一次性签订合同，合同期可长达3年，在合同约定的条件和期限内，贷款申请人有权在商定的最高额度内分次、循环地使用贷款，随用随贷，随时偿还。

（五）贷款额度

普惠林业金融产品“福林贷”的贷款额度实行动态管理，根据林农的综合情况、“村民风险资金”出资金额、历史信用状况、是否存在“担保风险基金”等因素确定授信期内各年度的贷款额度。贷款额度最高不超过20万元，如果林农在银行存在未结清保证及信用类贷款的，额度相应扣减。“村民风险资金”出资额度范围为2000～20000元。

1. 无“担保风险基金”

第一年，按照林农出资“村民风险资金”金额最高6倍确定额度；第二年，如果所处的担保基金担保的所有“福林贷”处于未逾期且未代偿状态，且林农一年内未出现逾期记录［非恶意逾期300元（含）以内可不受此限］，按照林农出资“村民风险资金”金额最高8倍确定额度；第三年起，如果所处的担保基金担保的所有“福林贷”处于未逾期且未代偿状态，且林农3年内未出现逾期记录［非恶意逾期300元（含）以内可不受此限］，按照林农出资“村民风险资金”金额最高10倍确定额度。

2.“担保风险基金”为 10 万元

第一年，按照林农出资“村民风险资金”金额最高8倍确定额度；第二年，如果所处的担保基金担保的所有“福林贷”处于未逾期且未代偿状态，且林农一年内未出现逾期记录［非恶意逾期300元（含）以内可不受此限］，按照林农出资“村民风险资金”金额最高10倍确定额度。

3.“担保风险基金”为 30 万元

按林农出资“村民风险资金”金额最高10倍确定额度。

（六）担保方式

普惠林业金融产品“福林贷”采用反担保抵押贷款模式运行，林农申请贷款的时候，由林业专业合作社提供担保，同时申请贷款的林农提供与贷款金额同等价值的林业资产作为反担保标的，价值不足的可以增补保证人（表5-1）。

反担保林权范围较广，生态公益林、重点生态区位商品林、天然商品乔木林等林权不得作为反担保标的外，其他自留山、承包山林权和林权股权等林业资产均可作为反担保标的，树种包含杉木、松木、毛竹、果树、油茶、茶等。

表 5-1　普惠林业金融产品“福林贷”与其他产品对比

项目	福林贷	邮林贷	林权证直接抵押贷款
贷款对象	林地面积较小的林农	大户、家庭林场	林地面积较大的林农
贷款成本	一般低于 7.608%	9.6% 左右	9.0% ～ 15%
贷款期限	3 年以内	3 年以内	3 ～ 5 年
贷款额度	20 万元以内	10 万元以内	不定
还款方式	随借随还	等额本息；按月付息到期一次性还本（1 年期）	等额本息；按月付息到期一次性还本
担保方式	林业合作社提供担保，林农提供反担保	合作社担保	林权直接抵押
林木属性要求	无	马尾松、杉木为人工林；毛竹为天然林	
树龄要求	无	马尾松、杉木 5 年以上	
树种要求	马尾松、杉木、毛竹、油茶、茶等	马尾松、杉木、毛竹	马尾松、杉木为主
林权价值认定	杉木 1000 ～ 5000 元 / 亩；松木 500 ～ 3300 元 / 亩；毛竹 1000 ～ 2000 元 / 亩；茶 2000 ～ 3000 元 / 亩	杉木 <1000 元 / 亩；马尾松和毛竹 <600 元 / 亩	
抵押率	最高 100%	杉木、马尾松 <50%；毛竹 < 40%	一般 <50%

三、三明市普惠林业金融运行机制

普惠林业金融产品“福林贷”的运行机制主要包括村级林业担保基金成立运作机制、授信运作制、贷款运作机制、风险防控机制。

（一）村级林业担保基金成立运作机制

村级林业担保基金成立运作机制可以分为召开村民代表大会、成立林业合作社、设立林业担保基金3个步骤（图5-1）。

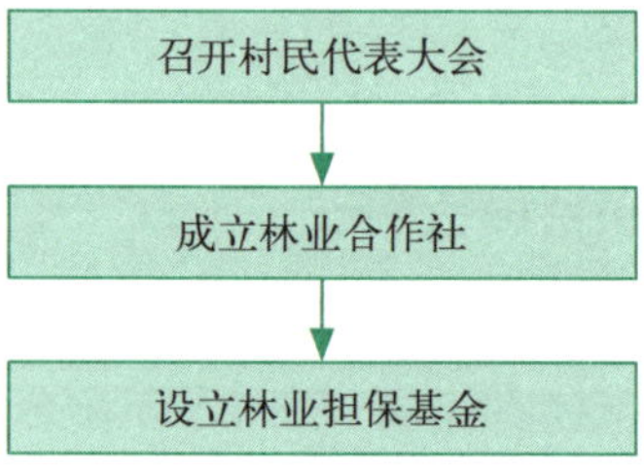

图 5-1　村级林业担保基金设立流程

1. 召开村民代表大会

在成立合作社之前，需要召开村民代表大会，讨论是否成立林业合作社、是否成立林业担保基金、为哪些村民提供担保、村民贷款出现违约时该如何处置等问题。在正式成立合作社之前，召开村民代表大会，主要基于以下几点考虑：第一，林业担保基金由“担保风险基金”和“村民风险资金”组成，其中“担保风险基金”来源为各级政府、村财出资，涉及村级财政支出；第二，林业合作社由村主干担任法人代表；第三，村民违约时候，需要村委会对违约林农提供的反担保林权进行内部处置，补充担保基金；第四，村民违约时候，且反担保林权处置收入低于所欠本息的，村委会还需要进行后续追款，扣划林农的分红款、养老金和征地补偿款等收入。

在召开村民代表大会之时，工作组、林业站、工商部门和银行可以借机参与，向村民宣传普惠林业金融产品“福林贷”，讲解林业合作社设立流程和注意事项、村级林业担保基金设立流程和注意事项、贷款流程和注意事项、贷款条件、优惠政策等，最大限度宣传推广，做到应知尽知。

2. 成立林业合作社

村民代表大会召开完毕并且表决通过之后，由村主干牵头成立林业专业合作社，并由村主干担任合作社法人。优先选择有贷款意愿并且符合贷款条件的村民加入合作社，配合林业合作社拟定合作社章程、召开设立大会、办理工商登记和信贷相关手续。林业合作社设立流程简便，分为两个步骤：一是网络申报名称，登陆福建省工商行政管理局网站进行名称登记，以免出现重名现象；二是现场办理，前往当地工商行政管理所或者行政服务中心申请办理合作社。为了推动普惠林业金融产品“福林贷”推广，三明市各地工商行政部门专门开通了“绿色通道”，开设农民专业合作社登记注册和咨询服务窗口，免费为农民专业合作社申办者提供政策法规方面的咨询服务及申请、受理、审批一站式服务，积极协助农民办理专业合作社。免收登记费、工本费等费用，为专业合作社成立提供优质高效服务。林业合作社设立材料包括：合作社章程；大会会议纪要；社员出资清单；社员名册；登记申请书、法定代表人信息表、联络员信息表、财务负责人信息表；全体设立人指定代表或者委托代理人证明；法定代表人身份证原件及各社员的身份证和户口簿复印件。

在吸收合作社成员之时，林业合作社要进行严格把关，以诚信为门槛，对于不诚信，有涉黄、涉毒、涉赌等不良嗜好的村民给予优先排除，确保林业担保基金的安全正常运行。

3. 设立林业担保基金

在林业合作社成立之后，林业合作社在银行开立村级林业担保基金的保证金专户，在开展第一笔业务之前由各级政府或村财存入人民币10万元以上作为保证金或由至少20名借款村民按“村民风险资金”额度范围入资作为保证金。

村级林业担保基金来源为各级政府、村财或借款人出资，由“担保风险基金”和“村民风险资金”组成。“担保风险基金”来源为县政府、镇政府、村财出资。该风险基金采用封闭运行的方式，除支付担保责任产生的逾期代偿资金外，任何人不得动用该风险基金；“村民风险资金”来源为借款人或担保人出资，出资额度范围为2000～20000元，该资金实行封闭运行、动态管理，即基金仅为本村加入基金的村民贷款提供担保，在其所担保的贷款全部清偿前不得解散或用于其他支出。动态管理即借款村民出资的担保基金在同时满足以下条件时可按自愿原则退出。①借款村民办理的该项贷款（含为他人反担保的该项贷款）已结清；②担保基金担保的贷款未出现新增逾期或代偿情况，若出现新增逾期或代偿情况，经合作经济组织对担保基金进行清算后，按比例退还。

保证金专户资金作为林业合作社社员向银行借款的质押担保，银行对保证金专户内的资金享有优先受偿权。若因借款林农原因未能按照合同约定按时偿还贷款本息或相应费用，或银行依约解除借款合同、提前收回借款本息时，银行有权直接从该保证金专户内扣划相应款项用于还本付息等。保证金专户由银行和村民委员会双方共同监管，村民委员会不能擅自动用存入保证金专户内的资金。

因保证金专户并不是为具体某一笔借款提供质押担保，所以保证金专户内的资金数额可能会根据业务发生情况产生浮动，但该浮动并不影响保证金专户专门用于为林业合作社社员向银行借款质押担保。保证金专户质押担保的范围包含林业合作社社员向银行借款的借款本金、利息、罚息、复利、损害赔偿金、违约金及甲方为实现债权而支付的一切费用（含诉讼费、保全费、律师代理费、执行费、差旅费等）。保证期限为主债务履行期限届满之日起两年。

（二）授信运作机制

普惠林业金融产品“福林贷”授信运作机制通常分为召开精准建档、村委会审核评价、信用等级评定和贷款授信4个步骤（图5-2）。

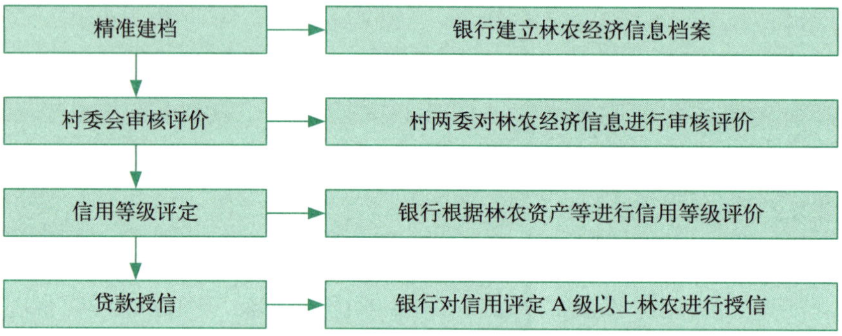

图 5-2 普惠林业金融产品“福林贷”授信运作机制

1. 精准建档

银行选择将要开展普惠林业金融产品“福林贷”业务的村，按照“一户一册”的原则，从“基本概况、家庭收支、家庭资产、信用情况、个人品行”等方面建立林农经济信息档案，作为潜在授信对象。

2. 村委会审核评价

银行将初步建立的林农经济信息档案交给村民委员会，村民委员会对档案信息进行核查，对于不准确的信息向银行提出修改，对于那些条件比较好且贷款意愿比较高的林农向银行进行推荐。

3. 信用等级评定

银行根据村民委员会对林农经济信息档案的反馈信息，组建信用评定小组，对农户经济档案进行信用评分与评级，信用等级包括从3A至C等7种信用等级。

4. 贷款授信

银行对信用评定A级以上的林农，综合村级林业担保基金、林业资产价值、家庭综合情况、负债情况、收支情况、信用等级等因素合理确定授信额度。

（三）贷款运作机制

普惠林业金融产品“福林贷”贷款运作机制通常分为借款申请、调查审核、反担保确认、基金缴纳、出具担保意见书、贷款审批、林权备案、贷款发放、监督检查、贷款归还等10个步骤（图5-3）。

1. 借款申请

有资金需求且信用评定A级以上的林农，在授信期内向银行提出借款申请。申请材料简单，主要包括：夫妻双方身份证、户口簿、结婚证、林权证（林地承包经营合同）。

2. 调查审核

在银行收到林农的借款申请后，林业合作社与银行共同对林农进行贷前调查。调查内容主要包括：家庭资产、家庭收支、家庭负债等家庭状况，年龄、婚育状况等个人稳定性状况，教育、品行等个人素质状况，社会关系、职务等个人社会地位状况，等等。

3. 反担保确认

申请贷款林农需要向林业合作社提供与贷款金额同等价值的林业或林业相关资产作为反担保，银行、林业合作社和林农三方对反担保林权资产价值进行现场调查和确认，如果林业或林业相关资产不足时，需增补符合银行担保条件的自然人作为反担保。为了方便反担保林权价值评估，林业可以提供培训与指导，制定林业资产价值评估参考表。

通常而言，杉木、马尾松可以根据树龄和林分质量确定评估价值；毛竹可以根据胸径和立竹量确定评估价值；苦竹和茶叶可以根据经营状况确定评估价值；油茶和果树等林业资产评估较为复杂，可以与村民委员会、林业合作社或林业站沟通后商定。表5-2是尤溪县农村信用合作联社的林业资产价值评估参考表。

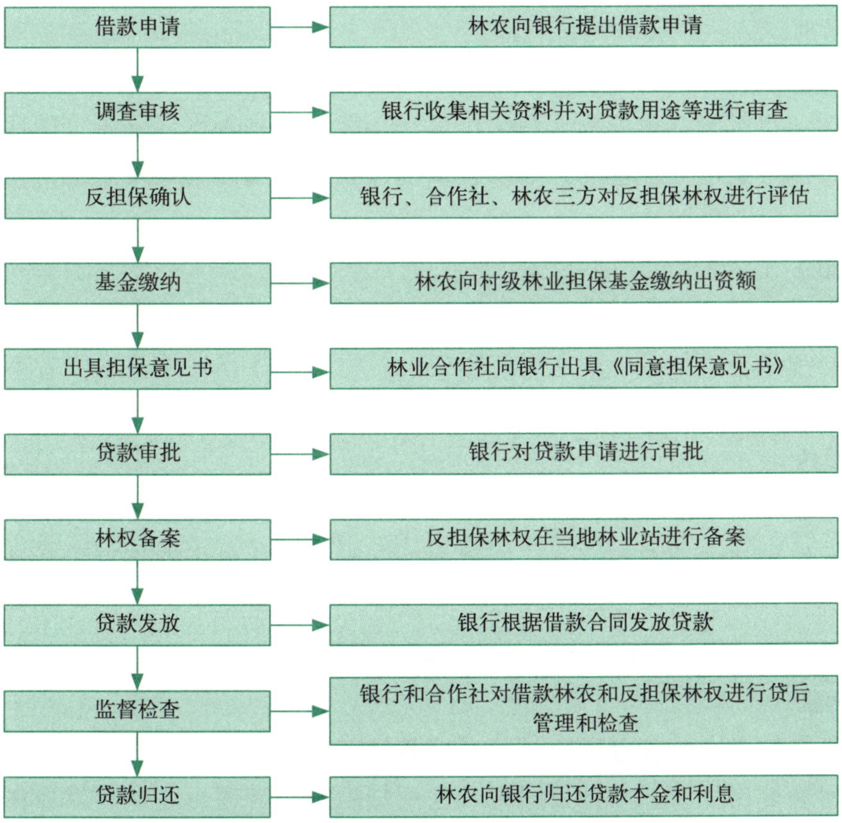

图 5-3　普惠林业金融产品“福林贷”操作流程

4. 基金缴纳

在反担保调查之后，林业合作社与申请贷款林农签订《反担保合同》，申请贷款林农按照贷款额度的一定比例缴纳保证金，即村级林业担保基金出资额。缴纳比例根据是否有“担保风险基金”等因素确定，分为1/6、1/8、1/10三个档次。

5. 出具担保意见书

在申请贷款林农缴纳了村级林业担保基金出资额之后，林业合作社向银行出具《同意担保意见书》，在保证期间内为借款林农提供质押担保并承担不可撤销的、持续的、无条件的连带保证责任。

表 5-2　尤溪县农村信用合作联社林业资产价值评估参考　　元 / 亩

树种	树龄	参考评估价值	备注
杉木	1 年	1000	根据林分经营情况确定
	2 年	1300	
	3 年	1600	
	4 ~ 26 年	每年递增 100 ~ 150	
马尾松	1 年	500	
	2 年	600	
	3 年	700	
	4 ~ 31 年	每年递增 60 ~ 100	
毛竹		1000 ~ 2000	根据胸径、立竹量
苦竹		1000 ~ 1500	经营状况
茶		2000 ~ 3000	

6. 贷款审批

银行收到林业合作社提供的《同意担保意见书》以后，对贷款申请进行审批，审批要点主要包括：审批贷款业务是否合法合规、还款来源是否稳定可靠、借款人信用记录是否良好、授信方案是否合理等。如果在审批过程中遇到疑问以及问题，林业合作社协助银行共同进行深入调查。

7. 林权备案

普惠林业金融产品“福林贷”简化林权反担保登记手续，申请贷款林农用于反担保的林权可不必前往不动产登记中心进行登记，只需要前往当地林业站或者不动产登记中心进行备案即可实现林权抵押效力。

8. 贷款发放

银行对借款申请审批通过之后，对符合条件的林农发放贷款。贷款发放条件有：林业合作社向村民委员会签发的《债权处置委托书》；林业合作社与申请贷款林农签订的《反担保合同》；林业合作社向银行发出的《同意担保意见书》。银行收到林业合作社提交的这些材料以后，与申请贷款林农办理相关手续后放款。

9. 监督检查

银行发放贷款后，林业合作社协同银行监督借款林农的资金使用情况，督促借款林农按照约定用途使用贷款，并且共同深入进行贷后跟踪管理，监督借款林农的生产经营状况，及时了解反担保林地的生长及变化情况，发现问题，应及时采取措施，最大限度规避贷款风险。此外，林业合作社与银行共同了解和督促借款林农每月按时履行付息义务。如果贷款出现欠息60天（含60天）以上的情况，视为违约。

10. 贷款归还

贷款到期后，借款林农应该按时履行还本付息义务，林业合作社与银行需要共同了解和督促借款林农按时履行这一责任，并共同对到期债务及时加紧催收。如果出现贷款本金逾期60天（含60天）以上的情况，视为违约。由村民委员会确定处置方式。

四、三明市普惠林业金融风险防控机制

普惠林业金融产品“福林贷”给林地面积较小的林农带来了融资机会，但是也存在信贷人员专业知识不足、林权价值评估不准、自然风险大等种种问题。如果银行无法正确识别和有效控制普惠林业金融产品“福林贷”的风险，而盲目发放贷款，必然导致贷款遭受损失。

（一）风险来源

1. 抵押物风险

普惠林业金融产品“福林贷”的抵押物风险主要包括：①抵押物价值风险，森利资源资产构成复杂，不同林种、林龄价值差异较大，而且存在自然增值性和生产长周期性，使得森林资源资产的公允价值难以快速便捷评估出来；②抵押物价值保全风险，林木生产周期长，林业经营风险高，森林经营管护过程中容易遭受自然灾害和人为灾害，还可能面临盗伐问题，造成抵押物价值下降甚至灭失，导致林业合作社对反担保林权的失控，而小额林权的经营管护缺失，出灾可能性更高；③抵押物处置风险，林木市场受国际市场冲击严重，林木价格波动大，且林木采伐容易受政策变动的影响，林权流通变现能力较弱，可能使得林业合作社不能及时有效处置抵押的森林资源资产。

2. 借款人信用风险

普惠林业金融产品“福林贷”借款期限为3年，这段时间相对较长，为信用风险缓慢积聚提供了条件，主要表现为：①偿债能力下降，贷款人在这期间可能由于家庭、生产、收入、健康和其他不确定因素的变化，偿债能力下降，不能按期或无力偿还贷款本息；②故意违约，借款人故意欺诈，通过伪造的个人信用资料和资产状况骗取银行的贷款，从而产生道德风险。

3. 贷款操作风险

普惠林业金融产品“福林贷”是一种新的金融产品，即便林权抵押贷款也尚在逐步成熟阶段，银行内部管理可能无法及时跟上，主要表现为：①管理制度不健全；②估值偏差，信贷人员缺乏林业知识，林业资产价值评估结果与实际价值出现偏差；③操作失误，信贷人员对借款人情况审查不严，没有进行认真的事前尽职调查，对贷款使用或偿还不能做到定期或不定期地检查和跟进。

4. 政策法律风险

普惠林业金融产品“福林贷”受政策变动影响大，而且森林资源属于自然资源，具有

经济效益和生态效益的双重属性，林木采伐限制等政策可能会造成反担保林权价值损失。

（二）风险防控

银行给林地面积较小的林农提供融资，将面临较大的风险，为了降低风险，普惠林业金融产品“福林贷”从贷款申请到逾期管理构建完整的风险防控措施（图5-4）。

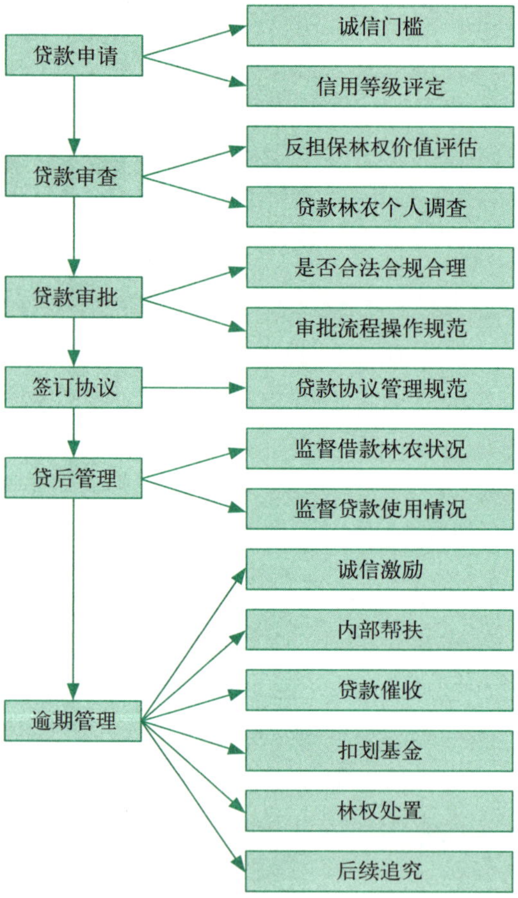

图 5-4　普惠林业金融产品“福林贷”风险控制流程

1. 贷款申请

在贷款申请阶段，要做好诚信门槛和信用等级评定。①诚信门槛。村民在加入林业专业合作社成员时，要以诚信为门槛，对于不诚信、有不良嗜好的不能加入，林业合作社优先推荐信用良好的林农。②信用等级评定。按照“一户一册”的原则，建立林农经济信息档案，交给村民委员会进行审核评定，而后组建信用评定小组，对农户经济档案进行信用评分与评级，只有信用评定A级以上的林农，才给予授信。

2. 贷款审查

贷款审查是普惠林业金融产品“福林贷”的重要环节。分析哪些因素在影响贷款的违约率方面有重大影响，然后将这些具有较大影响力的因素着重审查。①反担保林权价值评估，看看反担保林权价值是否充足，不足部分需要增补符合银行担保条件的自然人作为反担保；②贷款林农个人调查，包括家庭状况、个人稳定性状况、个人素质状况、个人社会地位状况，等等。

3. 贷款审批

在贷款审批阶段，重点审查：第一，审批贷款业务是否合法合规，反担保林权是否可以清晰划分并为村民委员会认可，审批业务程序是否合规；第二，还款来源是否稳定可靠、借款人信用记录是否良好；第三，授信额度等方案是否合理；第四，审批流程是否合规。

4. 签订协议

在签订协议阶段，重点审查贷款发放条件是否满足：第一，林业合作社是否向村民委员会签发了《债权处置委托书》；第二，林业合作社与申请贷款林农是否签订了《反担保合同》；第三，林业合作社是否向银行发出了《同意担保意见书》。

5. 贷后管理

银行在贷后会跟踪检查，着重检查贷款林农贷款使用情况等，及时发现问题贷款。信贷员实地检查贷款林农的生产生活现状，并了解反担保林权的防火、防盗、防自然灾害等情况。集中力量针对高风险贷款林农、高风险环节、高风险时期，采取贷后管理措施。

6. 逾期管理

如果贷款林农未按合同约定履行付息义务，贷款出现欠息60天（含60天）以上，或者贷款林农未按合同约定履行还本义务，贷款本金出现逾期60天（含60天）以上，就可以认为贷款林农出现违约。

（1）诚信激励。对于贷款信用良好的村，银行对无不良信用的林农，在第二、三年分别按1：8、1：10增信；以行政村为单位，如整村“福林贷”不良率超过10%，所有会员按原利率再上浮30%执行；如果不良率超过15%时，停止放贷，直到降回10%以下才重新放贷。

（2）内部帮扶。引导林业专业合作社成员内部形成互帮互助的风气，对还贷出现困难的成员代为偿还本息，避免产生不良记录。

（3）贷款催收。借款期间，银行和村民委员会督促借款人履行合同，若借款人逾期，银行应及时采取催款措施，并通知村民委员会，由双方共同催收。贷款林农到期没有按时履行还款（含还本付息）义务的，启动不良资产处置程序，同时将相关事宜告知违约方林农。

（4）扣划基金。如果贷款林农逾期超过60天仍无法还款，银行有权从林业合作社的村级林业担保基金的保证金账户中扣除对应本息归还贷款。担保基金代偿顺序为，先行扣划借款人及反担保人出资的“村民风险资金”，剩余部分从“担保风险基金”中扣除。若“担保风险基金”不足的情况，将继续扣划其他社员出资的“村民风险资金”。

（5）林权处置。在银行从村级林业担保基金扣除保证金时，林业合作社依据《债权处置委托书》向村民委员会提出债权处置申请。村民委员会接到债权处置申请后，按村规民约程序对债权对应的林权依据林地位置、林分结构、木材蓄积量、生长状态等实际情况向本村及周边村公告，并公开挂牌销售该林权。村民委员会在收到购买款项后3天内，将款项转入林业合作社保证金账户，转入金额以代偿额为限。

（6）后续追究。如果林权资产出售价值不足代偿额，则从贷款林农的各项收入中扣收，直至还清为止。如林权资产经公开挂牌未能出售，则直接从贷款林农的各项收入中扣收，并将扣收款转入至林业合作社保证金账户直至代偿部分还清为止。

五、三明普惠林业金融发展成效

（一）推动林改，有效破解林权贷款难题

由于林权结构小型化、林地资源分散化、林业投入弱质化等原因，引起林权评估难、林权管理难、林权处置难，进而造成林权贷款难、贷款贵的问题，林业发展受到资金瓶颈的制约，金融部门看到森林是无价之宝，想贷贷不出；广大林农守着林业资产，需贷贷不到。普惠林业金融产品“福林贷”有效破解这三方面的问题，消除银行疑虑。

1. 自主评估，破解评估难题

在以往林权抵押贷款中，林权评估难是银行开展林权抵押贷款所面临的首要问题。森林资源资产构成复杂，不同树种、树龄的价值差异较大，存在自然增值性和生产的长

周期性，林木产品价格波动较大，而银行信贷人员又缺乏必要的林业专业知识，与林农之间存在严重的信息不对称问题，从而使得银行不敢轻易开展林权抵押贷款，即产生贷款难问题。为了消除信息不对称问题，银行往往聘请专业评估公司对林权进行评估，从而增加了林权抵押贷款的成本，而且面对较高的风险，银行通常都对林权抵押贷款收取较高的利率，有些林权抵押贷款的利率甚至在基准贷款利率的基础上浮40%～60%，高于其他贷款，给林业经营的还本付息带来极大的压力，即生产贷款贵的问题。为了破解林权评估难题，普惠林业金融产品“福林贷”引入银行、林业合作社、林农三方评估机制，简化评估手续，降低评估成本和贷款成本。由于林业合作社以村级林业担保基金为村民提供连带责任保证，林农以其持有的林权向林业合作社提供反担保，所以林业合作社为了保证资金风险，没有动机高估林农的林业资源资产，而且林业合作社往往对林农的资产了解程度高，与林农之间的信息不对称程度较小，从而也不会引起严重的评估偏差问题。

2. 村委协管，破解管理难题

在以往的林权抵押贷款中，银行往往难以对抵押林权进行有效管理。因为作为抵押物的林业资产资源往往地处偏僻，交通不便，人口稀少，林业资源资产管理难度大，银行进行管理的成本高，从而难以对抵押林权实施有效监管，致使银行面临较大的风险，从而也引起了银行惜贷问题。为了破解林权管理难题，普惠林业金融产品“福林贷”引入了村民委员会协管机制。村民委员会地处乡下，充分知悉林区状况，对于自然灾害能够给予及时管控，对于人为盗伐也能够予以及时有效的防控。而且为了保证村级林业担保基金的资金安全，村民委员会有动机认真管理抵押林权。

3. 内部处置，破解处置难题

在以往的林权抵押贷款中，林权处置困难是银行所面临的另一大难题。林权处置难的主要问题在于林权流转机制不顺畅，在借款人出现违约时，可通过竞价交易、协议转让、林木采伐或诉讼等途径处置已抵押的林权，但是竞价交易和协议转让都涉及林权流转问题，考虑到林权的管理难题，以及以后采伐可能面临的政策约束和村民阻拦，外部经营者往往不敢或者不愿购买抵押林权。为了破解林权管理难题，普惠林业金融产品“福林贷”引入了内部处置机制。当借款出现违约时候，银行按照一定顺序扣划村级林业担保基金，然后村民委员会对反担保林权进行处置。村民委员会内部处置林权的方式，相较于外部购买者而言，面临较少的信息不对称问题和林权管理问题，在一定程度上缓解了林权难处置问题。

（二）突显普惠，改革红利惠及千家万户

1. 范围扩大

第一，普惠林业金融产品“福林贷”主要面向持有小额林权的林农，这部分林农在以往的林权抵押贷款中，因为林地面积小，林权抵押价值低，很难从银行获得贷款；第二，普惠林业金融产品“福林贷”对用于申请贷款林权的要求降低，在以往的林权抵押贷款中，没有林权证、或林地经营承包合同、联户发证以至于银行无法明晰产权划分的林权都不能用作抵押物，但是许多林农持有的小额林权，包括自留山、责任山、林权股份都可能没有林权证、或林地经营承包合同、或者是联户发证，从而在形式上这部分林权是不清

晰的，但是法律上确是很清晰的。在普惠林业金融产品“福林贷”中，只要村民委员会和林业合作社能够对各家各户的林权进行清晰划分，就可以用作反担保林权；第三，用于反担保林权的树种范围扩大，杉木、马尾松、竹林、油茶、茶都已用作反担保林权。

2. 成本降低

第一，普惠林业金融产品“福林贷”采用自主评估方式对反担保林权进行评估，节约了大量的评估费用，降低了贷款成本；第二，普惠林业金融产品“福林贷”采用“一次授信、循环使用”的方式放贷，有贷款的时候计息，没有贷款的时候不计息，因此实际利息低；第三，普惠林业金融产品“福林贷”由林业合作社提供融资担保，一次性收取手续费1%（也可以不收取），相对于担保公司的手续费而言，低了很多；第四，普惠林业金融产品“福林贷”的贷款利率只有普通林权抵押贷款的七成，比小额信用贷款也低了不少。

3. 手续简便

第一，银行设立林业金融事业部，开设“福林贷”绿色通道，单设指标、单独考核，最快1小时办结；第二，与林业局互助，简化林权反担保登记手续，可通过向当地林业站备案方式，实现林权典质效力；第三，林业部门为银行提供林业资本评估专业培训，实现银行对小额林权的自主评估；第四，代办财政贴息，银行可为符合贴息条件的林农代理每年3%的林业贴息申请。

（三）快速发展，规模质量双双大幅提升

普惠林业金融产品“福林贷”向三明市全市推广以后，引起巨大的反响，贷款规模迅速扩大。

1. 分布范围迅速铺开

截至2017年11月15日，三明市所辖各县级市、区、县均已开展普惠林业金融产品“福林贷”业务，在全市1548个符合条件的行政村中，普惠林业金融产品“福林贷”已授信1123个行政村，占比72.55%，已发放贷款1013个行政村，占比65.44%，普惠林业金融产品“福林贷”业务迅速从梅列区、三元区59个村，迅速向全市扩展，已经深入三明全市各地。图5-5和图5-6是截至2017年11月15日，普惠林业金融产品“福林贷”授信和贷款在三明市各市、区、县下辖行政村覆盖率情况。由图可知，从授信覆盖率来看，全部市、区、县都实现了50%以上覆盖，其中，建宁县和梅列区实现了100%覆盖，三元区、泰宁县、将乐县和沙县实现了80%以上覆盖；从发生贷款覆盖率来看，清流县、明

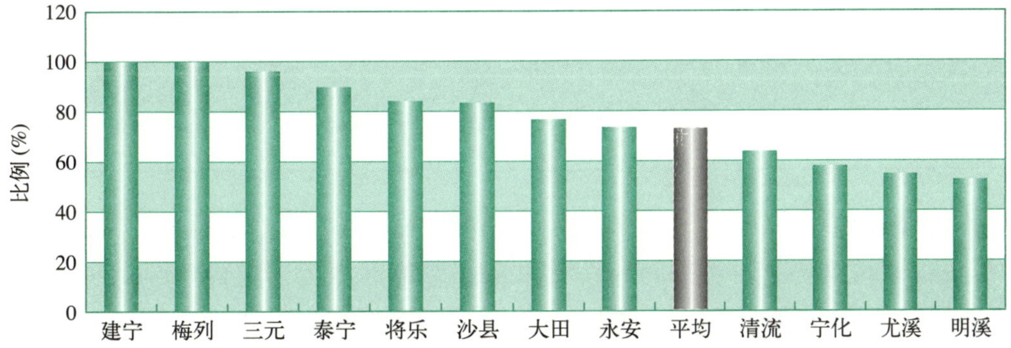

图5-5 三明市各市、区、县“福林贷”授信覆盖率

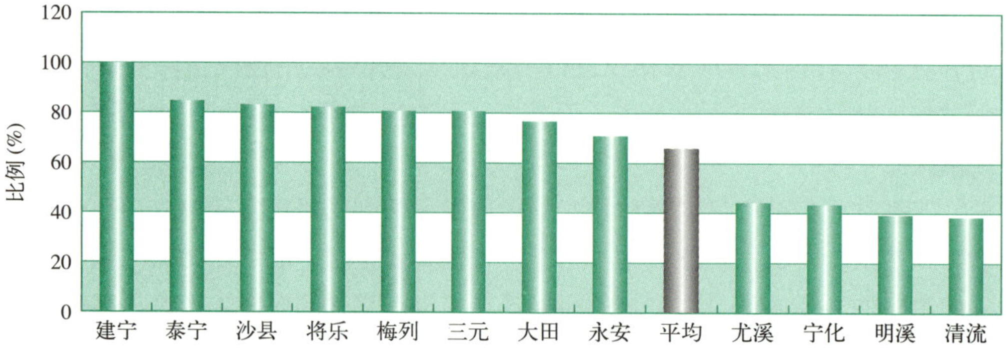

图 5-6 三明市各市、区、县“福林贷”贷款覆盖率

溪县、宁化县和尤溪县等4县的贷款覆盖率均不足50%，其余各市、区、县都超过半数行政村发生了普惠林业金融产品“福林贷”贷款业务，其中建宁县实现了100%覆盖，泰宁县等5个区、县实现了80%以上覆盖。

2. 发展规模迅速扩大

截至2017年11月15日，三明市全市普惠林业金融产品“福林贷”已授信9052户，金额9.22亿元，是三明市全面推广之初的4.98倍；已发放贷款5634户，金额6.14亿元，是全面推广之初的10.18倍。表5-3为截至2017年11月15日三明市各市、区、县的授信户数、授信金额、已贷款户数和已贷款金额情况。从表中可以看出，普惠林业金融产品“福林贷”在较短的时间内实现了在各市、区、县的迅速发展，但是各地发展存在较大的差异，三元区的已授信户数和授信金额均远远高于其他地区，永安市、大田县和沙县的已授信户数和授信金额也相对较高。从贷款情况来看，永安市、大田县和沙县3地区的表现比较好。

表 5-3 三明市各市、区、县“福林贷”授信和贷款情况

户、万元

市、区、县	授信情况		贷款情况	
	已授信户数	已授信金额	已贷款户数	已贷款金额
梅列	569	4778	187	1868
三元	2316	19626	482	4720
永安	1089	10718	897	9139
明溪	174	2192	105	1422
清流	380	4136	163	1864
宁化	469	4498	243	2962
建宁	545	6540	544	6202
泰宁	351	3748	294	3279
将乐	645	6859	372	3840
沙县	988	10875	985	10839
尤溪	671	8669	510	5978
大田	865	9512	852	9334
合计	9062	92151	5634	61448

3. 发展质量良好

截至2017年11月15日，三明市全市普惠林业金融产品“福林贷”户均授信10.17万元，户均已获得贷款10.91万元，户均授信额度和贷款额度较大，能够充分满足林农生产生活需要。图5-7给出了截至2017年11月15日三明市各市、区、县户均授信金额与户均贷

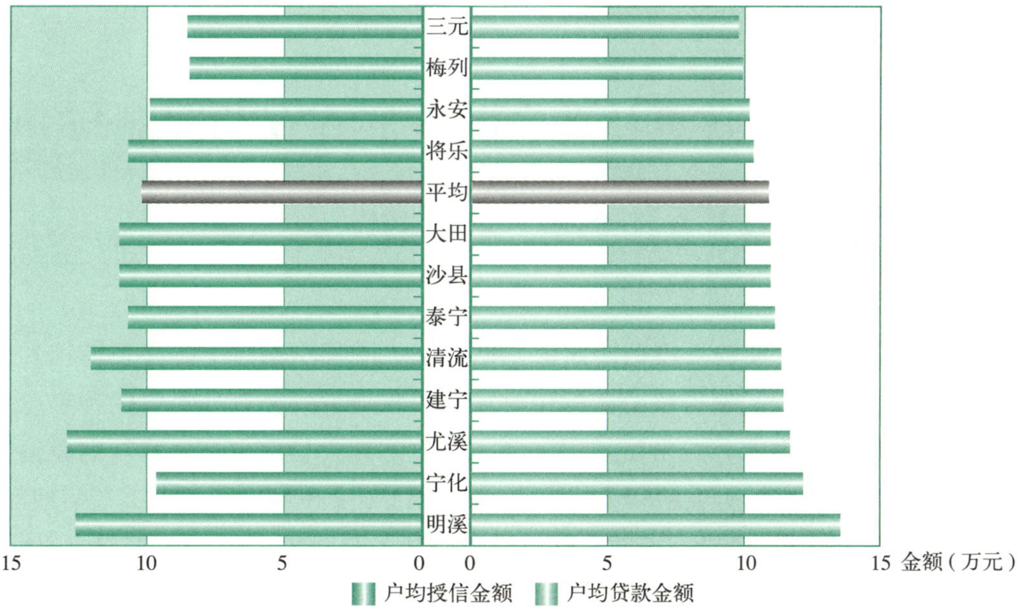

图 5-7　三明市各市、区、县“福林贷”户均授信和贷款情况

款金额情况，从图中可以看出：第一，多数地区的户均授信金额都比较高，达到10万元以上，只有三元区、梅列区、永安市和宁化县没有达到10万元；第二，多数地区的户均贷款金额也达到10万元以上，唯有三元区和梅列区在10万元以下；第三，部分地区的户均授信金额或户均贷款金额高于12万元，反映部分行政村成立了风险担保基金；第四，部分地区的户均贷款金额高于户均授信金额，反映获得贷款的林农获得了较高授信额度，授信额度比较低的林农实际获得贷款的概率较低。

4. 授信使用率高

获得授信的林农中，有62.17%林农已获得贷款，已发放贷款金额占授信金额66.68%，授信使用率较高。表5-4给出了截至2017年11月15日三明市各市、区、县普惠林业金融产品“福林贷”的授信使用率情况。首先，从村级授信使用情况来看，大部分地区表现较好，获得授信的行政村能够积极去申请贷款，其中建宁县、大田县和沙县等3个县的村级授信使用率达100%；其次，从户级授信使用情况来看，多数地区表现较好，唯有梅列区、三元区和清流县的户级授信使用率低于50%，其中三元区的户级授信使用率仅为20.81%，远低于其他地区；最后，林农授信金额使用率与户级授信使用率所反映的情况类似，大部分地区的林农能够积极使用银行授信，从银行获取贷款。

表 5-4　三明市各市、区、县“福林贷”授信使用率情况　%

市、区、县	村级授信使用率	户级授信使用率	林农授信金额使用率	市、区、县	村级授信使用率	户级授信使用率	林农授信金额使用率
梅列	75.00	32.86	39.10	泰宁	94.38	83.76	87.49
三元	83.72	20.81	24.05	将乐	98.04	57.67	55.98
永安	96.62	82.37	85.27	沙县	100.00	99.70	99.67
明溪	75.61	60.34	64.88	尤溪	80.33	76.01	68.96
清流	60.32	42.89	45.07	大田	100.00	98.50	98.13
宁化	74.31	51.81	65.85	合计	90.20	62.17	66.68
建宁	100.00	99.82	94.83				

三明市普惠林业金融发展存在的问题与分析

一、三明市普惠林业金融发展存在的问题

（一）流程较多，产品优势不明显

整个贷款流程可能涉及授信、用信、贴息三大流程（贴息不是必要流程），而每项流程又存在多项流程，使得整个流程相对复杂，与当前部分其他类型的普惠金融产品相比较不具有优势，影响林农申请的积极性。以尤溪县农村信用合作联社的普惠金融卡为例，普惠金融卡主要针对农户和个体工商户，授信额度在30万元以内，授信期限为3年，月利率约7.6‰，当天建档，当天放款，随借随还，循环使用。一般农户可以获得3万元的授信，如果资产和信用情况较好，可以获得5万元的授信，如果有担保人提供担保，授信额度可达10万元。与普惠金融卡相比，“福林贷”优势不突出。第一，手续复杂，对于普惠金额卡，贷款金额在5万元以下的，使用信用贷款，不需要担保，而“福林贷”不管授信金额多少，均需要林业合作社提供担保，贷款林农提供反担保；第二，放款速度慢，普惠金额卡手续更为简单，贷款调查重点关注申请人资产情况、负债情况、信用记录，可以当天建档，当天放款，而“福林贷”因为需要进行反担保林权价值评估，而且牵涉的部门较多，放款时间较慢；第三，成本更为低廉。“福林贷”的借款成本约为7.6%左右，普惠金额卡约为9.12%，林农融资成本较低，但是对于持有小额林权的林农而言，绝对成本不会相差很大，比如5万元贷款，两者的成本差异约为760元，如果进一步考虑到随借随还的特征，实际贷款期限不足一年，那么两者之间的差距更小。课题组在调查过程中发现，部分林农对于利率不是很敏感。

（二）碍于情面，内部处置存隐患

按照普惠林业金融产品“福林贷”的产品设计，当借款人违约时，银行从林业合作社的保证金账户中扣划村级林业担保基金，然后村民委员会对反担保林权进行处置，转让所得款项先行补充担保基金，处置范围较小，一般仅限于本村以及邻近乡村。但是课题组在调查过程中发现，内部处置也可能面临处置困难问题，虽然内部处置降低了林权买卖双方之间的信息不对称程度，购买者比较知悉林权的具体情况，但是本村村民或者邻村村民也会担心得罪人，碍于情面，不会购买待处置林权。

（三）贴息隐忧，贴息政策难适用

普惠林业金融产品“福林贷”对贷款用途和抵押林权要求较低，自留山等没有林权证、林地承包经营合同的林权，只要村民委员会承认，就可以用来作为反担保标的。但是根据林业贷款贴息政策，申请林业贷款贴息的贷款，必须有材料证明林权归属和贷款资金林业用途证明材料，从而可能使部分贷款林农无法享受到贴息，提高了实际贷款利率水平。虽然在推广普惠林业金融产品“福林贷”时提出，只要林业合作社出具证明，

证明林权归属状况和贷款资金林业用途，就可以享受林业贴息政策。但是中央财政林业补助资金主要是为了促进林业改革发展，因此对于享受贴息的贷款是否用于林业用途有着严格的要求。一般而言，林业贷款贴息主要过程是首先信用社对借款人进行筛选，将贷款资金用途为造林和抚育的借款人筛选出来，而后将名单提交给林业站，林业站对借款人是否真的有造林或者抚育投入进行核实，并出具证明文件。因此，在实际贴息的时候，可能会有部分普惠林业金融产品“福林贷”贷款林农享受不到贴息政策，可能会引起贷款林农的不满和抵触情绪，最终不利于普惠林业金融产品“福林贷”的推广。

（四）偏离“普惠”，林业小户吃不到

普惠林业金融产品“福林贷”推出的主要目的是为了解决普遍小额分散林权无法在银行抵押贷款的难题，课题组在调查中发现，普惠林业金融产品“福林贷”在推广中存在“大户吃不饱，小户吃不到”的问题，从而偏离了最初“机会均等”的普惠目标。对于林地面积较大的林农，往往自己需求量比较大，而“福林贷”最高授信额度方才20万元，难以满足他们的要求。对于林地面积较小的林农，却因为林地面积小，抵押价值低，难以获得贷款。实际上，进入林业合作社并且获得贷款的林农，可能本身具有比较强的社会资本，而真正具有“普惠”意义的弱势林农可能无法被纳入到林业合作社中，从而不能够获得普惠制林业金融产品，出现金融排斥。以尤溪县某村林业合作社为例，全村共620户，但是参与林业合作社的只有17户，其中7户是村主干，其余10户都是经济条件比较好的村民，全村人均林地只有1亩，户均林地仅三四亩，但是参与林业合作社的村民，林地面积都在几十亩以上。造成“小户吃不到”的根本原因仍然是小额林权的抵押价值低，难以被接受。

（五）评估遇难，林权价值不充足

第一，课题组在调查中发现由于林业领域专业性强，银行贷前调查有一定难度，特别是林权价值的认定，一般信贷无法对其进行全方位的了解，但由于目标差异，对于林业合作社以及林业站提供的参考价值也存有一定疑虑，因此对于贷户的林权价值核实较难。第二，林权价值不足，往往需要增补自然人提供反担保。小户林农拥有的林权多为自留山或者集体共有，各自所占份额比较低，亩数少，造成价值不足，部分林农需要追加担保却找不到合适担保人。以毛竹为例，每亩价值约2000元，如客户需要贷款12万元，则需要有60亩林权，而在单户家庭拥有60亩林权的林农比例偏低，大部分林农持有的毛竹林在3～8亩，这导致多数贷户需要提供额外担保，造成客户贷款意愿低。此外，当前毛竹行情不景气，采伐人工成本高，道路条件比较好的竹林，人工成本占采伐收入的40%～50%，道路条件较差的竹林，人工成本占60%～70%。

（六）沟通不畅，管理人员不积极

第一，各部门沟通对接不到位。普惠林业金融产品“福林贷”业务开办过程中，召开村民代表大会、成立专业合作社、开立基金专户、登记备案等环节，均需村民委员会、村主干、林业站、银行等多部门和单位的参与配合，由于部分网点与村部、林业站

沟通不到位，造成普惠林业金融产品“福林贷”业务政策意义宣传不到位，操作流程掌握不足，导致推广进度缓慢。第二，基金管理人员积极性不高。开办普惠林业金融产品“福林贷”，增加了村民委员会的工作量，特别是增加了基金管理人员的工作负担，且没有收益，导致基金管理人员积极性不高，配合程度不强。

二、完善三明市普惠林业金融发展的策略分析

（一）优化产品结构，简化借款手续

当前普惠林业金融产品“福林贷”主要面对林地面积小的林农，授信金额在20万元以内，因此可以将普惠林业金融产品“福林贷”分成两种产品：第一种产品是授信额度在5万元以上的，对于这种产品，使用当前的运作模式进行运营，由村级林业担保基金向银行提供担保，林农以其持有的林权作为反担保标的；第二种产品是授信额度在5万元以下的小额贷款，对于这部分产品，参考普惠金融卡模式进行运作，由林业合作社向银行推荐借款林农，银行重点考察借款林农的资产情况、负债情况、信用记录、林业合作社的推荐理由等，符合条件的给予5万元以下授信，不需要林业合作社提供担保，免去反担保林权评估等诸多事项。

（二）建立林业贷款贴息补充机制

由市级财政、县级财政共同出资建立林业贷款贴息补充基金，对于不满足中央财政林业补助资金要求的普惠林业金融产品“福林贷”借款，但是林业合作社能够出具证明文件，证明借款林农确实将贷款资金用于林业用途，则可以使用林业贷款贴息补充基金参照中央财政林业补助资金的贴息比例进行贴息。林业合作社提交的证明文件需要证明以下内容：一是借款林农拥有林地；二是借款林农存在林业经营行为；三是借款林农的林业经营行为所需资金与其借款资金相吻合。

（三）优化林权评估

一是加强信贷人员的林业专业知识培训，由福建省林业厅联合福建省农村信用社联合社制定发行《林业金融指导手册》，同时由林业部门提供专家组织银行信贷人员林业专业知识培训，让银行信贷人员熟悉林业基础知识，能够简单识别树种、判断树龄、识别林分经营状况、估计蓄积量，从而能够对林业资源资产价值有初步判断；二是三明市林业局需要制定权威的林权价值参考目录表，给出每种林权的参考价值，并不断保持更新，让银行信贷人员能够随时快捷查询到所调查的反担保林权价值。

（四）加强沟通协调，加大激励措施

一是加强沟通协调。加强地方政府、林业部门、乡镇、村民委员会、银行等多部门的联动，提高配合，共同推进普惠林业金融业务发展。二是加大激励措施。建议政府部门对普惠林业金融产品“福林贷”开办较好的乡镇或者村级组织给予一定的激励措施，对于基金管理人员给予一定的工作经费，提高各经办人员及管理人员的积极性。

2017

集体林权制度改革监测报告

集体林区林农林业收入研究报告

持续增加集体林区农民林业收入是我国集体林权改革的重要目标之一，也是广大农户参与集体林权改革和扩大林业投资的原动力。集体林改后我国集体林区农民林业收入变化是集体林改成效监测的一项重要内容，同时也是进一步深化集体林权改革的重要依据。为此，本专题选取江西省10个重点林业县、50个村、500个定点监测林农样本为研究对象，利用2010－2017年集体林权制度改革连续监测数据从县级林业发展、村级林业经济状况和林区林农林业经营情况变化等不同角度分析集体林区林业发展状况，并对不同类型林农林业收入结构和演变进行比较，在此基础上剖析江西集体林区林农林业增收的制约因素，提出对策建议。

监测概况

一、样本县林业发展情况

（一）林业资源持续增长

集体林改以来，江西崇义、信丰、遂川、永丰、乐安、黎川、宜丰、武宁、德兴、铅山等10个样本县林业资源持续增长。表6-1所示，2016年监测样本县林地总面积2846.54万亩，与林改前相比增长了3.33%；其中，集体林地2435.99万亩，与林改前相比增长了9.78%；集体林中商品林占75.65%，公益林占24.35%。2016年，森林覆盖率平均达74.14%，与林改前相比增长13.13个百分点，森林蓄积总量9713.24万立方米，与林改前相比增长了71.20%。

表 6-1　林改前后样本县林业资源状况

类别	林改前	2009 年	2016 年
林地面积（万亩）	2754.69	2778.52	2846.54
集体林地面积（万亩）	2219.02	2232.71	2435.99
其中：商品林（万亩）	1418.84	1557.35	1842.83
公益林（万亩）	800.18	675.36	593.16
森林覆盖率（%）	61.01	71.54	74.14
森林蓄积总量（万立方米）	5673.65	6312.82	9713.24

（二）林业产业不断壮大

一是林业财政收入持续增长（图6-1）。样本县林业财政收入由林改前12454万元增至2016年的44488万元，年均增幅达32.15%；人均林业财政收入也由林改前的32元增至2016年的105元。

二是林业产业总产值有显著增长（图6-2）。林改前（即2004年），林业产业总产值为409486万元，人均林业总产值为1042元；2016年林业产业总产值为2583508万元，人均林业总产值为6092元；林业总产值的年均增幅达66.36%。

三是近年来林业产业内部结构中加工业比例上升。2014年林业一、二、三产的比例分别为49.56：32.86：17.57（图6-3），2016年该比例分别为47.42：35.72：16.86；

图 6-1 样本县林业财政收入变化情况

图 6-2 样本县林业产业总产值变化情况

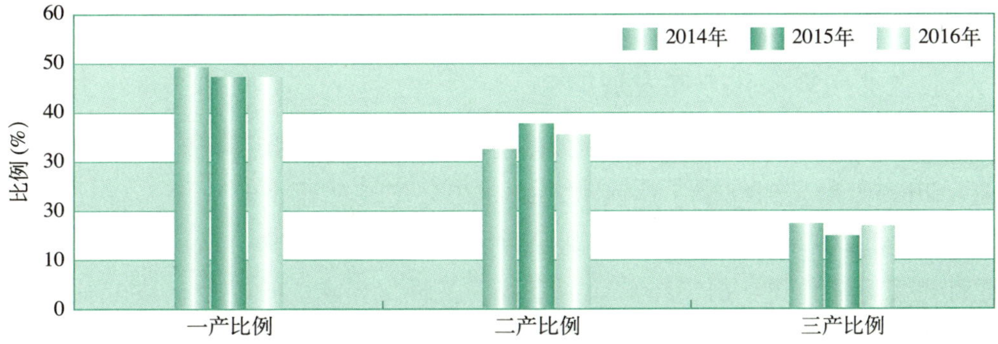

图 6-3 样本县林业产业结构变化情况

2014－2016年，林区林业一产比例减少2.15个百分点，二产比例增加2.86个百分点，三产比例变化不大，总体表现为林业加工业呈现增长趋势。

二、样本村涉林经济发展情况

（一）林业大户数量不断增长

2004年集体林改以来，江西长水等50个监测样本村林业大户（经营面积超过1000亩以上）数量由2004年的3户增长到2016年的46户（图6-4）。2016年林业大户主要经营形式为单户经营、联户经营和股份合作经营3种，分别占60%、20%和20%；林业大户林地经营类型主要为用材林和竹林，其面积分别占76.62%和23.38%；此外40%的林业大户会

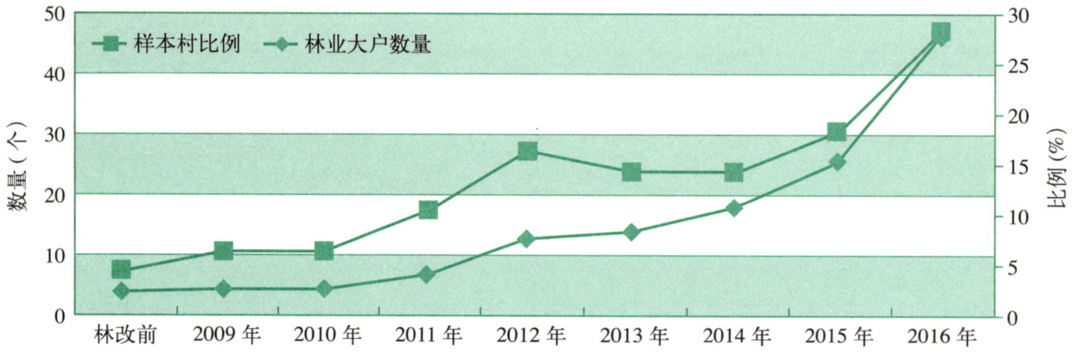

图 6-4　样本村林业大户数量变化情况

结合其林地资源开展林下经济，如林下养殖、森林景观利用等。在监测的50个样本村中，拥有林业大户的样本村的数量从林改前2个增长到2016年的14个，占比分别为4.00%和 28.00%。林业大户数量的增长对林业的规模化经营起到了良好的促进作用。

（二）林业专业合作社发展迅速

林改以来，监测样本村林业专业合作社的数量也从无到有发展起来（图6-5），2016年，监测样本村共有31个林业专业合作社，其中，74.19%为林业专业合作社，25.81%为林地股份合作社。林业专业合作社中，示范社的数量占25.81%，拥有注册商标的合作社占35.48%，通过产品质量认证的合作社数量占16.13%，创办了加工实体的合作社占19.35%，承担政府涉林项目的合作社占3.23%。18个样本村拥有林业专业合作社，占样本村总数的36.00%。

（三）林业企业向规模化方向发展趋势

林改前至2009年样本村林业企业数量有了较大增长（图6-6），2004年仅有47家林业企业，2009年增长到68家。然而从2009－2016年，林业企业数量不断减少，尤其是2009－2010年和2013－2014年，林业企业数量有了大幅度下降，这可能是由于大部分林业企业都是家庭小作坊，由于经营效益下降以及环保要求的日益严格逐渐关闭。有林业企业的样本村的比例不稳定，2004年有28.00%的样本村有林业企业，2013年这一比例高达46.00%，而2014年又下降到30.00%。村企雇工人数整体上呈“先增后减”的变化趋势

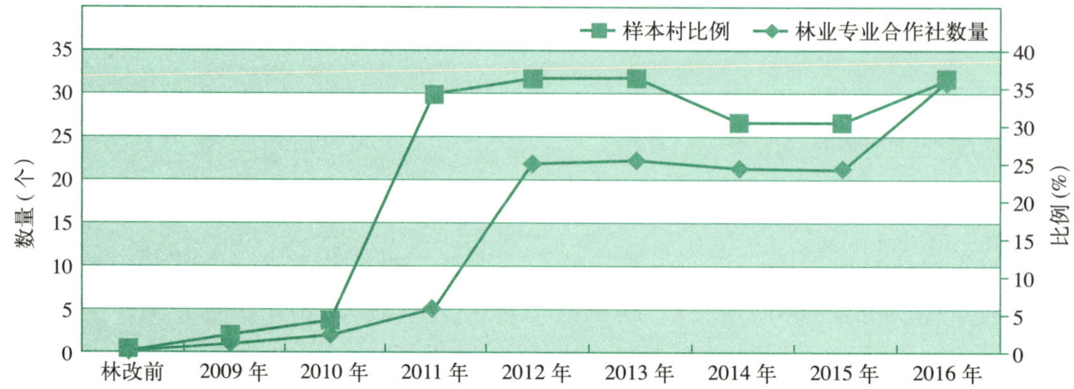

图 6-5　样本村林业专业合作社数量变化情况

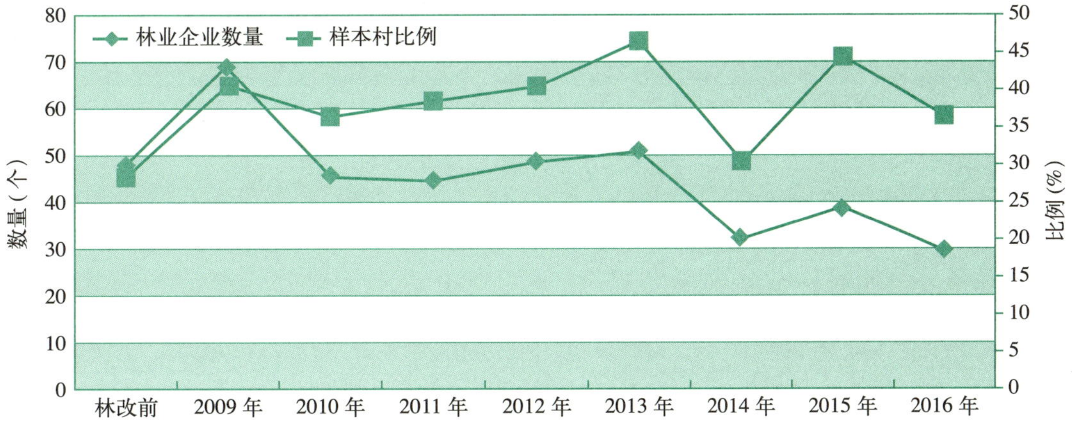

图 6-6　样本村林业企业数量变化情况

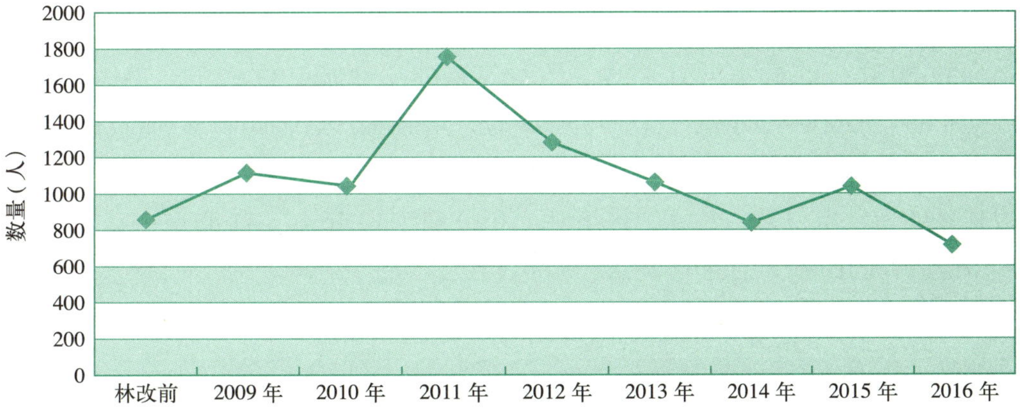

图 6-7　样本村企雇工人数变化情况

（图6-7），2011年村企雇工人数最高，为1766人；而2016年仅有716人。主要原因：一是林业加工企业提高了机械化和自动化生产水平，从而相对减少了一般用工需求；二是林业加工企业外迁到工业园区，原来的村林业加工企业消失。

三、样本林农林业经营情况

（一）林农户均林地面积有所增长

监测数据显示（表6-2），江西集体林区林改前500个样本林农户均林地面积为70.18亩，户均林地块数为3.49块。林改后由于原来集体林地分山到户，农户林地面积有了较大增长，2009年户均林地面积为103.54亩，户均林地块数为4.17块。2009－2011年，农户林地面积略有减少，这可能是由于林改后农户林地流出的影响。2012－2016年，监测农户林地资源又呈增加态势，主要原因是监测农户中林业大户增加，林地流入增多。林改以来，农户林地块数较为稳定，户均林地块数一直在4至5块。相比而言，农户耕地资源较为贫乏。平均每户耕地面积为5亩左右，并有减少的趋势。林改前户均耕地面积为5.55亩，2016年户均耕地面积为5.04亩。

表 6-2 江西省样本农户林地和耕地变化状况

年份	户均林地面积（亩）	户均林地块数（块）	户均耕地面积（亩）	户均人口数（人）	户均劳动力数（人）
林改前	70.18	3.49	5.55	5.27	3.05
2009	103.54	4.17	5.69	5.22	3.07
2010	97.38	4.72	5.81	5.30	3.00
2011	93.83	5.00	4.96	5.10	3.00
2012	98.39	4.49	5.43	5.10	3.10
2013	102.70	5.37	4.75	5.14	3.11
2014	102.18	4.60	4.96	5.21	2.92
2015	114.53	4.72	5.04	5.25	3.21
2016	120.59	4.65	5.42	4.82	2.82

（二）用材林和竹林面积呈增长趋势

2009年，被监测农户不同类型户均林地面积由高到低为：竹林、经济林、用材林其面积分别为38.80亩、33.59亩、31.12亩；农户平均商品林面积83.57亩，平均公益林为19.86亩（表6-3）。2009－2016年，农户经济林面积有所减少，而用材林和竹林面积呈增长趋势，并且，农户商品林和公益林面积也有所增长。2016年，被监测农户不同类型林地面积由高到低为：用材林、竹林、经济林面积分别为42.46亩、41.47亩、17.73亩；农户商品林和公益林的面积分别为94.29亩和32.61亩。

表 6-3 江西省样本农户林地类型变化情况

年份	类型 1（亩）			类型 2（亩）	
	用材林	经济林	竹林	商品林	公益林
2009	31.12	33.59	38.80	83.57	19.86
2010	39.15	20.70	36.05	78.55	17.77
2011	36.31	16.98	36.51	73.89	18.51
2012	—	—	—	75.13	23.27
2013	—	—	—	80.45	21.15
2014	35.50	22.96	40.97	80.09	21.51
2015	41.08	19.23	44.08	86.76	28.72
2016	42.46	17.73	41.47	94.29	32.61

注：“—”表示数据缺失。

（三）农户林业经营规模呈增长趋势，主要集中在“100～500亩”

表6-4显示，林地面积50亩以下的农户数量最多，占样本农户一半左右；其次是100～500亩的农户，占样本农户三成，这个经营规模呈集中状态，可能是经营适度规模区；经营规模为50～100亩的农户约占两成；500～1000亩的农户约占2个百分点，1000亩以上的农户占比不足1个百分点，但有增长趋势。2016年，50亩以下、50～100亩、100～500亩、500～1000亩、1000亩以上农户数量分别为239户、112户、136户、11户、5户，分别占47.51%、22.27%、27.04%、2.19%、0.99%。

表 6-4 不同经营规模农户数量和比例变化情况

户、%

年份	类型	50 亩以下	50～100 亩	100～500 亩	500～1000 亩	1000 亩以上
2009	数量	204	95	87	11	3
	比例	51.00	23.75	21.75	2.75	0.75

（续）

年份	类型	50亩以下	50～100亩	100～500亩	500～1000亩	1000亩以上
2010	数量	246	95	137	10	4
	比例	50.00	19.31	27.85	2.03	0.81
2011	数量	227	114	153	8	3
	比例	44.95	22.58	30.30	1.58	0.59
2012	数量	235	111	143	8	3
	比例	47.00	22.20	28.60	1.60	0.60
2013	数量	218	124	146	10	2
	比例	43.60	24.80	29.20	2.00	0.40
2014	数量	231	114	147	7	3
	比例	46.02	22.71	29.28	1.39	0.60
2015	数量	230	105	150	13	4
	比例	45.82	20.91	29.88	2.59	0.80
2016	数量	239	112	136	11	5
	比例	47.51	22.27	27.04	2.19	0.99

（四）以一般林农经营为主，股份合作和家庭林场等新型经营形式正在发育过程中

表6-5显示，2009年，样本农户中，一般林农有261户，占65.25%；2016年，一般林农增长到408户，占81.11%。联户经营农户数量在2010年数量最多，为127户，占25.81%，随后逐渐减少，2016年有41户，占8.15%。股份合作经营的数量和比例也逐渐减少。2013年以来，家庭林场和公司林场也有所发展，2015年分别达到14户和2户。

表6-5　不同经营模式农户数量和比例变化情况　　户、%

年份	类型	一般林农	联户经营	家庭林场	公司林场	股份合作
2009	数量	261	80	0	0	59
	比例	65.25	20.00	0.00	0.00	14.75
2010	数量	306	127	0	0	59
	比例	62.20	25.81	0.00	0.00	11.99
2011	数量	390	58	0	0	57
	比例	77.23	11.48	0.00	0.00	11.29
2012	数量	394	52	0	0	54
	比例	78.80	10.40	0.00	0.00	10.80
2013	数量	414	35	3	0	48
	比例	82.80	7.00	0.60	0.00	9.60
2014	数量	431	36	2	0	33
	比例	85.86	7.17	0.40	0.00	6.57
2015	数量	387	42	15	2	56
	比例	77.09	8.37	2.99	0.40	11.15
2016	数量	408	41	14	2	38
	比例	81.11	8.15	2.78	0.40	7.56

（五）林区林业收入出现分化，高收入比例有上升趋势

农户按不同林业收入规模来看（表6-6），林业收入2000元以下农户数量最多，占半数左右，5000～20000元之间两组农户占比下降，2000元以下、2000～5000元、20000元以上三组农户占比上升，农户林业收入呈现分化趋势。

表 6-6 不同林业收入规模农户数量和比例变化情况

户、%

年份	类型	2000 元以下	2000 ~ 5000 元	5000 ~ 10000 元	10000 ~ 20000 元	20000 元以上
2009	数量	190	52	52	50	56
	比例	47.50	13.00	13.00	12.50	14.00
2010	数量	246	67	67	50	62
	比例	50.00	13.62	13.62	10.16	12.60
2011	数量	295	53	49	52	56
	比例	58.42	10.49	9.70	10.30	11.09
2012	数量	231	80	58	63	68
	比例	46.20	16.00	11.60	12.60	13.60
2013	数量	250	76	54	57	63
	比例	50.00	15.20	10.80	11.40	12.60
2014	数量	261	58	54	30	99
	比例	51.99	11.55	10.76	5.98	19.72
2015	数量	280	54	60	44	64
	比例	55.78	10.76	11.95	8.76	12.75
2016	数量	274	71	48	35	75
	比例	54.47	14.12	9.54	6.96	14.91

监测分析

一、林农林业收入及来源结构演变分析

（一）样本林农林业收入对农户总收入的贡献

1. 样本农户林业收入不断增长，林业收入占林农总收入比例二成左右，呈现上升趋势

连续监测调查显示（表6-7），500个样本农户总收入不断增长，由林改前的19302元增长到2016年的91588元。同时，样本农户家庭林业收入也呈不断攀升趋势。林改前，农户平均林业收入为3556元，2009年样本农户平均林业收入为10713元，2016年上升至19661元。林改前，林业收入占农户总收入的18.46%，2009年，林业收入占农户收入比例的38.02%，林改对农户林业增收起到了较好的促进作用。随后林业收入占农户总收入的比例有所下降，2013–2016年，林业收入占农户收入的比例又呈现增长趋势。

表 6-7 江西样本林农林业收入占比变化情况

年份	农户总收入（元）	林业收入（元）	林业收入占比（%）
林改前	19302	3564	18.46
2009	28180	10713	38.02
2010	48001	10418	21.70
2011	53926	8708	16.15
2012	86286	12905	14.96
2013	87207	12903	14.80
2014	88134	15811	17.94
2015	88254	14882	16.86
2016	91588	19661	21.47

2. 样本林农林业收入来源呈多元化趋势，并且获得林下经济和转移性收入的农户数量占比在不断增加

从监测表6-8可看出，2016年，有转移性收入的农户数量最多，为193户，占样本38.37%；其次是竹林收入的农户，有125户，占24.85%；经济林、林下经济、涉林打工农户数分别为72户、64户、41户，分别占14.31%、12.72%、8.15%；有用材林收入的农户仅有12户，占2.39%。

从动态变化来看，有竹林和经济林收入农户数量较为稳定，分别占三成和一成；林下经济和转移性收入的农户数量逐渐增长；用材林收入的农户数量逐渐减少；具有涉林打工收入的农户数量有增加，林区林农林业收入结构表现为多元化的现象。

表 6-8 江西林农不同林业收入类型的农户结构分布情况 户、%

年份	类型	用材林	竹林	经济林	林下经济	涉林打工	财产性	转移性	其他
林改前	数量	72	105	14	25	30	4	14	35
	比例	18.00	26.25	3.50	6.25	7.50	1.00	3.50	8.75
2009	数量	109	140	26	31	40	8	58	26
	比例	27.25	35.00	6.50	7.75	10.00	2.00	14.50	6.50
2010	数量	66	181	80	12	75	21	61	24
	比例	13.41	36.79	16.26	2.44	15.24	4.27	12.40	4.88
2011	数量	58	151	54	16	41	13	42	11
	比例	11.49	29.90	10.69	3.17	8.12	2.57	8.32	2.18
2012	数量	82	161	88	26	26	6	159	16
	比例	16.40	32.20	17.60	5.20	5.20	1.20	31.80	3.20
2013	数量	59	152	54	38	27	9	189	17
	比例	11.80	30.40	10.80	7.60	5.40	1.80	37.80	3.40
2014	数量	41	134	54	40	24	11	137	57
	比例	8.17	26.69	10.76	7.97	4.78	2.19	27.29	11.35
2015	数量	13	160	53	49	21	6	172	4
	比例	2.59	31.87	10.56	9.76	4.18	1.20	34.26	0.80
2016	数量	12	125	72	64	41	5	193	3
	比例	2.39	24.85	14.31	12.72	8.15	0.99	38.37	0.60

（二）样本林农林业收入结构的演变

从监测表6-9林业收入结构来看，江西集体林区样本农户林业收入变化有以下几个主要特点：

1. 林农林业收入来源多元化，且用材林收入比例下降

样本农户林业收入来源呈多元化发展，用材林收入在农户林业收入来源中的比例逐渐下降。林业收入多元化的发展趋势符合集体林区农民增收目标。

表 6-9 江西样本林农林业收入构成及变化 元、%

年份	类型	用材林	竹林	经济林	林下经济	涉林打工	财产性	转移性	其他
林改前	数量	607	1068	81	121	622	4	47	1014
	比例	17.03	29.97	2.27	3.40	17.45	0.11	1.32	28.45
2009	数量	4515	3437	363	207	1367	91	434	299
	比例	42.15	32.08	3.39	1.93	12.76	0.85	4.05	2.79

（续）

年份	类型	用材林	竹林	经济林	林下经济	涉林打工	财产性	转移性	其他
2010	数量	1655	3775	2206	148	1200	393	165	876
	比例	15.89	36.24	21.17	1.42	11.52	3.77	1.58	8.41
2011	数量	2371	3582	1090	340	596	122	352	255
	比例	27.23	41.13	12.52	3.90	6.84	1.40	4.04	2.93
2012	数量	5176	4060	795	633	1007	342	348	544
	比例	40.11	31.46	6.16	4.91	7.80	2.65	2.70	4.22
2013	数量	4542	3894	985	1403	1022	63	592	402
	比例	35.20	30.18	7.63	10.87	7.92	0.49	4.59	3.12
2014	数量	1762	3927	2420	2219	696	202	2736	1849
	比例	11.14	24.84	15.31	14.03	4.40	1.28	17.30	11.69
2015	数量	2290	6598	1356	2725	546	465	865	37
	比例	15.39	44.34	9.11	18.31	3.67	3.12	5.81	0.25
2016	数量	1912	6360	396	6471	1370	100	1508	1544
	比例	9.72	32.35	2.01	32.91	6.97	0.51	7.67	7.85

2. 林下经济收入呈指数规律增长，逐渐成为农户林业收入的主要来源

样本农户的林下经济主要包括林产品采集、林下养殖（家畜家禽、蜜蜂）、林下种植（中草药）等。林改前，农户平均林下经济收入为121元，2016年，林下经济收入均值增长到6471元，林下经济收入的平均增长率为39.32%。林下经济收入占农户林业收入比例从2004年的3.40%稳步上升至2016年的32.91%，已成为农户林业收入的主要来源。

3. 林农用材林收入有较大起伏，均值和占比总体呈下降趋势

林改后，用材林收入有了明显攀升，从林改前的607元（17.03%）增加到2009年的4515元（42.15%），随后又有所下降。2012年，用材林收入达到峰值5176元（4.11%）。2013—2016年，用材林收入逐渐下降，2016年用材林收入仅为1912元，占9.72%，在农户当年林业收入构成中排第三位。用材林收入波动与农户木材采伐的周期性有关，而2012年以来农户用材林收入逐渐减少，而农户林业收入稳步增长，也反映了用材林收入不会成为农户林业收入限制。

4. 竹林收入是农户林业收入主要来源之一，一般占农户林业收入的三成左右

林改前，农户平均竹林收入为1068元（29.97%），2016年，竹林收入增长到6360元（32.35%），竹林收入均值的平均增长率达24.99%。竹林收入的稳步增长对农户林业增收发挥了较为重要作用。

5. 经济林在农户林业收入中所占的比例较小，并且经济林收入具有较大波动

林改前，农户平均经济林收入仅为81元（占2.27%），2010年经济林收入增长到2206元（占21.17%），随后经济林收入逐渐下降，但到2014年，经济林收入又达到峰值2420元（15.31%）。2016年，经济林收入又下降到396元，仅占2.01%，在农户各项林业收入中仅排在第七位，仅高于财产性收入。这主要是由于江西林改监测区农户早期经济林树种主要为柑橘和油茶，近几年由于受黄龙病的危害，柑橘产业遭受较大损失，传统油茶林退化，新的经济林产业如：高产油茶林、其他果树业，由于种植年限以及种植经营管理水平不高，尚未产生较大经济效益。

6. 农户林业转移性收入呈现增长趋势

集体林改前，农户平均转移性收入为47元（占1.32%），集体林改后，农户转移性收入稳定增长，2016年，样本农户转移性收入均值为1508元（占7.67%），高于涉林打工和经济林收入。主要原因有两个方面：一是集体林区生态公益林面积比较大，近年来江西不断加大对公益林的生态补偿额度；二是国家加大了对林业经营补贴，特别是对精准扶贫的造林补贴力度比较大。

7. 涉林打工收入呈现“大小年”规律变化，收入占比一成左右

样本农户涉林打工内容主要是在本地竹木加工厂、或者帮其他农户进行木材、竹材采伐。农户涉林打工平均收入最高的是2016年，为1370元（6.97%），涉林打工收入最少的是2015年，为546元（3.67%）。由于竹木采伐的周期性规律影响以及本地竹木加工发展有限，涉林打工收入有较大波动。

8. 财产性收入在林业收入中所占比例较低，呈起伏式波动，整体上有增长趋势

财产性收入主要是农户林地流转或出租获得的收入，主要取决于农户林地流转规模。林改前，样本农户平均财产性收入为4元，财产性收入最高的为2015年的465元。农户林业财产性收入的增长也反映了林地流转行为的增加。

二、集体林区不同类型林农的林业收入比较

（一）不同经营规模的林农林业收入比较

1. 不同经营规模林农林业收入都呈现起伏增长的趋势

从表6-10可看出：林地规模50亩以下的小林农林业收入增长不大，林地规模50～100亩和100～500亩林农林业收入比较稳定，而500～1000亩和1000亩以上林农林业收入具有较大增长幅度，并且增长趋势也更加稳定。结合上述分析，可以看出样本林农整体林业收入有所增长，但林业的大发展重点在林业大户经营或规模化、企业化的林场制经营。

表 6-10　不同经营规模林农林业收入变化情况　　元

年份	50 亩以下	50 ～ 100 亩	100 ～ 500 亩	500 ～ 1000 亩	1000 亩以上
2009	4477	9332	22480	25836	81667
2010	4232	15369	13147	18425	159796
2011	3756	6305	12251	5046	304000
2012	5522	9182	25498	8836	139726
2013	5752	7963	15728	21330	850000
2014	11157	13177	15322	95420	312733
2015	4366	11442	17005	10254	345530
2016	5255	13531	23516	121218	517182

2. 集体林区林农的规模化经营效益逐渐体现

表6-11显示不同经营规模农户单位面积林地收入规律与林地总收入规律存在较大差异。2009－2012年，林地面积50亩以下农户单位林地面积收入远高于其他类型农户，而

2013－2015年，林地面积1000亩以上农户的单位面积林地收入最高，2014年起，林地规模500～1000亩的农户单位面积林地收入也有了显著增加。

表6-11 不同经营规模林农平均每亩林业收入变化情况

元/亩

年份	50亩以下	50～100亩	100～500亩	500～1000亩	1000亩以上
2009	368	144	102	49	28
2010	266	233	87	33	149
2011	138	73	47	8	129
2012	312	138	114	17	120
2013	367	114	101	35	525
2014	209	210	94	187	231
2015	192	165	90	166	198
2016	232	174	128	197	153

3. 不同经营规模农户林业收入结构分化现象明显

表6-12显示：林地面积越小，涉林打工在林业收入中占有更加重要的地位；而林地面积较大（500亩以上农户）用材林所占比例较高，但总体上用材林收入都呈下降趋势；除了林地面积500～1000亩规模的农户，林下经济在其他林地面积农户中都具有较为重要的地位；竹林在所有经营规模农户中都是重要林业收入来源。

2016年，林地规模50亩以下农户林业收入主要来源是林下经济、竹林收入和涉林打工，分别占33.23%、29.78%和18.78%。从动态变化来看，农户林下经济收入并不稳定，仅在2013年和2016年约占三成，其余年份所占比例都非常低；而竹林一直是农户主要林业收入来源；涉林打工也是农户主要林业收入来源，仅在2013年和2014年两年所占比例较低；用材林收入所占比例逐渐下降。

2016年，林地规模50～100亩农户林业收入主要来源是与林地面积50亩以下农户较为相似，也是林下经济、竹林收入和涉林打工，并且林地面积50～100亩农户林下经济收入所占比例更高，为47.58%。并且，这3种收入来源变化规律与林地面积50亩以下农户的变化也相似。

2016年，林地面积100～500亩农户林业收入主要来源是竹林收入和林下经济，分别占36.24%和34.84%。并且这两种林业收入来源变化规律与上述农户类型的变化较为相似。林地面积100～500亩农户与上述农户的区别在于，前者用材林在收入中占比高于后者。

2016年，林地面积500～1000亩农户林业收入的主要来源是竹林和用材林，分别占42.00%和40.50%，而林下经济所占比例偏低，仅有0.19%。与2009年相比，用材林收入所占比例呈增长趋势，竹林在农户林业收入中一直占较大比例。

2016年，林地面积1000亩以上农户林业收入主要来源是林下经济和竹林，分别占38.67%和27.03%。从动态变化来看，用材林在农户林业收入中也占有一定比例，但具有较大起伏，并且对于1000亩以上林业大户，林下经济在近两年才有所发展。

表 6-12　不同经营规模林农林业收入结构变化情况　%

类型	年份	用材林	竹林	经济林	林下经济	涉林打工	财产性	转移性	其他
50 亩以下	2009	27.12	24.99	11.88	4.89	26.87	0.22	1.14	2.88
	2010	6.57	25.00	19.81	4.51	22.03	9.45	0.54	7.66
	2011	24.02	31.90	23.86	0.59	14.78	0.16	0.51	4.18
	2012	21.56	33.59	18.03	4.24	10.25	2.59	2.73	7.01
	2013	8.40	25.61	24.69	30.35	4.57	0.71	4.59	1.08
	2014	1.83	17.07	5.99	0.23	1.25	0.14	14.53	58.96
	2015	1.40	48.36	15.53	5.56	17.40	0.37	9.82	1.56
	2016	1.85	29.78	8.18	33.23	18.78	3.92	2.80	1.46
50 ~ 100 亩	2009	27.00	43.59	3.58	1.44	20.20	0.98	2.12	1.10
	2010	9.17	21.18	45.04	0.14	6.99	0.47	1.69	15.32
	2011	13.89	39.81	15.62	8.74	13.12	0.21	1.54	7.07
	2012	13.00	42.75	8.06	20.90	10.06	0.05	3.00	2.18
	2013	19.21	24.49	6.86	6.54	28.07	0.19	4.62	10.02
	2014	4.17	30.06	6.47	0.00	0.35	6.31	29.09	23.55
	2015	0.33	51.45	10.71	23.45	0.50	6.66	6.90	0.00
	2016	0.00	26.86	2.24	47.58	12.07	0.00	11.25	0.00
100 ~ 500 亩	2009	57.10	30.77	0.25	0.99	5.95	1.31	1.40	2.23
	2010	22.46	45.25	5.80	1.32	13.87	2.15	2.07	7.08
	2011	28.02	36.81	12.53	5.54	3.62	2.63	8.60	2.25
	2012	59.44	18.29	2.19	1.33	7.35	4.62	2.42	4.36
	2013	38.58	32.11	2.40	11.16	7.67	0.56	6.09	1.43
	2014	11.31	40.90	6.79	0.35	0.54	0.00	22.57	17.54
	2015	10.23	54.69	3.77	18.51	2.10	4.31	6.27	0.12
	2016	8.56	36.24	0.69	34.84	6.42	0.03	5.21	8.01
500 ~ 1000 亩	2009	7.74	32.80	0.00	2.11	2.11	0.00	41.17	14.07
	2010	4.13	58.15	3.80	0.00	4.88	26.87	2.17	0.00
	2011	9.30	32.20	0.00	0.00	31.43	24.00	3.07	0.00
	2012	12.03	87.00	0.00	0.00	0.00	0.00	0.97	0.00
	2013	23.44	7.74	28.13	0.00	0.00	3.75	10.69	26.25
	2014	77.85	14.82	0.08	0.00	0.00	0.45	6.80	0.00
	2015	29.87	30.84	22.52	5.40	3.00	3.00	5.37	0.00
	2016	40.50	42.00	3.00	0.19	4.86	0.00	9.30	0.15
1000 亩以上	2009	73.47	26.53	0.00	0.00	0.00	0.00	0.00	0.00
	2010	31.29	50.06	17.21	0.00	0.00	0.00	1.44	0.00
	2011	39.91	60.09	0.00	0.00	0.00	0.00	0.00	0.00
	2012	0.00	95.43	0.00	0.00	0.00	0.00	4.57	0.00
	2013	61.18	37.06	0.00	0.00	0.00	0.00	1.76	0.00
	2014	0.00	6.39	86.34	0.00	0.00	0.00	0.86	6.41
	2015	34.19	29.11	0.00	35.16	0.00	0.00	1.54	0.00
	2016	4.83	27.03	0.00	38.67	0.00	0.00	10.13	19.34

（二）不同经营方式林农林业收入比较

1. 公司林场和股份合作制林场林业产值比较大

表6-13显示，家庭林场和股份合作经营林场的林业产值高于联户林农和一般林农。2013年家庭林场出现后，林业经营收益快速增长，但由于公司林场和股份合作林场规模

表 6-13　不同经营方式林农林业收入变化情况　　元

年份	一般林农	联户林农	家庭林场	公司林场	股份合作
2009	9576	8512	—	—	18721
2010	9780	10719	—	—	13078
2011	7041	6666	—	—	22201
2012	10404	30944	—	—	13789
2013	8656	10430	7033	—	51691
2014	14678	17933	30300	—	27440
2015	9259	21371	28241	231522	37568
2016	11619	17382	34370	784825	70130

注明："—"表示无相关数据。

比较大，年林业产值处于前列。

2. 一般林农、联户林农和股份合作林农的单位面积林业收入比较稳定

表6-14显示，一般林农、联户和股份合作林农单位面积林业收入较为稳定，但家庭林场单位面积林业收入比较低。而公司林场和股份合作制林场由于规模经营效益，单位面积林业收入远高于其他类型农户。

表 6-14　不同经营方式林农单位面积林业收入变化情况　　元 / 亩

年份	一般林农	联户林农	家庭林场	公司林场	股份合作
2009	242	257	—	—	244
2010	215	177	—	—	204
2011	81	59	—	—	210
2012	213	162	—	—	244
2013	205	392	127	—	235
2014	504	68	20	—	209
2015	138	117	82	476	236
2016	151	223	184	420	562

注明："—"表示无相关数据。

3. 不同经营方式农户林业收入结构差异明显

监测表6-15显示：①一般林农和联户林业收入主要为林下经济、竹林、涉林打工和转移性收入。2016年，一般林农各项收入分别占38.08%、29.31%、10.02%和9.57%。从动态变化来看，一般林农的用材林收入比例逐渐降低，从2009年的林业收入首位（占47.76%）降到2016年的第五位（仅为8.69%）；竹林收入虽然呈起伏变化，但其比例一直保持在较高水平；经济林收入比例逐渐降低，2010年占25.68%，2016年仅有2.83%；涉林打工收入并不稳定；财产性收入所占比例一直较低；转移性收入有所增加，也成了林农重要的林业收入来源。而联户经营林农收入结构与一般林农较为类似，其主要林业收入也是竹林、林下经济、涉林打工和转移性收入。但是从动态变化来看，联户经营林业收入结构变化与一般林农差异在于：联户经营农户用材林收入具有较大起伏变化，并且所占比例较高；联户林农竹林收入比例总体都低于一般林农；联户林农经济林变化具有较大起伏。②开展家庭林场和公司林场农户林业收入结构专业化程度较高。对于家庭林场而言，2013年，其林业收入主要为经济林和涉林打工，分别占75.83%和22.75%；

2014—2016年，家庭林场农户林业收入主要为竹林，分别占99.01%、87.16%和69.14%；公司林场2015年林业收入主要为竹林和经济林，分别占66.52%和21.59%；2016年，公司林场中竹林收入占66.90%，其次是林下经济，占31.90%。③股份合作经营林农主要林业收入为竹林收入，但其专业化程度和林场制经营农户相比较较低。从动态变化来看，股份合作经营农户用材林收入具有较大起伏，在林业收入中所占比例呈减少趋势；竹林收入在林业收入中一直占有较大比例；林下经济在近两年才有了较大发展。

表 6-15 不同经营方式林农林业收入结构变化情况 %

类型	年份	用材林	竹林	经济林	林下经济	涉林打工	财产性	转移性	其他
一般林农	2009	47.76	28.81	3.52	1.21	13.91	0.12	3.08	1.59
	2010	8.31	39.59	25.68	2.27	8.67	2.64	1.43	11.41
	2011	24.41	36.22	12.60	6.26	9.09	1.82	6.21	3.39
	2012	27.39	35.90	9.20	7.10	10.86	3.39	2.93	3.23
	2013	29.89	24.93	9.55	17.35	9.23	0.65	5.07	3.33
	2014	13.00	23.79	6.21	0.13	0.75	1.55	20.34	34.23
	2015	6.12	38.69	9.58	30.39	5.70	2.33	7.16	0.03
	2016	8.69	29.31	2.83	38.08	10.02	0.26	9.57	1.24
联户林农	2009	35.12	22.80	6.16	5.22	21.33	2.64	3.16	3.57
	2010	37.15	25.18	9.03	0.38	13.10	7.10	1.49	6.57
	2011	27.75	33.81	26.85	0.00	9.49	0.32	1.11	0.67
	2012	76.24	9.98	0.79	0.12	0.25	1.96	1.96	8.70
	2013	23.83	21.41	14.56	18.98	4.63	0.00	8.37	8.22
	2014	9.40	15.39	71.61	0.93	0.00	0.00	1.01	1.66
	2015	56.82	19.32	8.56	6.85	3.06	0.00	5.39	0.00
	2016	0.15	33.83	2.59	26.52	15.27	0.00	9.40	12.24
家庭林场	2013	1.42	0.00	75.83	0.00	22.75	0.00	0.00	0.00
	2014	0.00	99.01	0.00	0.00	0.00	0.00	0.99	0.00
	2015	0.00	87.16	0.00	7.08	0.61	2.36	2.79	0.00
	2016	0.00	69.14	1.49	5.22	7.95	5.47	10.73	0.00
公司林场	2015	0.00	66.52	21.59	0.00	0.00	8.64	3.25	0.00
	2016	0.00	66.90	0.00	31.85	0.00	0.00	1.25	0.00
股份合作	2009	33.76	45.21	1.39	1.54	4.89	1.36	6.79	5.06
	2010	7.73	42.80	25.16	0.00	19.74	2.27	2.30	0.00
	2011	33.15	54.03	7.96	0.00	1.15	0.85	0.24	2.62
	2012	32.08	49.42	0.82	3.13	7.25	4.30	3.00	0.00
	2013	44.83	39.30	3.26	0.42	6.38	0.35	3.37	2.09
	2014	0.13	40.52	39.76	0.00	0.23	0.38	8.82	10.16
	2015	19.99	51.12	7.64	8.89	1.90	4.75	4.89	0.82
	2016	12.79	35.63	0.97	28.33	1.89	0.89	4.90	14.60

（三）不同林业收入规模林农林业收入比较

1. 规模经营林农的林业经营收益比较高

表6-16和表6-17显示，农户整体林业收入增长主要是高收入组农户林业收入引起的，并且高收入组农户单位面积林业收入明显高于低收入组农户。林业收入为20000元以上农户林业收入均值有明显的增长趋势，而其他林业收入组农户林业收入均值没有较大变化。

表 6-16 不同林业收入规模林农林业收入均值变化情况

元

年份	2000 元以下	2000 ~ 5000 元	5000 ~ 10000 元	10000 ~ 20000 元	20000 元以上
2009	248	2914	7076	12508	55230
2010	263	3134	6626	13869	59896
2011	164	3342	6932	12767	56590
2012	366	3105	6874	13507	71625
2013	252	3356	6974	13370	79272
2014	190	3506	6681	12342	70241
2015	239	3247	6759	13228	97520
2016	299	3159	6938	13893	116846

表 6-17 不同林业收入规模林农单位面积林业收入变化情况

元 / 亩

年份	2000 元以下	2000 ~ 5000 元	5000 ~ 10000 元	10000 ~ 20000 元	20000 元以上
2009	22	124	475	409	757
2010	22	71	277	529	726
2011	6	123	89	169	723
2012	27	192	221	284	782
2013	18	104	231	230	1150
2014	6	124	112	238	2065
2015	13	152	136	254	732
2016	16	85	152	447	828

2. 低林业收入组和高林业收入组的林业收入结构差异主要在于林下经济

2016年，林业收入2000元以下农户林业收入主要为转移性收入、经济林收入和竹林收入，分别占52.00%、29.33%和10.67%。从动态变化趋势来看，其转移性收入呈稳定上升趋势，经济林收入呈起伏变化，但从2014年开始比例有所回升，竹林收入比例逐渐下降。

2016年，林业收入为2000～5000元的农户林业收入主要来源是经济林、转移性收入、竹林收入，并且林下经济收入也占有一定比例。从动态变化来看，其用材林收入所占比例逐渐减少，2009年用材林收入占27.58%，而2016年下降到2.00%；竹林收入一直占较大比例，仅在2016年有所下降；经济林收入所占比例有上升趋势；林下经济收入具有较大起伏。

2016年，林业收入为5000～10000元的农户林业收入主要来源于竹林收入、转移性收入和林下经济收入，其比例分别为53.32%、21.74%和9.61%。从动态变化来看，与林业收入2000～5000元农户相似，用材林收入比例逐渐下降；竹林收入一直都占较大比例；经济林收入并不稳定，其比例最高是2012年的26.82%、比例最低仅有4.07%（2009年），林下经济收入有上升的趋势。

2016年，林业收入为10000～20000元的农户林业收入主要来源是竹林收入、涉林打工和林下经济收入，其比例分别为35.76%、21.74%和19.17%。从动态变化来看，与上述几种类型农户规律相似，用材林收入比例逐渐下降，竹林收入一直都占较大比例，同时经济林收入也并不稳定，林下经济收入有上升的趋势。而涉林打工收入呈“U型”曲线变化，这与竹林收入变化规律刚好相反，这可能是由于当农户竹林采伐较少时，会更多从事涉林打工。

2016年，林业收入为20000元以上农户林业收入主要来源是林下经济和竹林收入，其比例分别为35.38%和31.86%。其竹林收入一直占有较大比例，而林下经济近两年才开始有了较大增长。

表 6-18 不同收入规模林农林业收入结构变化情况 %

类型	年份	用材林	竹林	经济林	林下经济	涉林打工	财产性	转移性	其他
2000 元以下	2009	19.35	30.65	8.06	4.44	1.61	1.21	17.74	16.94
	2010	1.14	22.05	34.22	3.04	8.75	5.71	21.67	3.42
	2011	11.66	42.95	19.63	3.68	7.36	1.23	11.04	2.45
	2012	3.53	16.30	36.41	2.45	4.35	2.45	34.24	0.27
	2013	6.74	15.08	15.48	3.97	1.59	5.16	50.00	1.98
	2014	6.25	30.73	14.06	0.00	0.00	4.69	41.67	2.60
	2015	0.00	21.25	22.50	1.67	2.08	2.50	48.75	1.25
	2016	0.00	10.67	29.33	4.67	0.00	3.33	52.00	0.00
2000 ~ 5000 元	2009	27.58	39.25	3.64	10.63	7.92	0.00	6.35	4.63
	2010	21.31	37.65	15.19	1.82	9.16	5.55	4.85	4.47
	2011	17.05	49.93	12.41	0.00	6.22	4.97	6.25	3.17
	2012	14.42	33.58	30.71	3.41	2.90	0.81	12.56	1.60
	2013	7.98	30.72	19.40	13.62	1.58	0.51	22.59	3.60
	2014	7.64	47.29	22.68	0.00	0.00	0.00	16.74	5.65
	2015	3.42	44.50	19.43	7.42	9.12	1.14	14.97	0.00
	2016	2.00	20.80	30.05	11.50	7.03	0.00	26.69	1.93
5000 ~ 10000 元	2009	34.87	39.93	4.07	2.97	8.42	0.71	3.05	5.98
	2010	13.54	49.82	14.35	2.57	14.83	0.65	2.44	1.80
	2011	14.04	56.15	8.69	5.01	7.50	0.30	7.13	1.18
	2012	19.77	34.86	26.82	0.76	4.26	0.00	4.76	8.77
	2013	20.36	42.12	4.43	5.83	6.32	1.89	14.08	4.97
	2014	11.55	45.79	25.37	1.66	1.14	0.00	7.92	6.57
	2015	1.48	53.88	7.35	11.72	4.98	0.00	20.44	0.15
	2016	1.66	53.32	6.80	9.61	5.52	0.00	21.74	1.35
10000 ~ 20000 元	2009	31.72	38.63	3.84	4.51	17.48	1.20	2.20	0.42
	2010	14.83	40.65	5.01	0.46	24.98	1.95	3.94	8.18
	2011	14.13	47.45	14.15	5.55	14.32	3.90	0.50	0.00
	2012	16.12	54.83	8.13	6.99	6.65	0.18	5.69	1.41
	2013	15.17	52.66	3.56	7.55	8.31	2.63	7.50	2.62
	2014	5.92	63.47	4.72	2.16	0.45	1.24	6.21	15.83
	2015	2.23	54.67	12.51	14.81	4.05	1.72	7.43	2.58
	2016	2.71	35.76	3.31	19.17	21.74	2.06	12.00	3.25
20000 元以上	2009	46.18	29.50	3.13	0.82	12.73	0.83	4.22	2.59
	2010	16.32	33.96	25.12	1.42	8.78	4.35	0.50	9.55
	2011	32.19	37.68	12.49	3.66	5.23	0.80	4.23	3.72
	2012	47.91	26.64	2.31	5.00	8.60	4.04	0.96	4.54
	2013	41.13	26.01	7.79	11.71	8.38	0.00	1.94	3.04
	2014	11.54	20.99	15.14	0.00	0.63	1.36	18.22	32.12
	2015	18.02	42.99	8.48	19.55	3.41	3.52	3.99	0.04
	2016	10.71	31.86	0.79	35.38	6.26	0.43	5.99	8.58

三、集体林区林农林业收入影响因素分析

集体林权制度改革使农户成为林业生产经营的决策主体，完善了农村基本经营制度，极大地调动了农户发展林业产业的积极性，林业收入有了显著的增长。从上述分析可看出，在这一过程中，不同农户之间的林业收入存在显著差异，农户分化现象日趋明显。根据调查获取的信息以及样本农户林业收入影响因素实证分析（模型构建和结果参见附件）可知，影响农户林业增收的因素主要有以下几个方面。

（一）林农资源禀赋对林业收入有显著影响

1. 林农林地规模经营对林业收入有着决定性作用

项目组模型分析显示，林地面积与农户林业收入呈显著正相关关系，林地块数与农户林业收入负相关。也就是说在控制农户林地块数和其他因素不变的情况下，农户林地面积越大，林业收入也会有随着林地总面积的扩大而呈现显著上升的趋势。这与上文中对不同林地规模农户的收入比较结果也相一致。

2. 林农林地经营投入对林业收入具有显著促进作用，而农户林地经营投入不足

实证分析显示，农户林地经营投入与农户林业收入呈显著正相关关系。然而林农林地经营投入比例并不高，尤其是资金投入的比例偏低。监测显示，2016年，没有进行任何林业投入的农户有123户，占有林地农户样本的24.80%，林农在林地经营当中，有劳动力投入的农户有373户，占75.20%，有资金投入的农户仅有98户，占19.76%，。农户资金投入比例低的原因主要有两方面因素。从主观层面来看，户主的年龄偏大和教育程度不高限制了农户林地经营投入；从客观层面来看，部分林地产权不清，消减农户资金投入积极性（参见《2016年江西集体林地生产经营限制性因素专题报告》）；同时，林业经营借贷难现象普遍存在，不利于林农扩大林业资金投入。调查显示，样本林区农户林权抵押贷款行为所占比例较小，2016年，获得过林权抵押贷款的农户仅有16户，仅占样本3.18%；然而农户家庭对林权抵押贷款的潜在信贷需求旺盛，2016年有林权抵押贷款需求的农户占13.92%。有林权抵押贷款需求的农户当中，申请了贷款并获得成功的仅占21.43%。农户没有贷款的原因主要是因为贷款条件太高以及太花时间，分别占36.37%和18.18%（图6-8）。此外，金融机构贷款供给对象呈现“趋富弃贫”的倾向，林业企业

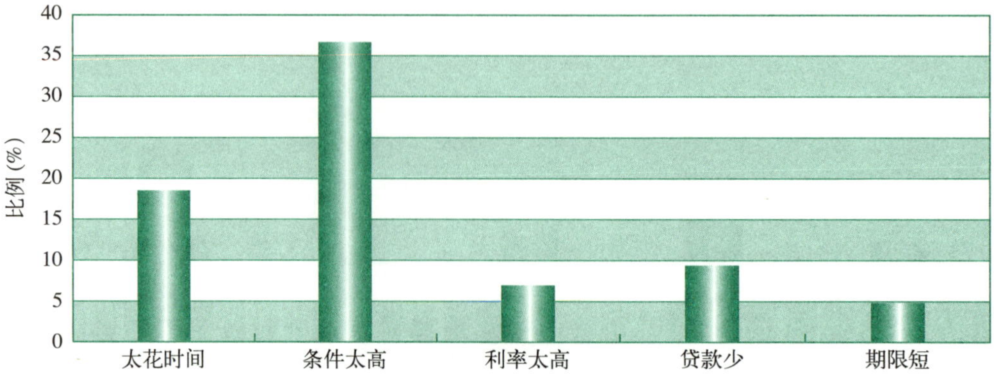

图 6-8　农户没有申请贷款的原因

以及林业大户拥有较大的优势，获得了较大规模的贷款，这也是现实中大部分一般农户的信贷需求未得到满足的原因之一。

3. 林区劳动力素质对林业经营投入有显著影响，而由于林区农村优质劳动力外流程度高，优质劳动力短缺限制了林区林业经营发展

实证分析也显示外出劳动力数量对农户林业收入具有显著负向影响。外出劳动力主要是受教育程度较高的青壮年，并且大部分为男性。江西50个样本村的村级监测数据显示，2016年，外出务工人数占劳动力总数的55.02%。劳动力大量外流，不仅使林业劳动力供给受限，更为严峻的是林农主要为留守村民，整体年龄偏大，并且林农受教育程度不高，接受新事物能力较弱。监测数据显示，样本林农户主平均年龄为56岁，其受教育程度总体较低，其中受教育程度为小学及以下的占35.39%，初中的占43.34%，而高中及以上的仅占21.27%。另一方面，村级监测数据显示，返乡就业的劳动力比例较低，2016年仅占外出劳动力2.38%，而返乡就业中从事林业的仅有9.03%。劳动力外流比例高，返乡比例低使得林农整体素质不高的事实又更加严峻。由这引起的认知观念的制约、落后观念的制约、无技术支撑发展的制约对林农增收产生许多负面影响。

尽管实证分析中户主年龄、受教育程度以及村干部经历对林业收入影响并不显著。这似乎与事实不符，但是，调研中我们也发现，年轻，受教育程度高、有村干部经历的户主会具有更好的经营能力，生产经营能力越强的农户其生产投入越高，从而影响林业收入。另一方面，生产经营能力强的农户可能并没有进行林业生产，或林业生产不是其经营的主要部分，而在其他非林产业生产经营方面获取较多收入，这也说明了林业生产经营的收益率相对较低。第三，由于林业生产周期长的特点，经营能力强的农户考虑的可能是长期的收益，其林业生产还处于投入阶段。

（二）新型林业经营主体发育不成熟，林业收入增长不稳定

1. 集体林区林业大户少，带动普通农户增收效果较弱

村级监测调查显示，样本村中仅有14个村有林业大户，仅占样本村比例的18%；林业大户共有44户，仅占样本农户的0.21%，并且大部分林业大户林业经营效果一般，其示范带动作用有限。2016年，样本农户仍以单户经营为主，占83.7%。这一类农户当中，林下经济增收的效果并不均衡。监测数据显示，2016年监测农户林下经济收入均值达6471元，占林业收入比例达32.92%，林下经济增收作用明显，但林下经济收益主要集中在少数农户当中，对一般农户增收不明显。农户林下经济收入10000元以上的有22户，占农户样本总数4.37%。而这4.37%的农户林下经济收入占总样本林下经济收入的96.14%。这主要是由于监测区林下经济开展较好的项目主要是林下养殖、森林景观利用。这一类项目前期需要较大资金、技术支撑，普通农户往往缺乏相关资金、技术来源。普通农户林下经济项目通常为林产品采集（竹笋、粽叶等），对劳动用工需求较大，而农户通常为单户经营，未形成有效组织和规模经营，出售的产品也全部为初级产品，在普通林农增收当中发挥的作用较弱。

2. 林业合作社发展缓慢，难以带动农户获得林业经营的规模效益

村级监测调查显示，2016年，有18个村有林业专业合作社，仅占样本村比例的

36%，入社农户有1180户，仅占农户数量5.63%；尽管和往年相比林业专业合作社的数量和参与农户数有了一定增长，但是其比例仍然偏低，并且，调研区的林业专业合作组织大部分是林农的联合体，没有很强的政策保障及政府支撑，资金、技术和管理能力都相对较弱，使得其在林业生产经营活动中未能有效发挥其应有的“专业合作”职能，从而导致农民经营林地的市场意识落后、产品标准化低、市场竞争力弱、林业规模经济不明显等问题难以解决，从而不利于现代市场林业的发展。

（三）林产品附加值低，制约了林区农户林业收入可持续增长

从县级层面林业产业发展来看，林业产业结构仍以第一产业为主，林业第二产业和第三产业发展不足，缺乏林产品深加工和林产品品牌。以毛竹为例，监测农户毛竹面积22129亩，占林地面积38.01%，在林地类型中排在第一位，具有丰富的毛竹资源。然而从监测期来看，竹林收入在农户林业收入中占比并未有明显增长。究其原因，是由于林产品，如毛竹、竹笋等主要都是以直接销售原材料为主，缺乏产品的深加工利用，产品附加值低。调研显示，由于毛竹价格低廉（8～10元一根），而毛竹采伐成本较高，因而林农毛竹采伐积极性较低，很多农户都是以5～10元一根甚至更加低廉的价格承包给别人采伐，不仅不利于林农增收，也极大影响了林农营林积极性。

（四）林业支持政策对林农林业收入有显著影响

1. 林业补贴政策能有效促进农户林业增收，但林业支持政策宣传不到位

林农林业收入结构分析显示，林业转移性收入是林业收入的一项重要来源，尤其对于低林业收入的农户，2016年，在林业收入2000元以下的农户当中，转移性收入占林业收入的52.00%；另一方面，林业政策性补贴对农户参与林业经营的积极性有较大促进作用，如造林补贴、林下经济补贴等。但是，相关林业补贴政策的宣传和开展力度有限，除了公益林补贴和造林补贴政策，农户对其他林业补贴政策并不熟悉，51.29%的受访者表示并不知道抚育补贴政策，65.81%的受访者表示不知道林下经济补贴政策。

2. 林业科技服务供需不对应，林农林业增收受到技术制约

模型分析显示，农户参与林业科技培训与林业收入呈显著正相关关系，而林业科技培训的供需不对应，利农增收动力不足。调查显示，监测样本农户中，68.19%的农户表示需要林业科技服务，并且非常需要林业科技服务的占48.11%。而实际受过林业科技服务或培训的仅占25.25%。反映了林业科技服务的供需缺口较大。林业技术培训需求方面，排在前三位的为：病虫害防治、造林和林下种植，分别占33.60%、18.09%和13.52%。另一方面，从农户林地类型来看，林农经济林占有一定比例，然而，林农林业收入结构中，经济林所占的比例较低，并且近几年逐渐减少，主要的原因就是相关种植技术的缺乏。

（五）林区基础设施相对薄弱，对林农增收产生较大制约

计量模型分析显示，农户样本村到乡镇距离与农户林业收入呈负相关。也就是说，到乡镇距离越远，农户林业收入越低。这是因为到乡镇越远，林产品运输不便，并且受

乡镇、县级经济辐射也越弱。监测样本农户大多为偏远山区，样本村中到乡镇最远的有23千米，50个样本村到乡镇平均距离为7.32千米。另一方面，由于集体林区主要位于偏远山区，集体林区内的林业生产作业道、电网、电信网络、三防设施等比较缺乏，林业基础设施相对薄弱。监测显示：2016年，66.8%的农户表示林区道路不能够满足林业生产需要；76.54%的农户表示林区通电情况不能够满足生产需要；只有37.57%的农户表示林区通网情况较好。

提高集体林区林农林业收入的对策建议

一、建立乡村级林地服务中介组织，规范集体林地流转以推进林地的适度规模经营

研究显示推进林地的适度规模经营有利于林农增收。在乡镇和村级层面建立林地服务中介组织，规范和创新林地流转模式，引导集体林区林地流转走上健康和良性轨道。一方面，监测显示，农户普遍对村集体和村小组较为信赖，尽管农户林地流转意愿低，但对于村集体和村小组统一组织的流转，农户的接受程度比较高。因而，在乡镇和村级建立林地服务中介组织，更贴近农民和村集体，有利于规范林地流转和提高流转效率。另一方面，推动乡村林地中介服务市场的形成，一是要求管理部门逐步淡化中介服务角色，二是需要管理部门引导规范和帮助中介服务组织的发育。

二、创新科技兴林服务模式，提升林农资源经营能力

调研显示，受教育程度更高的林农，其林业经营效果也更好。因此，要大力加强农村人力资本投入和林业科技服务，提高农民的科学文化素质，培养出有知识、懂技术和会经营的新型农民。

提高集体林区林业经营者科技素质和科技服务水平，江西有三点经验值得借鉴：一是把集体林区人才培养纳入到江西省“一村一名大学生工程”。一村一名大学生生源来自农村基层的干部和年轻人，毕业后回到本地从事乡村管理和现代农林业经营，是留得住的大学生。二是要提高农村科技培训的实用性和针对性。对广大农户进行定期和不定期的专业技能及实用技术的培训，提高农民自身觉悟和受教育水平。需要注意的是，在加大对林农林业技术需求的培训时，培训内容和培训形式的选取一定要切合林业发展实际，同时，在集体林区开展相关培训要注重女性劳动力参与度。第三，建立和实施集体林区林业科技特派团服务制度。2014年以来，江西省实施的科技特派团富民强县工程，在科技服务和精准扶贫方面取得了很好的效果。科技特派团制度要与当地林业发展需求相对接，特别是对林业专业大户、林业合作社和林业企业要建立林业科技特派员制度，让林业科技能真正服务林业经济发展。

三、重点支持林业龙头企业，大力发展林产品加工业

现代林业的发展需要全产业链经营，林业龙头企业从事林产品加工业，不但可以支持集体林区区域经济的发展，而且通过“龙头企业+合作社+农户”的模式带动林业全产链发展，帮助林区农户致富。因此，集体林区要面向市场，结合区域林业资源优势，确立林业主导产业，建立相关林业生产基地和培育大型龙头企业，引导农民调整林业经济结构，把农户林业经营纳入龙头企业的产业链。要形成对重点林业龙头企业的支持就是对现代林业的支持政策理念，主要建议：一是林业龙头企业在融资、税收、项目、用地等方面可享受农业龙头企业同等待遇；二是支持林业龙头企业与当地林业专业合作社合作，建立稳定的“企业+合作社+农户”合作利益关系，政府在财政项目、融资、税收、用地等方面向这类经营模式倾斜；三是支持林业龙头企业与高校科研院所的合作，提升企业的科技创新能力。集体林区林业龙头企业普遍存在科技创新能力不足、产品竞争力不强等问题，政府可双向引导校企合作，对校企合作的科研项目给予重点支持。

四、因地制宜发展林下经济，发展村集体经济带动农户增收致富

江西“林改第一村”武宁县的长水村在妥善保护自然生态、原居环境和历史文化遗存的前提下，合理利用资源，由村集体统一规划打造，全村农民共同参与发展乡村生态旅游，带动了全村林农增收致富。

江西各地林下经济发展尚在起步阶段，仅依靠农户的力量难以发展壮大，需要由政府推动，村集体经济组织或合作社主导，引导农户参与。一是强化政府行政推动。各级政府在集体林区开展精准扶贫和发展现代林业工作中，要依据各地资源禀赋和市场需求，选准林下经济的特色产业，并引导林业龙头企业或合作社进入，同时，制定相应的发展林下经济政策以引导农户参与。二是发挥村集体经济组织或合作社的主导作用。林下经济特色产业发展要与市场相对接，然而分散农户小规模经营林下经济难以形成有效的市场需求，林下经济发展需要区域集体统一的科学规划，统一标准、统一品牌，统一销售，形成区域的林下经济特色产业相对集聚的规模效应。三是引导农户广泛参与。林下经济的发展需要农户广泛参与以形成区域产业规模发展，各地要在技术、融资、示范、销售等方面制定相应激励制度引导农户参与。

五、加强对林业专业合作组织和林业大户的扶持力度，强化对林农增收的示范带动作用

由于林业专业合作组织的形成集结了大量利益相关的农户，增加了林农在林产品供给市场上的谈判地位，因此林业专业合作组织在对抗市场风险，降低交易成本，提高市场交易效率，增加林农收入等方面发挥着重要的作用。但是，江西调研区的林业专业

合作组织数量有限，并且大部分是林农的联合体，没有很强的政策保障及政府支撑，资金、技术和管理能力都相对较弱，使得其在林业生产经营活动中未能有效发挥其应有的“专业合作”性质。因此，政府应结合林区实际情况，对农户组建新的林业专业合作组织提供方向引导，在资金、技术支持等方面政策要给予扶持，以提高现代林业生产经营活动的效率。其次，林业专业合作组织的相关制度政策也需要尽快完善，以使得林业专业合作组织能有效集合组织内部的资金、劳动力、技术等多种资源信息，达到组织内林业生产增效的目标。第三，需要注意的是，目前广大农户对林业专业合作组织的认识不足，没有真正了解到合作组织为林农带来的切实利益，所以大都持观望和无所谓的态度，所以，政府应将林业专业合作组织的功能宣传到位，积极引导农户参与其中，切实享受到专业合作组织为林业经营带来的有关技术、市场、信息等方面的优势。

由于林业大户具有较强的示范效应，扶持林业大户有利于促进林农林业收入增加。政府应根据当地林业资源优势，因地制宜，依据“一村一品”的原则，每个村至少扶持一个林业大户，并对林业大户的林业发展方向进行引导，在林业大户自身资源优势基础上，给予资金、技术等方面的帮扶，使其成长壮大，成为本地林业经济的发展标杆，从而发挥更强的示范带动作用。

六、落实和完善各项惠林政策，为林业经济可持续发展和农民的持续增收奠定坚实的基础

一是优化林业金融支持政策。林业一直以来被视为天然弱势行业，具有生长周期长、成本回收慢等特点。林地经营需要大量的资金投入，在目前林权抵押贷款信贷交易市场上，资金需求的一方不仅有林业企业和林业大户，也有很大一部分小型农户家庭，相比于林业企业，小型农户获取资金的难度更大、渠道更少、能力更小，因而在金融支持上可适当向小型农户倾斜。另一方面鼓励林农改善在林业金融体系中的弱势地位，如通过组建行业协会、地区协会来摆脱单打独斗的局面，加大集群效应和参与金融机构的协商能力。

二是优化林业财政补贴政策。我国目前实施的造林补贴、林木良种补贴和中幼林抚育补贴和低产低效林改造补贴方案较为科学，但是补贴范围和对象有限，每个地区补贴总金额总体表现不高，一般林农很难获得补贴。发达国家把直接补贴措施作为补贴和支持林业的基础性措施，如美国、德国目前直接补贴支持占林业经营者补贴的20%左右，日本占70%以上，实践中对林产品和生态建设产生了显著的激励作用。现阶段我国林业的重要任务是确保林产品供给和生态建设，应将林业补贴以直接补贴为基础，并建立适合我国国情林情的综合性长期补贴制度。为鼓励林农造林，开展森林抚育，建议给予林农营造林奖励政策。同时，需要进一步增加补贴力度、扩大补贴范围，并扩大抚育补贴的对象，增加收益群体规模和范围，提高经营者投入林业的热情和生产经营的积极性、主动性，达到更进一步降低林农林地生产经营负担水平。

三是改善集体林区基础设施。当前，集体林区林业基础设施相对薄弱，而林业的生态作用和带领农民脱贫致富的作用却不断增强。所以，公共财政应当不断增加对林业

基础设施的投入，以积极利用集体林业存在的正外部性和开发其潜在的巨大经济效益。所以，要优化资源配置，区别不同的投资领域，并运用市场机制进行产业配置，以改变有限涉农资金盲目投入的做法。第一，继续农村道路交通、邮电通信等方面的网络建设，创造方便的交通运输和信息利用条件，达到提高林农对市场反应能力的目的；同时降低经营成本，增强林区生产产品的市场竞争能力。第二，加快林业信息化建设水平，改变乡村是现代化信息网上的盲点的局面，使之成为林业信息网络建设的重点和亮点。而且要根本改变农村信息利用率低、服务对象偏离生产者的倾向，使林业信息的受益人由目前的管理者阶层向生产者和经营阶层转变。各个涉林业部门的纵向信息网也要加强横向交流。充分利用现有媒体对林业信息的扩散作用，以促进林区林农林业收入。

四是结合区域条件逐渐放开木材采伐限额管理制度。调研中不少农户表示林木限额采伐政策过于严格，并且采伐指标难于申请，很多林地已经过了采伐年限却无法申请到采伐指标。从本文分析结果来看，农户林业收入逐渐多元化，用材林已不是主要林业收入来源，从农户林地经营的态度和积极性来看，即便放开林木采伐限额管理制度，也并不会造成乱砍滥伐，因而政府可以逐步赋予林农木材自主采伐权利，进一步降低对林木采伐的限制。

附件：江西集体林区林农林业收入影响因素实证分析模型构建及主要结果

监测所显示，实际中不同农户林业收入存在较大差异。本专题将从多方面对林业投入规模的影响因素进行综合分析，设置模型如下：

$$Y=b_0+b_1x_1+b_2x_2+\cdots+b_nx_n+u \quad (1)$$

式中：Y表示农户林业收入；自变量x表示影响农户林业收入的因素，b_0，b_1，…，b_n为自变量x和因变量y的正相关或负相关关系系数；u为随机误差项。

自变量的选取遵循全面性、重点性、科学性、可获得性和相关性原则。在综述前人研究的基础上结合监测调研实际，模型设置中将自变量分为4组（表6-19）。

林农资源禀赋特征。主要包括林地资源特征（林地块数、林地面积）、农户劳动力资源特征（农户劳动力、外出劳动力）、林业投入和户主特征（年龄、教育和村干部经历）。

市场因素。采用林业企业、林业产值以及林业产业发展3个指标来表示。

政策因素。林改后林农户成为集体林区新的林业经营主体，政府为巩固和深化林改成果、维护林农利益，实施了一系列的林改配套政策。根据政府林改配套政策推进方向选择林农户对配套政策主观评价和参与度的指标：林业科技培训、林业合作社。

其他因素。除上述因素外，林农林业收入还会受地理位置和林区基础设施的影响，主要选取了到乡镇距离和林区道路2个指标。

表 6-19 变量界定

变 量	变量说明
1. 林农资源禀赋	
林地块数	农户林地块数（块）
林地面积	农户林地面积（公顷）
家庭劳动力	家庭劳动力数量（人）
外出劳动力	外出打工劳动力数量（人）
林业投入	农户林业投入，包括资金和劳动力投入（元）
年龄	户主年龄（岁）
教育	户主受教育程度，1= 小学及以下，2= 初中，3= 高中（中专），4= 大专及以上
村干部经历	户主是否有村干部经历，1= 有，0= 否
2. 市场因素	
林业企业	样本村是否有林业企业，1= 是，0= 否
林业产值	县人均林业产值（元）
林业产业发展	县林业二产三产比例（%）
3. 政策因素	
林业科技培训	是否接受过林业科技培训，1= 是，0= 否
林业合作社	是否加入林业合作社组织，1= 是，0= 否
4. 其他因素	
到乡镇距离	农户到乡镇距离（千米）
林区道路	林区道路是否能满足生产需要，1= 不能满足，2= 一般，3= 能满足

本专题报告结合 STATA11.0 软件，采用 Tobit 模型分析林业收入的影响因素。实证结果如表 6-20 所示。

表 6-20 农户林业收入主要影响因素 Tobit 模型实证结果

变 量	系 数	Robust 标准误
1. 林农资源禀赋		
林地块数	−0.029	0.082
林地面积	0.019**	0.009
家庭劳动力	0.845***	0.257
外出劳动力	−0.887***	0.289
林业投入	0.690***	0.077
年龄	−0.010	0.026
教育	0.200	0.253
村干部经历	0.050	0.486
2. 市场因素		
林业企业	0.284*	0.169
林业产值	1.579	1.441
林业产业发展	1.466	2.044
3. 政策因素		
林业科技培训	1.560***	0.511
林业合作社	2.178***	0.597
4. 其他因素		
到乡镇距离	−0.097**	0.046
林区道路	0.221	0.286
截距项	4.858*	2.575
Sigma	4.690	0.216

注：*、**、*** 分别表示在 1%、5% 和 10% 的水平上显著，分析过程中对林业收入、林业投入、林业产值三个指标取对数处理。

林农户林业资金投入规模的影响因素：

（1）林农资源禀赋。林地面积、家庭劳动力数量、林业投入对农户林业收入具有显著正向影响，而外出劳动力数量对农户林业收入具有显著负向影响。

（2）市场因素。村林业企业发展对农户林业收入具有一定正向影响。

（3）政策因素。林业科技培训、林业合作社对农户林业收入都具有显著正向作用。

（4）其他要素。到乡镇距离对农户林业收入具有负向影响。

2016

集体林权制度改革监测报告

农户承包营林履责情况及激励机制研究报告

2017年3月29日，习近平总书记在听取国家林业局领导关于深化林业改革的专题汇报后强调，一定要认真总结集体林权制度改革的经验、深入研究集体林权制度改革后农户林地承包营林履责的情况与问题，把集体林权制度改革推向深入。

集体林权制度改革的终极目的，就是要通过“明晰产权、确权到户”，在把林地产权明确到户的同时把营林生产责任也明确到户，以此调动林农林业生产的积极性、推动林业发展。本轮集体林权制度改革自2005年福建、江西等省试点，到2009年在全国范围内的全面铺开，时至今日，已经历了轰轰烈烈的12年。12年后的今天，集体林权制度改革是否调动了林地承包农户的营林生产积极性、农户的营林履责情况如何、是否达到了预期目标、如何进一步提高农户营林履责的积极性等问题，既是党中央、国务院推动“绿色发展、绿色惠民”发展理念的工作基础，更是林地“三权分置”改革新形势下为促进林业发展亟待调查研究的问题。“农户承包营林履责情况及激励机制”研究，正是在这一背景下由国家林业局集体林权制度改革监测项目组提出、湖南项目组承担并展开调查研究的一项重要课题。

调查数据分析

“农户承包营林履责情况及激励机制”专项研究课题，主要以湖南省10个样本县50个样本村500个定点监测农户样本作为研究对象，通过问卷调查和深入访谈收集相关数据，旨在弄清农户林地承包营林履责基本情况，并在此基础上，深入分析农户营林履责行为影响的关键因素，通过理论分析提出提高农户承包营林履责行为积极性的激励措施与对策建议。

一、农户承包营林履责基本现状分析

农户林地承包营林履责，主要以农户对承包林地的造林、抚育和有效管护的具体情况进行分析和评价。本轮集体林权制度改革以后，林地已基本确权到户，农户家庭成为了集体林区营林生产的主体，农户对承包林地是否有效地进行了营林履责，是检验和评价集体林权制度改革工作成败的重要标尺。

（一）农户家庭承包营林履责的自我评价与分析

湖南省2007年开始、2010年基本完成了“明晰产权、承包到户”的集体林权制度改革。几年来，农户承包营林履责究竟做得怎样？课题组从4个方面设计调查问卷，让农户进行自我评价，数据整理结果见表7-1。

表 7-1 农户林地承包营林履责的自我评价

样本县	是否已全部造林		是否全部抚育		是否有效管护		是否有违规采伐	
	是	否	是	否	是	否	有	无
茶陵	41	9	27	23	37	13	0	50
衡阳	45	5	32	18	41	9	0	50
蓝山	47	3	37	13	48	2	0	50
平江	45	5	34	16	44	6	0	50
新邵	47	3	40	10	47	3	0	50
慈利	43	7	39	11	43	7	0	50
凤凰	47	3	37	13	47	3	0	50
会同	47	3	33	17	45	5	0	50
沅陵	48	2	36	14	44	6	0	50
花垣	44	6	35	15	47	3	0	50
合计	454	46	350	150	443	57	0	500
占比（%）	90.80	9.20	70.00	30.00	88.60	11.40	0.00	100.00

对于在承包地上是否全部造林的问题，90.80%的农户自认为自家能够造林的地方都已经全部造林，但有9.20%的农户反映由于各种原因尚无完全造林。农户未完全造林的缘由主要包括：①林地被火烧未获赔偿（11户，占23.91%）；②林地太过细碎（6户，占13.04%）；③立地条件太差（12户，占26.09%）；④太过偏远（7户，占15.22%）；⑤被集体统一转包出去了（8户，占17.39%）；⑥公祖山（坟地）不好造林（2户，占4.35%）。

对于中幼林是否及时抚育的问题，有70%的农户自认为该抚育的林地已经全部抚育，30%的农户自认为还存在有该抚育的林地尚未抚育。对于没有及时抚育的缘由，农户的解释为：①没时间（23户，占15.33%）；②没资金（28户，占18.67%）；③没劳动力（36户，24.00%）；④没收益（42户，占28.00%）；⑤反正已经封山育林了（13户，占8.67%）；⑥其他（8户，占5.33%）。

对于是否有效管护的问题，88.60%的农户自认为对承包林地进行了有效管护，11.40%的农户自认为还没有能有效地管护好林地。对于没能有效管护好林地，农户给出的解释包括：①林权证至今没能拿到手（17户，占39.82%）；②还存在林权纠纷（8户，占14.04%）；③林地有病虫害（9户，占15.79%）；④林地有被火烧（18户，31.58%）；⑤林木有被盗伐（3户，占5.26%）；⑥其他（2户，占3.51%）。

对于是否有违规采伐问题，无一样本户认为自家有问题(当然，其中3家农户的林木被盗伐的情况除外)。这就说明，一方面地方政府在执行限额采伐政策方面确实做了不少工作，政策执行到位；另一方面也说明，农户已经充分认识到了限额采伐的重要性，并已经能够在生产实践中自觉地贯彻执行。

（二）宜林地现状分析

1. 样本农户家庭现存宜林地情况

宜林地是衡量农户是否承包造林履责的重要指标。从农户层面的调查数据来看（表7-2），截至2016年底湖南省500个样本农户中有85户（占17%）家庭存在有宜林地，宜林地面积共计1555.4亩，占样本户林地总面积（27995.74亩）的5.56%。

表 7-2 样本农户家庭宜林地情况

样本县	有宜林地农户数（户）	近期打算造林农户数（户）	没打算造林农户数（户）
茶陵	15	2	13
衡阳	19	11	8
蓝山	1	0	1
平江	12	4	8
新邵	9	3	6
慈利	8	5	3
凤凰	3	0	3
会同	7	2	5
沅陵	1	1	0
花垣	10	8	2
总计	85	36	49

从宜林地的类型看（表7-3），排在第一位的是火烧迹地783亩占宜林地面积的50.34%，主要发生在茶陵和慈利两县的两个行政村。茶陵县主要是有8户共计719亩林地2015年被山火烧掉以后一直未能得到赔偿（地处与江西结界，据说火源从江西过来，查不到责任人，保险公司也一直没有理赔），所以一直未能恢复更新造林。慈利县有2家农户共计64亩林地2013年被火烧掉后由于未能得到赔偿也一直没能恢复更新造林。排在第二位的是荒山荒地483.2亩占宜林地面积的31.07%，主要发生在茶陵县和林地资源较少的衡阳县。茶陵县的荒山荒地主要发生在与江西结界的地段，这里由于地处偏远、交通不便，造林成本高，管护困难，因此农户造林履责的积极性不高。衡阳县荒山荒地较多，主要是地处丘陵，耕地多林地少，承包到户的林地细碎分散度高、土壤条件差，农户一家一户管护困难，加之当地农户劳动力大多外出打工，经营林地收入少，所以一般不把林地当回事，林地被抛荒撂荒听其自然的现象相对较多。此外，花垣县的荒山荒地也较多，其原因主要是由于当地矿产资源丰富，过去常年开矿，造成了石漠化的荒山荒地较多，造林成本高，农户家庭普遍缺少造林资金，因此未造林的宜林地也就较多；不过，近些年来国家对该县石漠化治理力度逐年加大，石漠化的荒山荒地造林恢复较快。排在第三位的是林间空地173.6亩占11.16%，主要发生在茶陵和平江。茶陵和平江两县林间空地较多，主要是林间的坟山。据当地老百姓说，坟山是公祖山，即使分山到户也不得随意造林，公祖山的处置权在“家族”。排在第四位的是采伐迹地有108亩占6.94%，也主要发生在平江和茶陵，据称来年春天会很快恢复造林。最后是林中坡耕地和旱地，共计有7.6亩占0.49%，主要发生在花垣和衡阳两县的4个样本农户家里。

表 7-3 样本农户家庭现有宜林地情况 亩

样本县情况	宜林地总面积	宜林地类型				
		采伐迹地	火烧迹地	林间空地	荒山荒地	其他
茶陵	1007	40	719	80	168	0
衡阳	93	0	0	2	88.4	2.6
蓝山	1	0	0	0	1	0

（续）

样本县情况	宜林地总面积	宜林地类型				
		采伐迹地	火烧迹地	林间空地	荒山荒地	其他
平江	183.2	46	0	63.2	74	0
新邵	37.4	10	0	1.4	24	2
慈利	130	0	64	4	62	0
凤凰	13	3	0	10	0	0
会同	73	8	0	13	52	0
沅陵	1	1	0	0	0	0
花垣	16.8	0	0	0	13.8	3
总计	1555.4	108	783	173.6	483.2	7.6
占比（%）	100.00	6.94	50.34	11.16	31.07	0.49
排序	—	4	1	3	2	5

在有宜林地的85户农户家庭中，近期打算造林的农户数37家，占43.53%；近期没打算造林的农户数48家，占56.47%。对于有宜林地但近期不打算造林的48家农户给出的原因解释（表7-4）中，第一是立地条件太差，第二是家里没有劳动力造林，第三是家里没钱造林，第四是没时间造林；还有12家农户反映为“其他”（主要是火烧迹地等待赔偿）。

表 7-4　有宜林地农户近期不打算造林的原因

分类情况	没钱造林	没时间造林	没劳动力造林	立地条件太差	其他
农户数（户）	12	8	14	18	12
占比（%）	25.00	16.67	29.17	37.50	25.00

注：由于本项是多项选择，故累计占比超过100%。

对于近期不打算造林的宜林地怎么处置的问题（表7-5），48家农户中有34家选择了“暂时没有计划”，有6家选择“等有了钱再造林”，有4家选择“已经封山育林了”，分别有2家或打算把林地流转出去或选择“其他”。

表 7-5　近期不打算造林的宜林地的农户处置办法

分类情况	暂时没有计划	等有了钱再造林	已经封山育林了	流转出去	其他
农户数（户）	34	6	4	2	2
占比（%）	70.83	12.50	8.33	4.17	4.17

2. 村级宜林地现存情况

从村级层面的调查数据来看（表7-6），截至2016年底，湖南省50个样本村中有34个村（占68%）存在有宜林地未能造林履责的情况。据当地村干部反映，农户家庭未能将宜林地及时造林的主要原因：一是立地条件太差，造林投入产出效率低（占44.12%）；二是劳动力外出打工，没有劳动力造林（占29.42%）；三是举家迁往他地置业或就业、农户缺乏造林资金、村里已经封山育林了但林子还没有长起来等三种情况，分别占5.88%；六是其他原因（包括农户家庭只有老弱病残无人造林、地处偏远老是被火烧、林地规模小且太过偏远不便管护等，共计占8.82%）。

表 7-6　村级层面样本户家庭现有宜林地情况

样本县情况	有无宜林地		有宜林地而未能造林履责的主要原因						
	有	无	A	B	C	D	E	F	G
茶陵	4	1	0	0	4	0	0	0	0
衡阳	3	2	1	0	1	0	0	0	1
蓝山	5	0	0	2	2	0	0	0	1
平江	2	3	0	1	1	0	0	0	0
新邵	5	0	1	1	1	0	0	1	1
慈利	3	2	0	1	2	0	0	0	0
凤凰	3	2	0	2	0	0	0	1	0
会同	3	2	0	3	0	0	0	0	0
沅陵	1	4	0	0	0	1	0	0	0
花垣	5	0	0	0	4	1	0	0	0
合计	34	16	2	10	15	2	0	2	3
占比 %	68.00	32.00	5.88	29.42	44.12	5.88	0.00	5.88	8.82

注：A- 举家迁往他地置业或就业；B- 家庭劳动力外出打工，没有劳动力造林；C- 立地条件太差，造林投入产出比低；D- 已经封山育林了，但林子至今没能长起来；E- 采伐限制多，农户不愿造林；F- 缺乏资金；G- 其他。

村级调查数据同时反映（表7-7），全省12个（占24%）宜林地较集中的样本村现存宜林地面积大约有14329亩，占12个有宜林地样本村林地总面积（227334亩）的6.30%；从全省样本村平均数据看，宜林地占林地总面积（594424.3亩）的比例达到2.41%。

表 7-7　宜林地较集中的样本村现有宜林地情况

样本县	宜林地集中样本村	估计的宜林地面积（亩）	排序
茶陵	2	6000	1
衡阳	2	5000	2
蓝山	2	1060	3
平江	1	700	5
新邵	0	0	8
慈利	0	0	8
凤凰	1	1000	4
会同	3	369	6
沅陵	1	200	7
花垣	0	0	8
合计	12	14329	—

二、农户家庭营林生产现实情况分析

（一）农户家庭营林生产活动分析

2016年样本农户家庭营林生产活动情况见表7-8。全省500个样本户中，有造林生产的农户数191户，占全省样本户的38.20%；有林地管护（含抚育）行为的农户数

表 7-8 样本农户家庭林地生产经营活动情况统计

样本县	造林生产		林地管护		林下经济		木竹采伐	
	有	无	有	无	有	无	有	无
茶陵	17	33	25	25	2	48	0	50
衡阳	36	14	41	9	0	50	0	50
蓝山	20	30	45	5	1	49	0	50
平江	4	46	39	11	0	50	2	48
新邵	27	23	39	11	3	47	2	48
慈利	20	30	45	5	3	47	2	48
凤凰	20	30	46	4	7	43	1	49
会同	8	42	45	5	2	48	7	43
沅陵	16	34	43	7	2	48	0	50
花垣	23	27	48	2	5	45	0	50
合计	191	309	416	84	25	475	14	486
占比（%）	38.20	61.80	83.20	16.80	5.00	95.00	2.80	97.20

416户，占83.20%；有林下经济活动的农户数25户，占5%；有林木采伐行为的农户数14户，占2.80%。通过与农户的深入访谈得知，有造林生产活动的农户家庭一般都是以农林业生产为主，他们普遍都把林地看得较重，经常会上山看一看，发现有可造林的地方都会尽可能地去植树造林；有林地管护行为的农户家庭中大约有占25%的农户家庭有抚育生产行为，80%以上的农户家庭普遍的隔三差五都会有人上山去巡视山林。

多年来的跟踪监测发现，本轮集体林权制度改革以来，改革初期爆发出来的农户林业生产（特别是造林）积极性逐步有所衰减，但与此同时，绝大多数农户家庭对林业生产经营还是比较重视的，积极履行了营林生产责任，自觉地开展造林和森林抚育，严格执行限额采伐管理制度，林木采伐规模已越来越少。

（二）农户家庭营林生产要素投入分析

经济学家认为，生产投入要素主要包括劳动力、资金、土地、经营者才能。林地承包到户以后，由于农户林业生产经营能力和林地规模在短时期内比较稳定，因此，评价林农承包营林履责行为的关键指标就是有没有、有多少营林资金和劳动力的投入了。

2016年，湖南省500个样本户全年营林生产支出情况见表7-9。数据显示，除沅陵县有一家林业大户抬高了各项营林生产支出外，其他各县农户家庭年均营林生产投入在2681～6590元。从全省500个样本户总的情况看，营林生产支出项目排在第一的是家庭自投劳动力，户均3254.02元；其次是机械或畜力，户均607.80元；第三是雇佣劳动力，户均601.92元；其四是化肥和农药，户均318.96元；其五是种苗，户均182.45元；其他户均20.40元。

表 7-9　农户家庭户均林业生产投入情况统计

样本县	种苗	化肥农药	自投劳动力	雇佣劳动力	机械或畜力	其他	合计
茶陵	230.60	119.00	2242.00	1660.00	0.00	40.00	4291.60
衡阳	94.70	87.40	3438.80	0	0	0	3620.90
蓝山	438.20	438.00	3689.20	1134.00	0	60.00	5759.40
平江	62.00	120.00	2083.00	402.00	14.00	0	2681.0
新邵	91.40	47.80	3175.10	20.00	0	100.00	3434.30
慈利	46.50	311.60	3211.60	278.00	0	0	3847.70
凤凰	104.96	204.2	3045.20	80.00	0	0	3434.36
会同	27.00	121.00	4015.90	227.2	24.00	4.00	4419.10
沅陵	11.00	972.00	2969.20	2218.00	6000.00	0	12170.20
花垣	124.10	174.60	4670.20	0	40.00	0	5008.90
平均	182.45	318.96	3254.02	601.92	607.80	20.40	4985.55

注："自投劳动力"和"雇佣劳动力"是分别按照农户给出的工日数乘以当地劳动力工日价格得到的估算值。

表7-10是包括劳动力投入在内的2016年各县样本户家庭营林生产投入情况分类表。数据显示，全省样本户有占12.60%的农户家庭对营林生产0投入，有占16.00%的农户家庭全年营林生产投入不足1000元，绝大多数农户家庭全年营林生产投入在1000～5000元之间，占19.00%的农户家庭全年营林生产投入在5000～10000元之间，只有8.00%的农户家庭全年营林生产投入超过了10000元。其中，在茶陵县，全年营林生产0投入的农户数达到了样本数的40%；衡阳县全年营林生产0投入的农户数为样本户数的18%；平江县营林生产年投入少于1000元的农户数也达到了42%。而在花垣，由于大量农户参与适宜石漠化土质生长的"火龙果"经济林生产项目，所有农户基本上都有营林生产经营投入，家庭年营林生产投入在10000元以上的农户数占到了样本户总数的18%。

表 7-10　样本农户家庭营林生产投入分类统计

样本县	农户家庭营林生产投入分类户数（户）				
	0	0～1000 元	1000～5000 元	5000～10000 元	10000 元以上
茶陵	20	5	11	10	4
衡阳	9	5	26	7	3
蓝山	3	4	23	13	7
平江	7	14	23	3	3
新邵	5	8	27	8	2
慈利	4	9	21	12	4
凤凰	4	9	22	15	0
会同	4	3	26	12	5
沅陵	6	10	22	9	3
花垣	1	13	21	6	9
合计	63	80	222	95	40
占比（%）	12.60	16.00	44.40	19.00	8.00

（三）农户家庭营林生产收益分析

2016年样本农户家庭林业收入户均2543.81元，林业收入占户均总收入56828.95元的4.48%。农户家庭林业收入中，经济林收入984.06元占38.68%，转移性林业收入486.41元占19.12%，涉林打工收入254.46元占10.00%，林下经济收入170.86元占6.72%，林业财产性收入127元占4.99%，竹林收入125.10元占4.92%，用材林收入49.86元占1.96%，其他收入346.06元占13.61%（表7-11）。

表 7-11　样本农户家庭林业收入情况

分类项目	户均收入（元）	所占比例（%）	比例排名
林业总收入	2543.81	100.00	—
其中：用材林收入	49.86	1.96	8
竹林收入	125.10	4.92	7
经济林收入	984.06	38.68	1
林下经济收入	170.86	6.72	5
涉林打工收入	254.46	10.00	4
财产性收入	127.00	4.99	6
转移性林业收入	486.41	19.12	2
其他收入	346.06	13.61	3

首先，从林业收入占家庭总收入的比例情况看，平均不到5%。如此低的比例结构，也就不难理解农户对林业生产不重视、营林履责的积极性不高了。在市场经济条件下，农户获取收益最大化的生产经营目的决定了农户在个体经济单位维度上有效配置生产要素的行为选择；因此，林业收入的高低，会直接影响到农户的营林生产投入水平和营林履责的积极性。

其次，在林业收入结构中，用材林收入是传统的主业收入，可2016年用材林收入户均不到50元，排在了林业收入类型的最后，而转移性林业收入排在了除经济林收入之外的最高位。转移性林业收入的主要部分是公益林生态补偿金，这一林业收入项目的增加，一方面反映出国家财政对林业及林农的扶持和鼓励，但另一方面由于其拨付补贴标准是按照林地类型及面积，很少有与农户的营林生产履责行为直接挂钩，所以，其对促进林农的营林生产和营林履责产生的激励作用效果有限。因此，在利益机制面前，要提高农户营林生产的积极性和营林履责的自觉性，首要的是要提高农户营林生产的比较收益和营林主业收入在林业收入中的份额。

三、农户承包营林履责意愿分析

农户是否投资造林、抚育等营林生产与农户承包营林履责意愿有密切关系。只有在农户有营林履责意愿的前提下，农户才有可能积极地投资营林，农户营林履责意愿应是农户营林投资的前提。

（一）农户造林投资的心理预期分析

在现有条件下，农户一般不懂造林投资相关理论知识，其营林投资行为主要靠主观判断。我国集体林区虽然有部分农户（主要是大户）有一定的造林投资知识和经验，但绝大部分农户普遍存在“靠天吃饭”的心理，这一投资心理影响着农户对营林投资的前景预期，直接影响着农户的营林履责意愿，从而最终也将影响农户的营林生产行为。一般来说，如果农户对营林前途越是感到乐观，造林投资的意愿也就越高，林业的发展前景越好，对林农营林履责起促进作用，反之亦然。针对这一影响，我们在湖南省监测点对样本农户进行了造林前景预期调查，从调查的统计结果来看（表7-12），样本中占27.60%的农户认为在当地投资造林没有前途；37.40%的农户认为“很难说”有没有前途；认为“没有前途”和“很难说”的农户数累计占样本户的65%，这些农户的一个基本特征就是兼业化程度高，家庭劳动力多以打工为主，林业收入在家庭经济收入结构中占比很少，他们仅把林业作为副业来经营，对营林生产前景不看好。样本中有占35%的农户对造林投资持乐观态度，认为投资造林大有前途；这些农户的一个基本特征就是家庭以农林业生产为主，林地资源条件较好。

表 7-12　样本农户对营林前景的预期统计

对营林投资前景预期	农户数（户）	比例（%）	累计比例（%）
没有前途	138	27.60	27.60
很难说	187	37.40	65.00
大有前途	175	35.00	100.00
总计	500	100.00	—

表7-12数据反映，当前在湖南地区，大约有占2/3的农户对营林生产前景缺乏信心，这也从一个侧面反映出了当前农户存在营林投资积极性不高的问题，这对农户承包营林履责行为会产生重要影响。

（二）农户营林生产技能、信心分析

农户营林生产能力与信心对其承包营林履责意愿也有重要影响。营林生产信心与林农的营林生产技能具有很强的关联性：营林时间越长，营林技能就越高，林业生产信心就越足。通过对农户营林生产技能分析，可以间接地反映出林农对营林生产的信心，从而了解农户的营林履责意愿。本次调研针对农户的营林生产技能设计了问卷调查，问卷中主要涉及3个问题：①从事营林生产时间；②是否有参加林业培训；③是否具备相关营林知识。通过对调查数据的统计分析（表7-13），可以看出，绝大多数农户对营林生产有一定的熟知度，说明绝大部分农户对林业生产经营有信心，这会对农户的承包营林履责意愿产生积极影响。

表 7-13　样本农户营林生产技能统计

营林情况	从事营林生产时间（年）				有无参加林业培训		有无营林知识	
	5 以下	5 ~ 10	10 ~ 20	20 以上	有	无	有	无
户数（户）	24	78	239	159	342	158	467	33
占比（%）	4.80	15.60	47.80	31.80	68.40	31.60	93.40	6.60

（三）农户持续经营林业意愿分析

农户是否愿意持续经营林业也是农户是否具有承包营林履责意愿的具体表现。愿意持续经营林业，说明营林履责信心向好，履责意愿较为积极，反之亦然。在被调查的500个样本农户中，有435户（占87.00%）表示愿意持续经营林业，有65户（占13.00%）表示想把林地流转出去。可以看出，想把林地流转出去的农户所占比例不低，这就表明在现有经济条件下，随着农村城镇化建设步伐的加快，确有相当数量的农户已经不愿意再经营林业，这也就意味着农户林地承包履责的潜在意愿正在下降。

在愿意持续经营林业的435户农户中（表7-14），占40%以上的农户对持续经营林业持“将来会挣钱”“国家政策会扶持”“使用木材方便”等比较积极的态度。这一部分农户他们的承包营林履责积极性会很高，自觉性会很强；占70%以上的农户愿意继续经营林业，是由于不想放弃林地，显然，这部分农户愿意持续经营林业存在着一定的消极心理，经营林业的意愿不算很高；选择“抛荒受罚”“林地流转价格太低”“没有更好的事情可做”等的农户，反映出他们经营林业是有些迫不得已，这些农户他们承包营林履责的自觉性注定较差。

表 7-14　农户愿意持续经营林业的主要原因调查

原因	将来会挣钱	不想放弃林地	没有更好的事情可做	抛荒受罚	使用木材方便	国家政策会扶持	林地流转价格太低	其他
户数（户）	76	318	125	9	64	187	20	13
占比（%）	17.47	73.10	28.74	20.69	14.71	42.99	4.60	2.99

注：由于本项是多项选择，故累计占比超过 100%。

对于“想把林地流转出去，不再经营林业”的原因，65户农户给出的解释为（表7-15）：第一，自己不知道怎么经营能有更好的收益，占30.76%；第二，年纪大了，身体不好，占18.46%；第三，林地偏远、交通不便，不方便经营，占16.92%；第四，家庭主要成员长期在外务工或经商而无力经营林业、或是面积太小不值得花精力，分别占12.31%；第五是现在林地流转价格较高，占3.08%；其他原因总计占6.16%。

表 7-15　农户想将林地流转出去的原因调查

原因	A	B	C	D	E	F	G	H	I
户数（户）	2	8	20	8	11	1	1	12	2
占比（%）	3.08	12.31	30.76	12.31	16.92	1.54	1.54	18.46	3.08

注：A- 现在林地流转价格较高；B- 家庭主要成员长期在外务工经商；C- 自己不知道怎么经营能有更好的收益；D- 面积太小，不值得花精力；E- 林地偏远、交通不便，不方便经营；F - 承包期太短，等不及自己投资经营产生收益；G- 担心以后政策有变化；H- 年纪大了，身体不好；I- 其他。

从以上农户给出的不想再经营林业的原因来看，说明了三个问题：一是随着社会生产力的发展，社会分工越来越细，生产的专业化程度越来越高，所以有近1/3的农户愿意从事自己更熟悉的产业生产；二是随着城镇化的发展，农村的空心化趋势越来越明显，农村留守人员的老龄化程度越来越高，老年人经营山林肯定会感觉“力不从心”；

三是当前林地普遍没有林道，林区基础设施太差，较偏远的林地确实给农户的生产经营带来了困难。所以，农户给出的理由是客观现实的，要提高农户的承包营林履责积极性，就必须针对这些具体问题进一步深化改革。

四、农户承包营林履责影响因素的深层原因分析

农户承包营林履责行为受诸多因素的影响，要了解和把握这些因素究竟是如何对农户营林履责行为产生影响和有哪些因素起关键影响作用，就必须立足于调查研究，对农户承包营林履责行为的相关表现进行深入分析。

（一）农户家庭特征因素

1. 户主个体特征

户主是家庭的核心，对家庭经济行为具有重要影响。户主的个体特征是指被访农户家庭户主的个人情况，包括年龄、文化程度、是否从事与林业生产经营有关的活动、是否村干部等。户主个体特征调查数据显示（表7-16），户主年龄主要为50岁以上，占72.60%；从受教育程度来看，初中及初中以下比例最高，达87.00%，高中以上文化程度的只占13.00%；村组干部和普通农户家庭分别占21.00%和79.00%。一般而言，文化程度越低、年龄越大者，越偏向于营林履责。调查数据还显示，2016年有近七成的户主没有从事过林业生产有关活动，从事过林业生产有关活动的大约只占三成（30.80%）。

表 7-16　被访农户家庭户主的个体特征

年龄（岁）	比例（%）	受教育程度	比例（%）	是否村组干部	比例（%）	2016 年是否从事过林业生产活动	比例（%）
30 岁以下	1.20	小学及以下	46.60	是	21.00	是	30.80
31 ~ 40	4.20	初中	40.40	否	79.00	否	69.20
41 ~ 50	22.00	高中或中专	12.20				
51 ~ 60	29.80	大专及以上	0.80				
60 岁以上	42.80						

为了解村组干部对营林履责行为是否有影响及其影响的程度，以问卷调查形式对这一问题进行了调查，认为没影响的占样本户的30%，认为有影响但影响不大的占55%，认为影响较大的占15%。由此可见，是否为村组干部这一因素，对农户承包营林履责行为基本没有太大影响，其原因可能是林改到户、村民主化进程及信息化发展等因素，弱化了干部对农户营林履责行为的影响。

2. 劳动力

在农村，劳动力因素对农户的生产行为会产生很大影响，农户的营林履责行为需要具有一定经验的劳动力，否则不利于林业生产。通过对农户家庭劳动力构成情况的调查统计（表7-17），一般家庭劳动力在2～4人的比例较大，达74.60%以上，具体劳

表 7-17 被访农户家庭劳动力情况

样本县	劳动力人数					非农就业比例（%）
	1	2	3	4	5	
茶陵	2	17	16	10	5	46.80
衡阳	11	14	11	8	6	57.80
蓝山	7	13	9	15	6	36.40
平江	12	24	6	3	5	39.80
新邵	5	15	11	11	8	42.60
慈利	8	13	16	9	4	40.50
凤凰	11	17	9	10	3	31.40
会同	8	16	9	16	1	43.80
沅陵	8	25	11	3	3	27.50
花垣	3	10	12	14	11	34.50
合计	75	164	110	99	52	—
占比（%）	15.00	32.80	22.00	19.80	10.40	41.70

注：①劳动力是指年龄 16 ~ 60 岁具有劳动能力的人，不包括军人和学生；②非农就业比例是指在非农产业就业的劳动力人数占总劳动力人数的比例。

动力年龄结构，各地略有差别。调查数据显示，各地非农就业比例平均达到41.70%以上，劳动力向非农产业转移趋势较为明显；且不同地区比例会略有不同，存在一定的地区差异，比例最高的地区是衡阳县，达57.80%；沅陵和凤凰比例最小，也分别达到了27.50%和33.40%。在非农就业领域中，主要以当地工商业、建筑业、运输业和服务餐饮业等行业比例较高，同时，从实际调查的情况看，非农就业比例高的地区，其营林履责情况较差，这一现象说明非农就业因素对营林履责行为会产生一定的消极影响。

3. 农户家庭收入

农户营林生产投资主要来源于农户家庭收入，因此，理论上讲农户家庭收入是影响农户营林履责的重要因素。直观来看，农户营林履责与农户家庭收入之间应存在正向相关关系，家庭收入越高，越有利于农户的营林履责。从农户收入构成来看，农户家庭收入主要有农业收入、林业收入、工资性收入（含打工收入）、补贴收入、其他收入等。本研究重点关注与农户营林履责关系密切的家庭总收入和林业收入，通过对农户的问卷调查，分析农户收入水平对营林履责行为的影响。

农户家庭收入是否会对农户营林履责行为产生影响，以及产生多大的影响？为分析这一问题，我们将2009年以来湖南省集体林权制度改革监测样本数据进行了整理，统计数据见表7-18。

表 7-18 2009-2016 年农户户均收入与林业投入变化

年份（年）	林业收入（元）	家庭总收入（元）	林业收入占总收入（%）	林业生产支出（元）
2009	2681.35	52495.84	5.11	4860.38
2010	3395.76	56730.23	5.99	7084.12
2011	4266.18	60897.42	7.01	14393.10
2012	6106.33	66120.76	9.24	6508.68
2013	5844.25	68201.21	8.57	7857.44

（续）

年份（年）	林业收入（元）	家庭总收入（元）	林业收入占总收入（%）	林业生产支出（元）
2014	5004.42	55933.29	8.95	7329.77
2015	3444.46	55411.16	6.22	5805.47
2016	2543.81	56828.95	4.48	4866.75

注：数据来源于湖南省集体林权制度改革监测数据库。

表7-18数据显示，2009－2016年，农户家庭林业收入、总收入与林业生产支出都呈现先扬后抑趋势。从分析图（图7-1）上看，从2009－2013年，农户家庭林业收入和总收入都逐年上升，说明林改后林业收入和家庭总收入都逐年得到了提高，农户的生产积极性得到了极大鼓舞，这也在很大程度上促进了农户的营林履责。从2009－2011年的数据上看，农户的营林生产支出呈大幅上升趋势，其中，2011年家庭营林生产投资上升幅度最大，达到了历史最高水平（14393.10元），比2009年增长了196.13%。2009－2011年，湖南省各地农户造林积极性高涨，造林面积大增。但2011年以后，农户家庭林业生产支出基本上逐年下降，并没有表现出与家庭林业收入和总收入同步增长的趋势；这就说明农户家庭收入对其营林生产履责行为并没有显著的影响，2009－2011年农户家庭林业生产年支出大幅增长主要应归因于制度变革的激励效应。

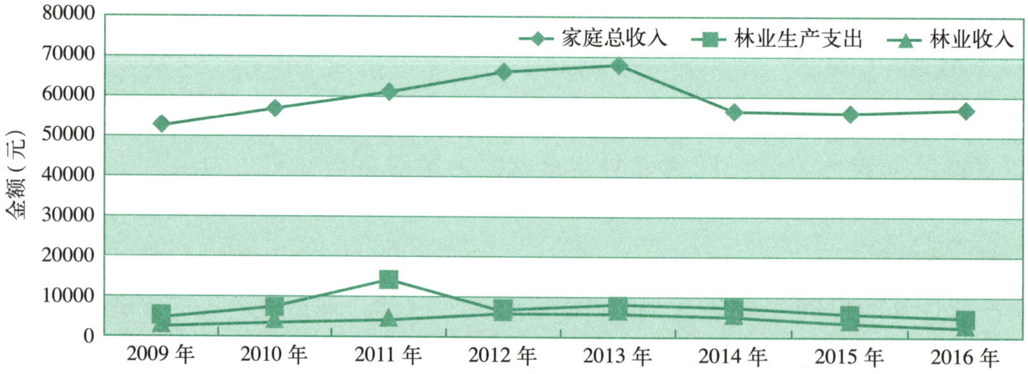

图 7-1 样本农户家庭收入与营林支出变化分析

2013年以后，首先是农户家庭总收入、接下来是家庭林业收入开始逐年下降。家庭收入下降，主要缘于农户工资性收入逐年下降，外出打工越来越困难；家庭林业收入下降，主要缘于湖南省自2013年以来各地区逐步推进封山育林，木材采伐量逐年减少所致。自2013年以来，由于农户家庭总收入和林业收入双下降，农户家庭营林生产支出也进一步呈现出下降态势，农户的营林履责积极性明显地出现了下滑。

再从林业收入占家庭总收入比例与林业生产支出的关系来看（图7-2），2009－2012年，林业收入占家庭总收入比例逐年增加，且增加幅度逐年加大；但2013年以来，农户家庭林业收入占总收入比例逐年下降，2016年已经基本上回到了林改前的水平。而农户的家庭林业生产支出自2011年达到历史最高水平后，已经逐年下滑。

以上分析可以看出，农户家庭的林业生产支出行为与农户家庭的林业收入、总收入及林业收入占家庭收入比例之间并没有直接的联系，这也就反映出林业是一个生产周期长的行业，作为有一定营林经验的农户，他们的营林生产履责行为并不直接考虑当年的

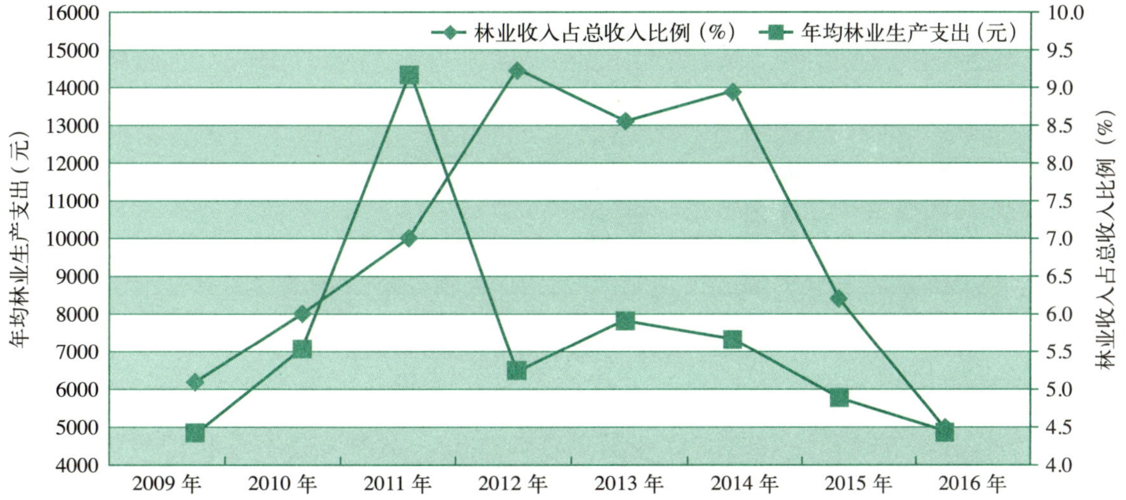

图 7-2　农户家庭林业收入占比与营林支出变化分析

林业收入有多少、林业收入占家庭总收入的比例有多大、家庭总收入如何等；农户从收入方面考虑更多的应该是林业生产投入能否带来未来稳定可靠的收益及其收益的份额。由此可以看出，随着信息化程度的提高，农户的素质正在不断提升，他们的生产经营行为也变得越来越理性。当然，从总体上看，农户家庭收入尤其是林业收入发展态势，对于农户的营林履责行为肯定具有重要影响，且存在正向相关关系；尤其是在营林生产投入较大的情况下，家庭收入会直接影响到农户的营林生产投入力度。

（二）林地特征因素

1. 林地规模

林地规模一般用农户所经营的林地面积来反映。理论上一般认为，林地面积越大，农户越倾向于增加营林投资和强化林地管护，因此，林农营林履责会随着林地面积的扩大而呈现上升的趋势。林地规模大小，会改变林农营林履责的规模效益，影响林农营林履责的积极性。

从湖南省500样本户经营林地面积调查情况来看（表7-19），农户家庭经营的林地面积存在较大的差异，最大规模为沅陵县林业大户刘某家庭经营林地面达4730.00亩，最

表 7-19　各样本县农户家庭林地经营规模统计　　亩

样本县	最大林地规模	最小林地规模	户均林地规模
茶陵	1004.10	5.40	57.46
衡阳	235.10	0.30	27.08
蓝山	460.00	3.70	71.14
平江	425.00	3.00	89.67
新邵	69.02	0.50	11.80
慈利	147.00	4.00	34.97
凤凰	107.90	2.70	25.32
会同	192.30	2.00	36.01
沅陵	4730.00	2.70	142.71
花垣	127.20	2.00	23.76
全部	4730.00	0.30	55.99

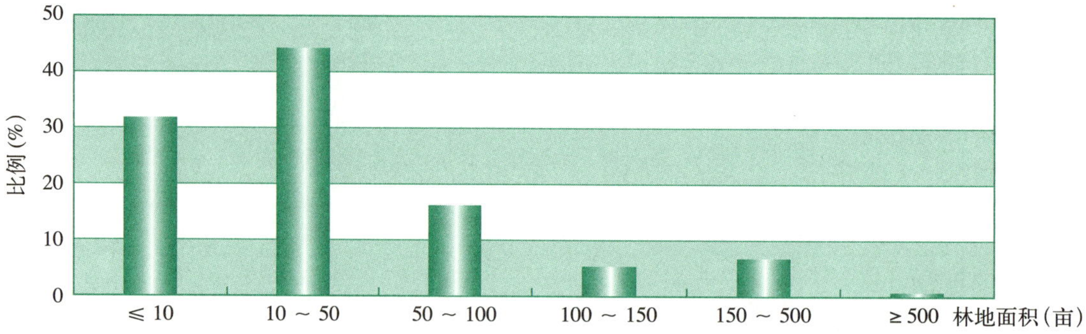

图 7-3　样本农户家庭林地规模分布情况

小规模为衡阳县范某和陈某家庭林地面积仅0.30亩，农户家庭平均林地规模为55.99亩。从全省样本户情况看，家庭林地面积10亩及以下的占30.40%，10～50亩之间的占42.60%，50亩以下的占样本户的73%，100亩以上的占11.60%，500亩以上的仅2户占0.40%（图7-3）。

从全省总的情况看，农户家庭林地较分散，大户不多，难以形成规模效益。总体而言，家庭林地面积多的农户林业生产投入较多，家庭林业收入也较多，但差距不是很明显，难以对农户的营林履责行为产生显著影响。

2. 林地块数

林地地块多，往往意味着林地的细碎化程度高，林地条件不好。当林地增至10块及以上时意味着林地面积规模会发生质的变化，在湖南地区一般的就算是“林业大户”了。本次调查发现（表7-20），全省500样本户户均林地块数为4.17块，经营2个以上地块的农户数达398户占79.60%，经营10块以上林地的有45户占9%。

表 7-20　各样本县农户家庭经营林地块数统计

样本县	1 块	2 ~ 4 块	5 ~ 9 块	10 块以上	小计
茶陵	15	27	8	0	50
衡阳	15	17	14	4	50
蓝山	17	17	12	4	50
平江	2	27	20	1	50
新邵	19	24	7	0	50
慈利	6	22	13	9	50
凤凰	12	22	14	2	50
会同	6	20	13	11	50
沅陵	5	25	15	5	50
花垣	5	18	18	9	50
农户数（户）	102	219	134	45	500
占比（%）	20.40	43.80	26.80	9.00	100.00

当前，农户家庭林地块数偏多的原因：一是由于历史原因——从农户林地取得的时间上看较为分散，历史上曾有多次分山到户的情况发生；二是由于林地资源禀赋条件差异造成——湖南地区由于林地条件差异很大，因此在林改时农户要求均山均林所致。从林业经营角度看，地块越多，林地越分散，会增加经营成本，不利于经营效率的提高，

会对农户营林履责行为产生消极影响。

3. 林地类型

根据立地条件和生态功能作用不同林地区分为公益林和商品林，公益林与商品林由于其生态功能作用的不同，国家给予的经营政策有很大差异。对于公益林，政策上禁止或限制农户木材采伐，国家和地方财政给予逐年增加的生态补偿；对于商品林，政策上逐步放开，由农户自主经营。从农户访谈情况来看，在森林资源较丰富的地区，诸如蓝山、沅陵等县，由于林地资源丰富、山上有木可伐，公益林生态补偿标准较低，公益林农户纷纷要求或是放宽限额采伐政策或是要求将公益林转划成商品林；而在森林资源较贫瘠的地区，诸如衡阳、新邵、凤凰等县，由于山上少有木材可砍，商品林经营收入不多，商品林农户则巴望着能将林地划分成公益林，从而能获得公益林生态补助。由此可以看出，农户经营山林的主要目标就是要能增加收入，林地类型及由此产生的收入效应已经成为当前影响农户营林生产积极性和营林履责行为的一个重要因素。

从被访农户家庭林地类型来看（表7-21），全省500样本农户中家庭林地全部为公益林地的占42.00%，全部为商品林地的占47.40%，既有公益林又有商品林的兼有林农户占10.60%。分县情况看，平江县、茶陵县、凤凰县样本农户以商品林为主，花垣县、慈利县、衡阳县以公益林为主；除平江县样本户都为商品林外，其他各县样本农户都既有商品林、也有公益林，还有少数农户兼有公益林和商品林。

表 7-21 样本林农家庭林地类型特征

样本县	农户家庭林地类型			备注
	公益林	商品林	兼有林	
茶陵	9	35	6	商品林为主
衡阳	30	14	6	公益林为主
蓝山	21	24	5	—
平江	0	50	0	均为商品林
新邵	27	16	7	—
慈利	30	13	7	公益林为主
凤凰	1	47	2	商品林为主
会同	17	28	5	—
沅陵	29	10	11	—
花垣	46	0	4	主要公益林
合计	210	237	53	—
占比（%）	42.00	47.40	10.60	—

（三）政策因素

当前，对农户造林履责行为影响较大的政策因素主要是采伐限额管理、林业财政补贴和森林保险。

1. 采伐限额管理

采伐限额管理的基本内容是按《中华人民共和国森林法实施条例》第二十八条规定：国家所有的森林和林木以国有林业企业单位、农场、厂矿为单位，集体所有的森林和林木、个人所有的林木以县为单位，制定年森林采伐限额，由省、自治区、辖市人民政府林业主管部门汇总、平衡，经本级人民政府审核后，报国务院批准；其中，重点林区的年森林采伐限额，由国务院林业主管部门报国务院批准。严格的森林采伐管理制度，每年定一次森林采伐限额，采伐数量不得超过限额，采伐还要受到林龄限制，采伐林木要申请办理林木采伐许可证并按规定采伐，并要及时更新造林，这制些度的实施对于在市场经济条件下的非公有制林业是否公平值得研究和商榷。

森林采伐限额管理是按照数量（生长量、消耗量）进行管理，不同树木的差异相当大，而且林木的经济成熟还要受到木材价格、土地的机会成本、利率、风险等因素的影响，凡此种种，现行森林采伐限额管理使林木不能按照最佳的经济轮伐期进行经营生产，降低了营林效益，增加了营林风险。森林采伐限额管理在一定程度上约束了农户造林投资行为，国家按照5年为一个计划期调整采伐限额量，那么林业经营者就不能按照市场的供求关系去调整采伐数量，限制了经营主体的合法收益权和处分权。据问卷调查与农户访谈了解，约70%的林农认为，林木限额采伐问题是影响其生产经营的重要因素，甚至有超过一半的受访农户将其列为首要因素。因此，由于采伐限额的影响，使经营主体的权利无法得到充分执行，增加了农户的交易成本，必然会降低农户的林业生产积极性，从而影响了林地承包经营者的营林履责行为。

2. 林业财政补贴

2016年湖南省样本农户获取国家林业财政补贴情况见表7-22。数据反映，目前湖南地区国家林业财政补助项目主要有生态公益林补偿金、人工造林补贴和中幼林抚育补贴三项。2016年样本农户户均获得国家林业财政补贴506.43元，占户均林业收入2543.81元的19.91%；其中，生态补偿金户均280.96元占财政补贴总额的55.48%，造林补贴户均87.15元占17.21%，中幼林抚育补贴户均56.75元占11.20%，其他（主要是林机具购买补贴）户均81.57元占16.11%。

表 7-22　样本户获得国家林业财政补助情况

项目	生态补偿	造林补贴	抚育补贴	其他	总计
金额（元）	140480.40	43575.00	28376.50	40783.00	253214.90
户均（元）	280.96	87.15	56.75	81.57	506.43
占比（%）	55.48	17.21	11.20	16.11	100.00

随着林业生态公益性事业地位的确立，国家对于林业的财政补贴将逐年增多，这对于调动林农的营林生产积极性、提高农户承包营林履责的自觉性、促进林业生产和生态建设，确实会发挥重要的作用。

3. 政策性森林保险

开展政策性森林保险的政策目标是为林业生产经营者减灾防灾，降低林业生产经营风险，保障营林者利益。但政策实施8年来的效果究竟如何，在不同的层面有不同的反响。

（1）农户层面。2016年湖南省全省公益林全部由政府林业部门统保，此外，衡阳县和会同县对商品林也实施了政府统保。调查数据表明（表7-23、表7-24），有占94%的样本农户认为森林保险重要，但对国家森林保险政策表示了解的农户数只占45.60%，还有占54.40%农户表示对国家森林保险政策根本不了解。在全省500样本户中，2016年参加森林保险的农户数314户，占样本户总数的62.80%；其中有313户（占99.68%）为政府统保，只有1户（占0.32%）为自主投保；自主投保率很低。

表 7-23　样本农户参加森林保险情况

项目	森林保险重要吗		对森林保险政策了解吗		有没有参加森林保险	
	重要	不重要	了解	不了解	有	没有
农户数（户）	470	30	228	272	314	186
占比（%）	94.00	6.00	45.60	54.40	62.80	37.20

表 7-24　森林保险参保农户情况

项目	参保途径		参保原因				参保林地类型		
	自投	统保	防范损失	有补贴	方便贷款	不知道	公益林	商品林	兼有林
农户数	1	313	145	82	1	86	257	40	17
占比（%）	0.32	99.68	46.18	26.11	0.32	27.39	81.85	12.74	5.41

据调查，大多数农户认为森林保险重要，主要缘于有基本上由政府买单的政策性森林保险政策，投保不需要操心保费，损失能够获得赔偿；这么天大的好事怎么能说不重要？农户的参保途径基本上是“统保”，这就说明了一切（自主投保的1户为林业大户，其投保目的是为了方便贷款）。对于参保户参保的原因，参保了的农户竟然有占27.39%的不知道为什么要参保，因为有政府保险补贴而参保的农户数占26.11%，只有不到一半（46.18%）的农户表示参保是为了防范损失。

（2）干部层面。多年以来政策性森林保险规模不断扩大，对于开展政策性森林保险的作用效果，众说纷纭。基层干部持肯定态度的说法少而持否定态度的说法多。多年来的跟踪监测访谈发现，无论是县林业局、乡镇林业站，还是村干部，多数干部反映，自开展森林保险以来，农户对森林防火基本上持不关心态度，森林火灾发生以后劳动力不在家的农户无人上山参与灭火，劳动力在家的农户也喊不动他们上山参与灭火，森林“防火灭火”成了干部们的“专项职责”；而等山火灭了以后，发生了受灾的农户就找干部吵着、等着要赔偿。

由此可以看出，政策性森林保险政策的实施并没有达到政策设定的目标，对农户的承包营林履责行为并没有起到积极的促进作用，反而在一定程度上“放纵”了农户的不履责行为，因此对于该项政策亟待政府部门给予调整和完善。

强化农户营林履责的激励对策

从湖南省500个样本农户的调查数据来看，当前少数农户存在营林履责积极性不高、自觉性不强、经营懈怠的现象与倾向。同时数据分析表明，农户家庭劳动力数量、家庭林业收入及家庭收入、林地面积和林地块数、家庭林地类型、政府林木限额采伐管理政策、林业财政补助政策和森林保险政策等因素，都对农户的营林履责行为具有重要影响。因此，在实际工作中，有必要采取有效措施，强化积极因素，弱化消极因素，提高和强化农户营林履责的积极性和自觉性，巩固和扩大集体林权制度改革的成效。

一、推动林业要素市场发育，促进林地林木资产的合理流转

从调查数据来看，农户的林地面积规模普遍较小，林地细碎化程度高，很难形成规模效益；同时，随着农村城镇化速度的加快，有越来越多的劳动力转移到城镇就业，留守人员老龄化倾向越来越严重，一些农户家庭出现了明显的“弃农”转业现象；因此，如何让林业生产要素市场发育得更快、推动林地林木等林业生产要素的合理流转，促进林地营林履责形式的组织化和规模化，在当前形势下显得尤为重要。对此，主要应做好以下三方面的工作：

①在“三权分置”基础上依法完善林地权益规范，在权属明确的基础上探索建立集体林地承包经营权依法自愿有偿退出机制；搭建市场交易平台，鼓励和引导林农采取转包、出租、入股等方式流转林地经营权和林木所有权，将分散的宜林荒山荒地转让给专业化的林业企业造林营林；积极推动和鼓励产业转移农户、老龄化农户的林地经营权在林业要素市场（或林地市场）的合理流转，以促进林地承包营林履责落到实处。

②设立国家县（市）林地收储中心。一方面通过林地收储中心设立的林地保护价格约束和规范林地流转市场，保护农民的合法权益；另一方面通过林地收储中心及时将造林营林难度较大、林农经营确有困难的集体林地转为国有林地，以提高林地利用率。

③加快建立、健全森林资源评估制度，做好林地、林木流转服务工作，及时办理权属变更登记手续，保护当事人的合法权益。在林权流转过程中，要防止乱砍滥伐林木、改变林地用途、公益林性质和公有资产不合法流转行为，从而实现林地林木流转市场的规范发展，为非公有制林业发展创造条件。

二、强化林业社会化服务体系建设，促进营林生产服务便利化

现阶段，农户的受教育程度还相对较低，营林生产的市场化竞争能力不强，抗风险能力差；所以，政府要强化农村社会化服务体系建设，建立健全业社会化服务体系，为农户承包营林履责搭建良好的信息、技术、市场服务平台，以消除农户因信息渠道少、营林技术不足、市场风险认识不够所带来的不利影响，促进营林生产服务便利化。主要应做好以下三方面的工作。

（一）提高林业社会化服务的组织化程度

通过扶持发展不同类型、层次、组织形式的林产品生产、技术、质量协会及各类专

业经营组织，发挥各行业协会、专业经济技术组织的作用，在信息沟通、技术服务、配套协作、行业自律等方面，进一步加强林业行业的协调、管理和服务。

（二）积极培育有特色、有效率的林业社会化服务组织与机构

根据我国现阶段的国情和林情，应侧重培育信用担保、筹资融资、技术支持、信息咨询、市场开拓、人才培训、经营管理等方面的林业社会化服务组织，从实际出发，确定不同服务组织（机构）的具体服务内容和工作重点，在培育重点服务项目过程中，要以点带面，逐步形成富有特色和成效显著的林业社会化服务体系。

（三）扩大林产品市场销售服务

加快构建林产品营销信息网络和电商平台，向林农提供专业市场信息和营销平台服务；并充分发挥龙头企业、各类流通组织和行业协会的引领作用，充分发挥社会化服务体系在提升农户市场化经营能力方面的服务效能。

三、采取积极有效措施，切实提高林农的营林生产收入

从调查数据看，目前农户营林履责的自觉性不够强，造林、抚育投资不足，究其原因主要是营林收入水平低，这对农户的营林履责行为带来了显著影响，因此，要提高农户营林履责的积极性和自觉性，最关键的就是要采取积极有效措施、切实提高林农的营林生产收入。为此，应做好以下几方面工作。

①调整宏观经济政策，提升营林生产比较收益。长期以来，我国形成的工农产品价格剪刀差问题，造成了营林生产比较收益低，影响了林农营林生产积极性。为解决这一问题，政府应不断调整工农业生产之间的比较利益关系，对林业采取必要的保护措施，制定合理的林产品收购价格，提升林业实现自我积累、自我发展的能力，诱导农户自觉地投入营林履责。

②推动林业合作组织建设与发展，通过把合作组织内的林地合并到一起进行统一经营和管护，以扩大林地经营规模，解决好林农一家一户经营的林地细碎化问题，提升林业生产经营的规模化、集约化和专业化水平，提高林农营林生产的规模效益。

③培育和发展林业龙头企业，带动农户营林生产规模化经营，以提高林业收入。积极发展科技型林业企业，改变林业传统粗放型经营方式，积极引导和鼓励林业企业进行技术创新，带动和引领农户开展营林生产，增强农户营林投资信心，提高农户营林履责积极性。

④进一步强化财政惠林支持，提高和扩大对造林、抚育、低产低效林改造等营林生产项目的财政补贴标准和补贴规模，从资金、技术、市场化服务等方面给予农户营林生产扶持与帮助，以促进农户积极地开展造林、抚育工作。基层林业部门要定期开展对林农的营林生产技术培训，强化对农户的营林生产服务，尽量减轻农民营林生产负担，增加营林者收入。

⑤坚持生态优先、分类施策的原则，集体林地的生态公益林造林以政府资金投入为

主，商品林造林以社会投资为主、政府给予适当补助。扩大林业补贴对象与范围，将补贴对象扩大到包括林农个人、家庭林场、股份合作林场、林业专业合作社、林业企业等各类主体，只要投入资金造林的，都能享受一定补贴。

⑥当前尤为重要的是，政府应设立荒山造林专项财政扶持资金，对荒山造林给予重点扶持，以解决立地条件极差环境下造林生产的特殊困难要求；对在立地条件较差地区营造生态公益林、较长时期难以获得经济收益的，应允许利用一定比例的林地从事产业开发，并予以政策扶持。

四、改革公益林生态补偿管理办法，取消商品林采伐限额管理制度

采伐限额管理政策的目标是为了限制林木过度采伐，保护生态环境，以防止经营者短期行为。但由于林业管理体制的转变和林权改革的深入，使得原有的采伐限额管理制度束缚了营林者的正当权益，也在一定程度上制约了林地承包者的营林履责行为。农户作为理性经济人，追求经济收益最大化是其正当权益，对于农户正常的生产经营行为，政府不应有过多的限制。在林木采伐量的问题上，要给林农较多的自主权，依法保护林地经营者对林木的处置权和收益权，使得林农的承包经营权、处置权和收益权在实践中能够得到高度的统一，这样才能更好地调动林农营林生产的积极性，提高其营林履责的自觉性。为此，在林木限额采伐管理方式上，也应按照林业分类经营改革要求进行调整，实行分类管理。

对于生态公益林，要改革当前不顾林地森林资源质量（林相）统一按照林地面积进行补偿的管理办法。首先，要严格按照公益林的划分条件将生态公益林明确的确权到户，并颁发公益林权证。其二，要以公益林地的森林蓄积和林相作为依据设定公益林生态补偿标准，将林地森林资源质量作为生态补偿的重要依据和条件。在当今科学技术条件下，可以通过遥感技术随时监测公益林地的森林蓄积与林相状况，据此强化对公益林的监督管理。其三，通过适度提高或调节补偿标准，引导林农强化对公益林的营林管护行为，促进公益林发展。

对于商品林，应全面取消商品林的限额采伐管理制度。多年来，湖南省的林改监测调查发现，林地确权到户以后已经基本上没有发生过农户的乱砍滥伐行为。林地承包到户以后，本应让营林生产者根据市场行情、按照森林经营编制方案、自行组织营林生产与林地经营，要排除政府机构不必要的干预，增强林农营林生产的自我意识，以此提高农户营林履责的积极性。

五、规范森林保险运作形式，确保政策性森林保险的作用与效能

目前，湖南省森林保险的投保运作形式为：公益林保险以市、县为单位统一投保，由市（州）、县（市）林业局作为投保人与保险公司签订保单；商品林保险签单投保由承保机构与投保人自行签订。一些县（市）区域，除对公益林实行统保外，对商品林也实行了统保。实际工作中的所谓“统保”，就是所有保费（包括政策上规定由农户自己

负担的10%）都由政府部门支出或垫付，整个投保过程无需农户参与的运作形式。这种形式下的森林保险，造成了农户的边缘化，农户体会不到国家政策的目的与意义、自己应该在其中履行什么样的责任与义务；同时，还会让农户产生一种错觉，好像有森林保险，防火防灾、救灾的工作就可以不做了；从而有可能直接导致了农户对山林火灾的不管不问。

当前社会各层面似乎都存在一种错误观念，将购买森林保险完全等价于林业经营风险和灾害的防范与降解。实际上，对于林业生产者来说，购买森林保险只是灾后损失的降解与规避手段，它只对购买森林保险的那部分林地业主具有效用，在一定程度上减少灾害发生后面临的经济损失。对于林业管理部门和全社会来说，发展森林保险，并不意味着森林灾害风险的消除；更不代表国家和地区的森林资源就得到了有效保护。对于森林保险的参保者来说，如果因参保而降低了对林地资源的管护，丧失了对森林灾害的防范与救灾措施，那么就有可能会导致森林灾害风险发生的概率更大、频率更高，在森林保险金额既定条件下，只会使农户利益受到更为严重的损害。这个道理，基层林业干部一定要跟农户讲清楚，以消除农户不切实际的幻想。对于林业管理部门来说，如果只一味地强调森林保险规模的扩大和政府财政资金对森林保险的追加投入，而忽视了林区的“三防”基础设施建设，懈怠了“三防”工作的具体落实，那么，不仅不能发挥公共财政对国家生态和林业建设的支撑与保障作用，反而会带来财政资金的浪费、森林资源的破坏和全社会福利的损失。因此，无论是林业生产经营者还是林业管理部门，都要清醒地认识到，森林保险只是降解和防范林业生产经营灾害损失的一种手段，而不是消除森林灾害发生的“灵丹妙药”。在推行森林保险发展的同时，更要强化对林地的经营管护和对林区“三防”工作的重视与落实。

六、积极有序推进林区基础设施建设，改善营林履责投资环境

当前林区基础设施条件差，严重制约了农户的造林、抚育、管护、采伐等营林生产活动，对农户的营林履责行为造成了严重的消极影响，因此，国家要加大对林区基础设施建设的财政投入与支持力度，尽快改善林业基础设施建设长期薄弱的局面。

（一）要积极推动山区林道建设

当前在国家全面推进农村道路硬化建设政策实施过程中，林业部门要积极引导政策向林区倾斜，推动政府加大对山区林道建设的财政支持力度，同时采取资金奖励、项目扶持等形式鼓励广大林农积极参与林区道路建设。确立林区道路建设规范管理制度，明确建设主体和养护责任。

（二）要大力推进林区防火设施建设

搞好防火设施建设示范，推进建立以乡（镇）林业站为责任主体的防火设施规划建设、使用与管护组织体系。

（三）要配合新农村建设的步伐，推进和落实“电网、水网、信息网、路灯网”和电商平台在广大林区的全覆盖

国家林业部门应积极推动国家各部门各项惠农项目向林区、林业倾斜，更好地利用国家财政资金的资源平台推动改善和提升林区的相关基础设施建设，以促进农户林地承包营林履责客观环境条件的不断改善，为农户营林履责创造便利的条件与环境。

2017

集 体 林 权 制 度 改 革 监 测 报 告

林业龙头企业经营效益研究报告

支持林业龙头企业发展的政策梳理

一、林业龙头企业的定位与作用

龙头企业是指在某个行业中，对同行业的其他企业具有很深的影响、号召和一定的示范、引导作用，并对该地区、该行业或者国家做出突出贡献的企业。在我国农业和林业龙头企业对“三农”问题的解决有重要的意义。国家高度重视龙头企业的发展，在近十年的“中央一号”文件中对龙头企业的定位都是“产业化发展的主力军，扶贫攻坚的主力军”，强调龙头企业在推动产业结构升级和联农、带农方面，要发挥重要作用。中共中央国务院《关于实施乡村振兴战略的意见》中提出，注重发挥新型农业经营主体带动作用，打造区域公用品牌，开展农超对接、农社对接，帮助小农户对接市场。

林业龙头企业是指以林产品加工和流通为主，通过各种利益联结机制和农户相联系，带动农户进入市场，使林产品生产、加工、销售有机结合，相互促进的新型林业生产经营主体。

林业重点龙头企业是林业供给侧结构性改革的引领者，是现代林业发展的示范者，是市场在资源配置中起决定作用条件下发挥林业生态效益、社会效益和经济效益的重要微观经济主体，对于促进林业现代化建设，推动林业产业转型升级、区域经济发展和农民增收致富具有重要作用。

二、林业龙头企业评比认定标准

2013年，国家林业局发布《关于国家林业重点龙头企业推选和管理工作实施方案（试行）的通知》，明确了国家林业重点龙头企业推选和管理的程序、分类标准、基本条件等相关内容。其中企业推荐标准具体分为11类，分别是木竹种植与培育类、林下种植（养殖）类、林木种苗和花卉类、木竹（藤）加工类、林产化工类、竹（木）制浆造纸类、野生动植物驯养繁育与加工利用类、森林食品加工类、林业生物产业类、生态旅游经营类、林产品流通和林业服务类。在每个类别中，又对推荐企业从十个方面提出了量化要求，分别涉及企业规模、带动辐射能力、产品竞争力、企业盈利能力、信用等级、可持续发展能力、资源综合利用和环境保护水平、产权与管理运行状况、身份要求、优先条件等。

目前，各省市在国家林业龙头企业评比认定标准的基础上，立足于自身的发展对本省林业龙头企业的评比认定标准进行了公布。从各省的林业龙头企业认定标准意见通知来看，省级林业龙头企业的认定标准在基本条件上较国家级的少，大多数包括5个条件：企业的规模、辐射带动能力强、科技创新能力强、企业信誉好、企业管理规范。相对来说，国家级的评定标准都高于省级的。

三、林业龙头企业监测机制建设

加强对重点龙头企业的引导和服务，实行定期监测、动态管理是引导林业产业化经营健康发展，壮大林业产业化龙头企业的重要途径之一。

在国务院《关于支持农业产业化龙头企业发展的意见》中就明确要求要完善重点龙头企业认定监测制度，实行动态管理。建立省级以上重点龙头企业经济运行调查体系，加强行业发展跟踪分析。认真总结龙头企业带动农户增收致富、发展现代农业的好经验好做法，大力宣传农业产业化发展成就，对发展农业产业化成绩突出的单位和个人按照国家有关规定给予表彰奖励，营造全社会关心支持农业产业化和龙头企业发展的良好氛围。随后，国家林业局《关于公布第二批国家林业重点龙头企业名单的通知》中也明确说明了各级林业主管部门要加强对国家林业重点龙头企业的指导，要对国家林业重点龙头企业实行动态评价管理，建立和完善淘汰机制，做到有进有出，不断提高龙头企业素质，增强辐射能力和带动能力。在2013年国家林业局发布的《关于国家林业重点龙头企业推选和管理工作实施方案（试行）的通知》中要求对国家重点龙头企业实行动态评价管理，每两年推荐和选定一次，每三年进行运行监测评价一次。

全国各省根据国家林业局的要求，对各省省级龙头企业监测管理制度进行了完善，各省对龙头企业执行严格的龙头企业监测信息统计制度，多数要求实行省级林业龙头企业一年一次的信息报告制度。

同时，各省也提出了不合格龙头企业的指标，一般包括以下内容：一是在申报和监测过程中提供虚假材料的；二是拒绝监测，不按规定要求提供相关材料的；三是生产经营中存在重大质量事故、安全事故、环保事故或乱砍滥伐、偷税漏税、拖欠农民费用和工资行为或经营不善已破产、被兼并的。江苏省在《江苏省林业产业龙头企业认定和管理办法》中还增加了环保不达标，造成严重污染的、主营业务内容和范围发生较大变化、其他严重违反国家法律法规和政策行为的龙头企业取消资格，并且三年内不可再申请认定。

四、林业龙头企业生产管理标准化建设

标准是经济活动和社会发展的技术支撑，是国家治理体系和治理能力现代化的基础性制度。国务院在《深化标准化工作改革方案》中深入分析了我国现代农业标准供给缺口大、标准缺失现象存在，标准速度更新缓慢等问题，导致企业能动性受到抑制，缺乏创新和竞争力。因此要深化标准化改革，建议企业要根据需要自主制定、实施企业标准。鼓励企业制定高于国家标准、行业标准、地方标准，具有竞争力的企业标准。建立企业产品和服务标准自我声明公开和监督制度，逐步取消政府对企业产品标准的备案管理，落实企业标准化主体责任。在《全国农业现代化规划（2016－2020年）》中就农产品质量检测安全监管方面提出了要建立农产品追溯制度，建设互联共享的国家农产品质量安全监管追溯管理信息平台，打造农产品生产企业信用信息系统，加大信用信息公开

力度。随后，国务院又出台了《国家标准化体系建设发展规划（2016－2020年）》，提出一些重点领域的标准化建设，其中在林业方面包括：制修订林木种苗、新品种培育、森林病虫害和有害生物防治、林产品、野生动物驯养繁殖、生物质能源、森林功能与质量、森林可持续经营、林业机械、林业信息化等领域标准。研制森林用材林、经营模式规范、抚育效益评价等标准。制定林地质量评价、林地保护利用、经济林评价、速生丰产林评价、林产品质量安全、资源综合利用等重要标准，保障我国林业资源的可持续利用。因此，为促进林业产业又好又快发展，按照“扶优、扶强、扶特、扶大”和管理科学化、经营集约化、产品标准化的发展要求，国务院出台的《关于支持农业产业化龙头企业发展的意见》强调：培育壮大龙头企业，打造一批自主创新能力强、加工水平高、处于行业领先地位的大型龙头企业；引导龙头企业向优势产区集中，形成一批相互配套、功能互补、联系紧密的龙头企业集群；推进农业生产经营专业化、标准化、规模化、集约化，建设一批与龙头企业有效对接的生产基地；强化农产品质量安全管理，培育一批产品竞争力强、市场占有率高、影响范围广的知名品牌；加强产业链建设，构建一批科技水平高、生产加工能力强、上中下游相互承接的优势产业体系；强化龙头企业社会责任，提升辐射带动能力和区域经济发展实力。国家林业局出台的《国家林业重点龙头企业推选和管理工作实施方案(试行)》《国家林业标准化示范企业管理办法》《国家林业局关于进一步加强林业标准化工作的意见》等政策性文件强调，通过龙头企业的发展，推进林业企业标准化生产，提高林产品质量，促进林业企业产业结构调整和转型升级，增加林业收入的同时，提高现代林业可持续发展水平。为此，国家林业局还专门成立了国家林业局标准化工作领导小组，领导小组的主要职责是负责指导和协调林业标准化工作，审议林业标准化战略、规划、政策和重要标准等事项，协调解决一些跨部门、跨领域标准的重大问题。

在《国家林业标准化示范企业管理办法》中，从标准实施、人员配备、能力三方面对林业标准化示范企业提出了要求：一是要建立标准化生产体系、质量管理体系等并运行良好，标准实施效果良好，产品质量可靠；二是应有从事标准化和质量工作的人员；三是对企业参与国际、国家、行业或地方标准制修订工作，获得各级政府标准奖励情况等做了要求。

五、国家对龙头企业的扶持、补贴政策

一直以来，林业产业由于原料生产周期长，发展投入大，发展既要遵循市场规律，又要遵循自然规律，因此属国民经济中的弱质产业。在近年的“中央一号”文件中明确要求金融机构要加大对龙头企业的信贷支持，提出通过探索采取建立担保基金、担保公司等方式，允许符合条件的龙头企业向社会发行企业债券，解决龙头企业融资难问题。在国务院出台的《关于加快林下经济发展的意见》中提出支持符合条件的龙头企业申请国家相关扶持资金。

金融方面，《农业部中国农业发展银行关于进一步加强合作支持农业产业化龙头企业发展的意见》明确指出，中国农业发展银行要重点支持符合农发行贷款条件的国家和

省级重点龙头企业，各级农发行要切实加强和改进信贷服务，在风险可控的前提下，积极满足龙头企业合理的资金需求，稳步增加对龙头企业的贷款投放规模。要扩大龙头企业有效担保物范围，依法开展权属清晰、风险可控的大型农用生产设备、林权、四荒地使用权等抵押贷款和应收账款、仓单、可转让股权、专利权、注册商标专用权等权利质押贷款。对龙头企业的贷款，可在规定范围内适当下浮利率。中小型龙头企业是国家重点扶持的对象，在2012年国务院《关于支持农业产业化龙头企业发展的意见》中就指出中小企业信用担保资金要将中小型龙头企业纳入重点支持范围。

财税扶持方面，2012年国务院出台的《关于支持农业产业化龙头企业发展的意见》中，明确规定对龙头企业购买节能减排设备的进出口关税给予补贴，对林业贷款给予贴息补贴。在《中央财政林业补助资金管理办法》中提出对于林业龙头企业以公司带基地、基地连农户的经营形式，立足于当地林业资源开发、带动林区、沙区经济发展的种植业、养殖业以及林产品加工业贷款项目，可以享受的中央财政年贴息率为3%。对新疆生产建设兵团、大兴安岭林业集团公司符合本办法规定条件的林业贷款，中央财政年贴息率为5%，通过中央财政补贴，鼓励林业龙头企业的发展。国家林业局在《林业产业政策要点》中提出中央财政对林业龙头企业的种植业、养殖业以及林产品加工业贷款项目、各类经济实体营造的工业原料林贷款项目、山区综合开发贷款项目、林场(苗圃)和森工企业多种经营贷款项目、林农和林业职工林业资源开发贷款项目，按照有关规定给予贴息。

各省根据中央政策性文件和讲话精神，也公布了对林业龙头企业的扶持办法，且各有特色。以云南省为例，《云南省人民政府关于改善金融服务支持林业发展和集体林权制度改革的实施意见》中要求金融机构积极创新林业贷款和金融服务，结合信用村(镇)、信用户建设工程的推进，大力开展林权抵押贷款，积极发展林农小额信用贷款和林农联保贷款，探索政策性林业信贷模式，进一步加大林业贷款发放力度，更好地满足林业发展对信贷资金的需求。增加对林业龙头企业的贷款投放，支持林业龙头企业做大做强；合理确定林业贷款利率和期限，各银行业金融机构要按照林业经营和资金需求的特点，综合考虑林木项目生产周期等因素，合理确定林业抵押贷款期限，期限最长可为10年。对信用记录良好、满足信贷条件的客户，可实行综合授信、随用随贷、周转使用。

六、支持林业龙头企业“走出去”的政策

党的十八届五中全会提出“创新、协调、绿色、开放、共享”的五大发展理念，同时，随着“一带一路”建设，为企业走出去提供了良好的政策环境背景。在近年的中央一号文件中对鼓励企业“走出去”也多有提及。《全国农业现代化规划（2016－2020年）》对农业龙头企业走出去作了部署：培育大型跨国涉农企业集团。同时提出在林业方面“走出去”的重点领域为森林资源开发利用与木材加工。提出选择一批特色鲜明、技术先进、优势明显的农产品出口大县，建设一批规模化、标准化生产基地，培育一批精通国际规则、出口规模大的龙头企业。在《林业发展“十三五”规划》中也提出要始

终把坚持开放合作作为林业发展的重要路径，还提出要从加强林产品国际贸易预警体系建设，建立健全安全有效的林产品对外贸易体系，积极争取扩大利用国际金融组织和外国政府贷款规模等方面为龙头企业“走出去”创造良好的环境。同时，国家也出台了关于龙头企业“走出去”的相关优惠政策。在国家林业局与国家开发银行签署的《开发性金融支持林业发展合作协议》中，国开行将在重点项目、重点企业和创新机制上对林业“走出去”进一步给予支持，重点领域项目包括：在亚洲、欧洲、非洲、南美洲等地区，从事木材采伐加工、油棕种植加工、造纸等领域，为推动林业产业发展、保障国家木材安全作出重要贡献的项目和企业。在《林业产业政策要点》中对林业龙头企业“走出去”的优惠项目作了重点介绍：加快现有人造板、家具、木制品生产企业重组整合，鼓励上规模、低消耗、高效益、具有市场竞争力的精深加工龙头企业。利用地缘优势发展林产品加工基地和对外贸易；严格执行国家已出台的各类林业税费减免优惠政策。同时，林业产业按国家规定享受税收优惠政策。根据国家有关税收法律法规的规定，对企业从事农、林项目的所得免征、减征企业所得税；对属于国家产业结构调整指导目录鼓励类投资项目的进口自用设备，除国发〔1997〕37号文件《国内投资项目不予免税的进口商品目录》所列商品外，免征进口关税和进口环节增值税。鼓励有条件的林业企业“走出去”，并在资金、信贷、税收等方面给予支持。鼓励林业企业提高开拓国际市场能力，凡符合国家中小企业国际市场开拓资金使用方向和使用条件的林业企业予以积极支持。鼓励国家林业重点龙头企业利用资本市场筹集扩大再生产资金。支持符合条件的重点龙头企业在国内资本市场上市；对东北、内蒙古国有林区森林工业产业调整和林业龙头企业发展予以政策倾斜等措施支持林业龙头企业“走出去”。

新的时代背景下，龙头企业的发展又面临新的要求。在《林业发展“十三五”规划》中提出要大力培育林业龙头企业，培育国家级现代林业产业示范园区和木材加工贸易区，促进产业集群和融合发展，提出大力扶持战略性新兴产业发展，培育木结构绿色建筑产业、林业生物产业、生物质能源和新材料产业，加强林业生物产业高效转化和综合利用，并且促进产业聚集和融合发展，培育林业国家级现代林业产业示范园区和木材加工贸易区。优化人造板、家具、木浆造纸、林业 装备制造和林业循环经济等产业布局，依托资源禀赋和口岸，打造一批精深加工产业集群，发挥重点产业聚集效应和区域产业竞争优势。依托特色林产品基地、森林食品基地及竹藤示范区，建设特色林业精品园等现代产业示范园区。大力培育林业龙头企业。同时还要求要完善产业服务体系，加快健全林业产业和林产品标准体系，逐步建立林产品产前、产中、产后的全系列标准规范，把无公害、“绿色”标准的推广与优质林产品基地、现代林业标准化科技示范园建设紧密结合起来，建立健全林产品质量检测认证体系和林业产业信用体系，制定林业产业和市场准入负面清单。积极推进产销监管链、竹林经 营和生态产品服务认证机制。加强林业产业和林产品市场监测预警工作。建设林产品电子商务交易平台，鼓励森林产品连锁超市、新型电商 企业和仓储物流业发展。“十三五”期间是扶贫攻坚的关键时期，因此，还要充分发挥林业龙头企业对拓宽农民就业渠道，促进农民增收致富和区域经济发展方面的作用。其次，在“互联网+”时代下，林业龙头企业要开放思维，运用现代信息科技手段，拓展更多“互联网+林产品”等业务。

云南省林业龙头企业经营效益研究

一、数据和分析方法说明

2010年11月，云南省根据自身的林业资源优势，出台了《加快林业产业发展意见》，明确提出重点打造九大特色产业：一是特色经济林产业；二是林（竹）浆纸产业；三是林产化工产业；四是竹藤产业，积极培育丰产竹藤原料林基地；五是野生动物驯养繁殖产业；六是森林生态旅游业；七是木材加工产业；八是非木材产业；九是观赏苗木产业。同年颁布的《云南省林业产业省级龙头企业认定和管理办法》规定：省级龙头企业实行年报及两年年检评价的动态管理制度。年检合格的，继续保留林业产业省级龙头企业称号，享受有关优惠政策；年检不合格的，取消省级龙头企业称号，不再享受有关优惠政策。被取消省级龙头企业称号的企业，如果再具备申请条件的，可以重新申报。

本研究基于2014年度（230家）和2016年度（290家）接受年检的龙头企业所填报的数据，按照九大产业对林业龙头企业进行分类，利用描述性统计的分析方法，从企业基本情况、经营绩效和带动农户情况三个方面，对龙头企业的总体发展情况进行了描述性分析。对两个填报年度均出现的林业龙头企业，采用DEA分析方法，对企业的经营绩效进行了量化和比较研究。

二、云南省林业龙头企业评选标准

（一）林业龙头企业的重要作用

云南省山地面积占全省土地总面积的90%，林业用地面积占全省土地总面积的63%，对山区人口占总人口70%的云南来说，发展林业产业是山区人民全面建设小康社会的需要。林业龙头企业则是林业产业发展的关键，担负着开拓市场、技术创新、引导和组织基地生产与林户经营的重要任务。云南省林业厅持续加大对林业龙头企业的扶持力度，2004-2016年，已经认定615家省级龙头企业，通过“公司+基地+农户”“公司+农户”等方式推动云南林业产业化发展。在龙头企业的带动下，云南林业产业发展迅速，根据行业统计，产值从2002年的108亿元上升到2016年1700亿元。

（二）云南林业龙头企业评选标准

根据2010年云南省林业厅出台的《云南省林业产业省级龙头企业认定和管理办法》，7种类型的企业可以申报龙头企业：一是总资产3000万元以上；二是企业年销售收入3000万元以上，年实现利润100万元以上（含已减免税金）；三是直接从事或辐射带动速生用材林种植50000亩以上或特色经济林种植10000亩以上的企业；四是能充分发挥当地资源优势，成长性较好，年销售（营业）预期收入1000万元以上，销售（营业）收入年均增长15%以上，经营的主导产品具有特色，并能迅速做大做强的企业；五是主营产品外向度高，外贸流通企业年出口额500万美元以上，外贸自营出口加工企业年出口150万美元以上；六是林产品专业市场流通企业年交易额2亿元以上；七是省、州（市）政府招商引资的重大林业项目业主单位，都可以申报省级林业龙头企业。

三、云南省林业龙头企业基本情况

（一）区域发展情况

近年来，云南省林业产业发展势头强劲。从区域发展情况来看，2014年，全省林业龙头企业最多的3个州市分别是：昆明占全省32.29%，主要是以观赏苗木类企业为主；楚雄占11.66%，以特色经济林类企业为主；曲靖占全省9.42%，主要以观赏苗木类企业为主；其次是玉溪占全省7.62%，主要是以非木材类企业为主；临沧、普洱和德宏各自占全省的7.17%、6.73%和6.73%，主要以特色经济林、木材加工制造企业为主；版纳以非木材企业为主，林业龙头企业占全省6.29%；红河占全省5.83%，以特色经济林为主，如图8-1所示。

2016年，林业龙头企业的数量比2014年上升53%。排名前三位分别是昆明、大理、玉溪。依然是昆明市占全省比例最高，为19.59%，仍以观赏苗木类企业为主；其次是大理占全省的12.37%，以特色经济林企业为主；玉溪占全省的11.00%，以特色经济林企业为主；排名靠后的三位分别是丽江、怒江和昭通，林业龙头企业分别占全省的0.34%、1.37%和1.72%，如图8-2所示。

（二）各产业龙头企业数量分布情况

从2014年和2016年云南省林业龙头企业申报数据来看，申报数量最多的是特色经济

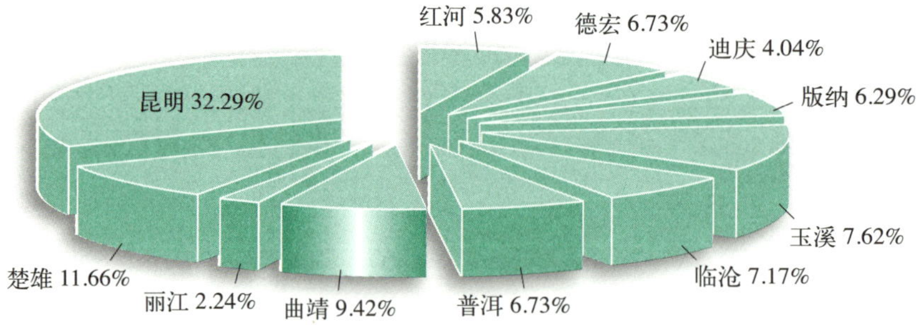

图8-1　2014年全省各州（市）林业龙头企业占比情况

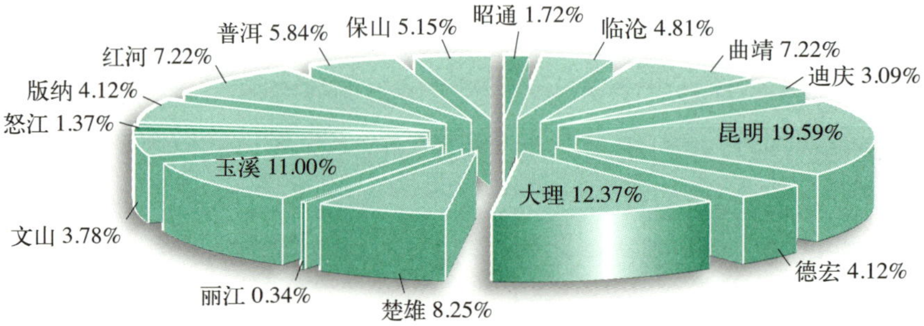

图8-2　2016年全省各州（市）林业龙头企业占比情况

林企业，其次是非木材类企业和观赏苗木类企业。最少的是森林生态旅游类和竹藤类企业。2016年较2014年相比除非木材类企业以外，其他产业申报数量都明显增加，其中特色经济林企业增加数量最多，见表8-1。

表 8-1 2014 年和 2016 年各产业龙头企业数量分布情况 个

特色产业	2014 年	2016 年
非木材类	60	55
特色经济林类	69	104
木材加工制造类	35	44
观赏苗木类	41	51
木竹浆纸类	4	6
林产化工类	10	13
野生动物驯养繁殖类	6	9
森林生态旅游类	1	3
竹藤类	1	3

（三）企业发展阶段情况

从企业注册时间来看，2006－2010年间注册成立的公司最多，有199家企业，特色经济林类企业占比最大，为34.50%左右，非木木材类企业和木材加工类企业占比为20.50%和20.00%；其次是2000－2005年，有141家，特色经济林和非木材加工类企业占比较大，分别为27.97%和24.48%，其次是观赏苗木类企业占18.88%；2011－2014年，有71家，申报龙头企业类型占比较大的仍是特色经济林类企业为52.12%，其次是非木材类企业为36.62%；1990－1999年，有61家，其中占比最大的是特色经济林类企业占31.34%，木材加工类占22.39%。从企业的资本组织形式来看，国有企业主要集中在20世纪90年代，新世纪以后民营企业占据绝大多数。总体来看，20世纪90年代主要发展的是以木材加工制造类产业为主的企业，进入新世纪后以特色经济林、非木材产业（即林下经济产业）、观赏苗木企业发展迅速，野生动物驯养繁殖、林产化工类、森林生态旅游业等企业类型也有所发展，但是数量还是较少，如图8-3所示。

（四）企业商标建设情况

商标和品牌战略是企业的经营战略，是为企业创造财富的无形资产。在当今市场中，越来越多的企业注重品牌和商标效应。但是数据显示，云南林业龙头企业这方面的建设并不理想，在2014年监测的230家企业中，有注册商标的有140家，占总企业的

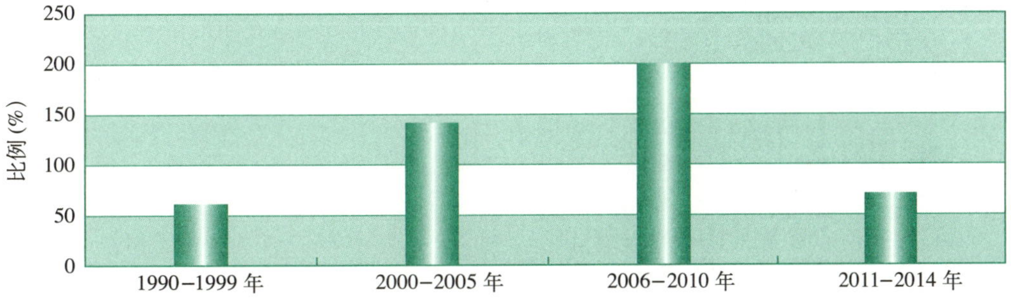

图 8-3 不同年代注册公司情况

60.87%，其中被评为云南省著名商标的有42家，占总企业的18.26%，评为中国驰名商标的有6家。2016年监测的291家企业中，有183家企业注册商标，占总企业的62.89%，评为云南省著名商标的有70家，占总企业的24.05%，被评为中国驰名商标的只有4家。云南拥有许多较好的林产品，但是并没有形成较好的知名度和美誉度。

（五）科研机构建设情况

大力提升林业科技自主创新能力，破解林业发展各环节存在的关键技术瓶颈，是全面提升、引领、支撑林业发展的关键。无论是林木的良种培育、木本油料作物的提取，还是现代木板门业的制造，都需要科技的支持，2014年监测数据显示，各企业在科研建设方面的投入总体良好。有126家企业选择自建科研机构或者是合作建设科研机构，占总企业个数的55%，最高投入800万元。其中特色经济林类企业是建设科研机构最多的企业，其次是非木材类和观赏苗木类企业。

四、云南林业龙头企业经济绩效分析

（一）林业龙头企业总产值情况

总体来看，企业产值呈持续增长的状态。其中，特色经济林类企业的总产值最多，2012－2015年总产值在50亿～100亿元；涨幅最大的是观赏苗木类企业，由2012年21亿元到2015年50亿元左右；非木材类企业的总产值保持稳定状态，是25亿～35亿元；木材加工类企业产值波动幅度较大，2012年总产值为28亿元左右，2013年则为15亿元左右，2014年又上升为42亿元，2015年下降为37亿元；木竹纸浆类企业、野生动物驯养繁殖类企业、林产化工类企业、森林生态旅游类企业总产值都大幅度上升。如图8-4所示。

从各类企业产值来看（以2015年为例），最高的依然是特色经济林类企业；其次是非木材类、观赏苗木类、木材加工制造类企业；最少的是森林生态旅游和竹藤类企业。由此可以看出，云南林业产业的发展，已经形成以特色经济林为主导产业的特点。

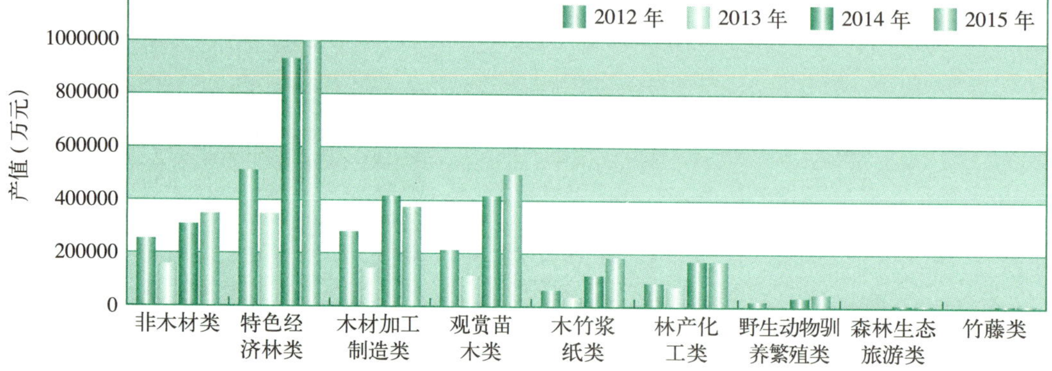

图8-4 2012－2015年特色产业企业的总产值情况

（二）林业龙头企业出口创汇情况

出口创汇是指出售给外贸部门或直接出售给外商产品或商品从而获得外汇收入的行为。2012－2015年，云南省林业龙头企业出口创汇总体呈现上升的趋势。其中，特色经济林类企业的出口创汇总量最高，约69%；其次是非木材类企业，占15%～18%；林产化工类企业占4%；其他类型的企业在出口创汇方面并没有太多贡献（表8-2）。

表 8-2　2012－2015 年龙头企业出口创汇情况

企业类型	企业数量（个）	均值（万元）	标准差	最大值（万元）	最小值（万元）
非木材类	38	562.08	613.74	2747	0
特色经济林类	24	4992.82	9532.09	74357	0
木材加工制造类	13	98.32	75.46	811.87	0
观赏苗木类	9	6	1	12	0
木竹浆纸类	4	0	709.83	0	0
林产化工类	14	615.55	0	255.8	0
野生动物驯养繁殖类	6	0	0	0	0
森林生态旅游类	1	0	0	0	0
竹藤类	1	0	0	0	0

（三）林业龙头企业上缴税金情况

根据数据显示，2012－2015年，各企业上交税金总额是一种上升的趋势。2015年较2012年上交税金增幅约为83%。具体来看，特色经济林类企业上交税金最多，占25.97%；其次是观赏苗木类林企业，占25.47%；木材加工制造企业占20.66%；木竹纸浆类占6.22%，其他企业上交税金较少。近4年，各类企业上交税金占比情况还是比较稳定的，说明企业的发展也处于一个稳定发展的阶段。关于免税情况，数据显示，在2012年有20家企业免税，主要是石斛种植企业、木本油料作物企业和观赏苗木企业；2013年有10家企业免税，免税的企业除了观赏苗木企业、木本油料作物企业和非木材类企业以外，还增加了野生动物饲养繁殖类企业；2014年10家，2015年35家，企业类型和前几年并无太大差异，如图8-5、表8-3。

关于免税情况，在2012年有20家企业免税，主要是石斛种植企业、木本油料作物企业和观赏苗木企业；2013年有10家企业享受免税，涉及的企业新增加了野生动物饲养繁殖类企业；2014年享受免税企业10家，2015年35家，企业类型和前几年并无太大差异。

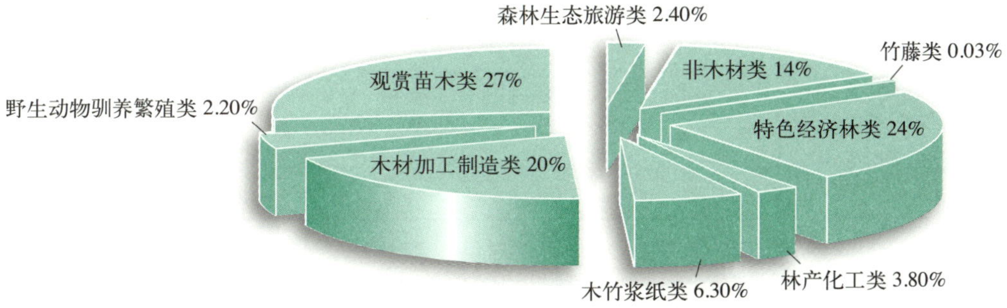

图 8-5　各类企业上交税金占比情况

表 8-3　龙头企业上交税金情况

企业类型	企业数量（个）	均值（万元）	标准差	最大值（万元）	最小值（万元）
非木材类	78	160.62	275.93	1982.42	0
特色经济林类	120	186.17	367.94	5000	0
木材加工制造类	63	359.37	471.81	1876	0
观赏苗木类	69	361.36	830.26	5278.55	0
木竹浆纸类	10	550.62	667.5	4013.32	0
林产化工类	22	152.93	177.54	890	0
野生动物驯养繁殖类	12	215.3	225.16	874.9	0
森林生态旅游类	3	1135.12	561.97	1841.7	40
竹藤类	4	38.94	27.97	56	1.9

（四）企业销售收入和销售利润情况

数据显示，2012－2015年，林业龙头企业的销售收入从136.82亿元增加到304.86亿元。其中，特色经济林类企业实现销售收入占比48.94%；观赏苗木类企业占比13.01%；非木材类企业占比12.60%；木材加工制造类企业占比13.20%；木竹纸浆类企业占比3.64%；林产化工类企业占比为2.29%；野生动物驯养繁殖类企业占比1.11%；森林生态旅游类企业占比0.99%；竹藤类企业占比0.01%。

数据显示，2012－2015年，销售利润出现小幅度的波动，2012年销售利润为21.47亿元，2013年销售利润为10.15亿元，2014年销售利润为17.52亿元，2015年销售利润为17.87亿元。其中，特色经济林类企业占比54.14%；观赏苗木类企业占比21.21%；非木材类企业占比为18.12%；木材加工制造类企业占比14.11%；林产化工类企业占比2.39%；野生动物驯养繁殖类企业占比4.01%；森林生态旅游类企业占比3.40%；竹藤类企业和木竹纸浆类企业销售利润负增长。

选取企业销售收入的平均值和标准差作为离散程度的测度指标，并测算出各类企业的离散系数。总体来看，2012－2014年各类企业销售收入的离散系数总体呈增大的趋势，尤其特色经济林类企业比其他企业的离散系数值大，说明该产业类型的企业，销售收入的个体差异较大，如表8-4。

表 8-4　各类企业销售收入离散系数情况

特色产业	2012 年	2013 年	2014 年	2015 年
非木材类	0.89	1.11	1.24	1.33
特色经济林类	2.24	2.09	3.77	4.16
木材加工类	1.11	1.31	1.07	1.15
观赏苗木类	1.24	1.28	1.41	1.65
木竹纸浆类	0.87	0.26	1.68	1.58
林产化工类	1.36	1.32	1.32	1.51
野生动物驯养繁殖类	0.49	0	0.73	0.7
森林生态旅游类	1	0	1.29	1.38
竹藤类	1	0	0.7	0.86

从企业销售利润的离散系数看，各类企业的销售利润离散系数是逐年上升的，说明企业利润也是逐年上升。其中特色经济林企业的利润离散系数最高，说明特色经济林企业处于

增长状态；木竹纸浆类企业利润离散系数为负值，说明木竹纸浆类企业发展出现问题，如表8-5。

对比表8-4和表8-5，可以看出，企业的销售利润离散系数比销售离散系数高，说明企业的成本较高。

表 8-5　各类企业销售利润离散系数情况

特色产业	2012 年	2013 年	2014 年	2015 年
非木材类	1.28	1.19	1.33	1.49
特色经济林类	5.2	2.7	2.6	4.47
木材加工类	1.52	1.24	2.37	3.85
观赏苗木类	1.21	2.17	1.8	2.17
木竹纸浆类	−2.29	−1.51	−2.03	−1.92
林产化工类	1.5	2	2.02	2.15
野生动物驯养繁殖类	1.37	0	1.67	1.64
森林生态旅游类	1	0	1.59	1.62
竹藤类	1	0	21.51	−1.85

（五）林业龙头企业负债情况

资产负债率是负债总额除以资产总额的百分比，也就是负债总额与资产总额的比例关系。资产负债率反映在总资产中有多大比例是通过借债来筹资的，也可以衡量企业在清算时保护债权人利益的程度。各类林业龙头企业资产负债率相对比较稳定，大约都在50%以下，但是2016年的资产负债率的平均值普遍要高于2014年，具体来说，负债率较高的企业是木材纸浆类，在70%以上，其次是森林生态旅游类；资产负债率较低的企业是非木材类、特色经济林产业、木材加工制造类、观赏苗木类企业低于40%，但是这几类企业的资产负债率有上升的趋势，如图8-6所示。

对于木材纸浆类企业负债率偏高的原因，通过访谈调查发现原因有两方面：一是大量原材料采购款在财务记账中体现为流动负债的其他应付款，而企业账款结算的周期与龙头企业监测数据的填报周期存在不一致，导致企业负债偏高；二是2016年全面停止天然商品林的商业性采伐后，原材料短缺和价格上涨导致木材纸浆类企业原料占款增加，企业运营成本增加，提高了流动负债的比例。

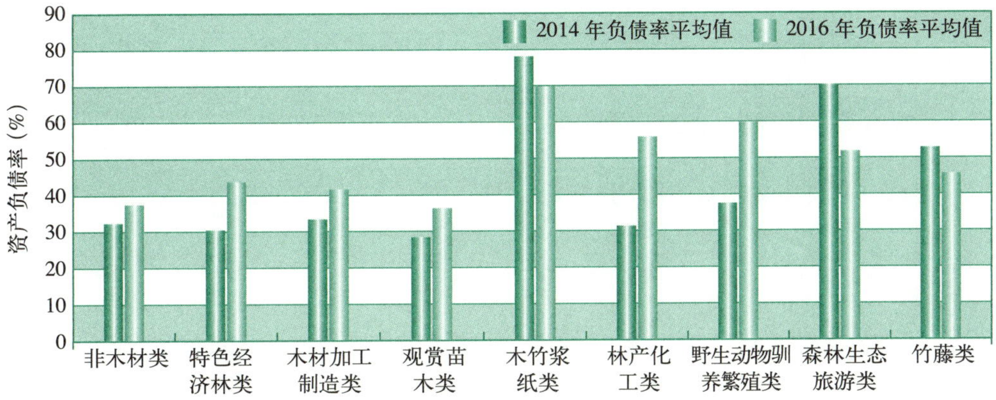

图 8-6　2014 年和 2016 年林业龙头企业资产负债率情况

（六）企业净利润和资金回报率情况

选取了净利润、资产回报率作为企业经营绩效评价指标。净利润是指在利润总额中按规定交纳了所得税后公司的利润留成，一般也称为税后利润或净收入。净利润是一个企业经营的最终成果。净利润多，企业的经营效益就好；净利润少，企业的经营效益就差，它是衡量一个企业经营效益的主要指标。数据分析显示，特色经济林类企业的净利润最高，说明企业经营效益好；非木材类企业和观赏苗木类企业净利润相对稳定；木材加工类企业、木竹纸浆类企业、竹藤类净利润呈现下降趋势，特别是木竹纸浆类企业和竹藤类企业净利润为负，说明该类企业经营效益非常差；林产化工类企业、野生动物驯养繁殖类企业和森林生态旅游类企业净利润比较小，但是呈现上升趋势，说明企业未来发展空间大，如图8-7所示。

资金回报率是指投出或使用资金与相关回报（回报通常表现为获取的利息和或分得利润）之比例。用于衡量投出资金的使用效果，也用来直观地评估一个公司的价值创造能力，（相对）较高ROIC值，往往被视作公司强健或者管理有方的有力证据。数据分析显示，森林生态旅游类企业的资金回报率值最高，其次是特色经济林类企业和非木材类企业资金回报率较稳定，而木竹纸浆类和竹藤类企业资金回报率为负，说明企业资金使用效果不好，行业发展或公司管理存在问题，见表8-6。

表 8-6　各类企业资金回报率情况 %

特色产业	2012 年	2013 年	2014 年	2015 年
非木材类	6.00	4.59	4.02	4.29
特色经济林类	11.04	3.35	4.97	5.73
木材加工制造类	4.13	1.91	1.45	1.43
观赏苗木类	4.62	2.14	2.85	2.92
木竹浆纸类	−9.52	−5.55	−9.40	−4.91
林产化工类	0.65	0.63	2.29	4.21
野生动物驯养繁殖类	6.59	0	2.20	2.10
森林生态旅游类	12.21	0	11.05	11.02
竹藤类	0	0	−0.22	−4.39

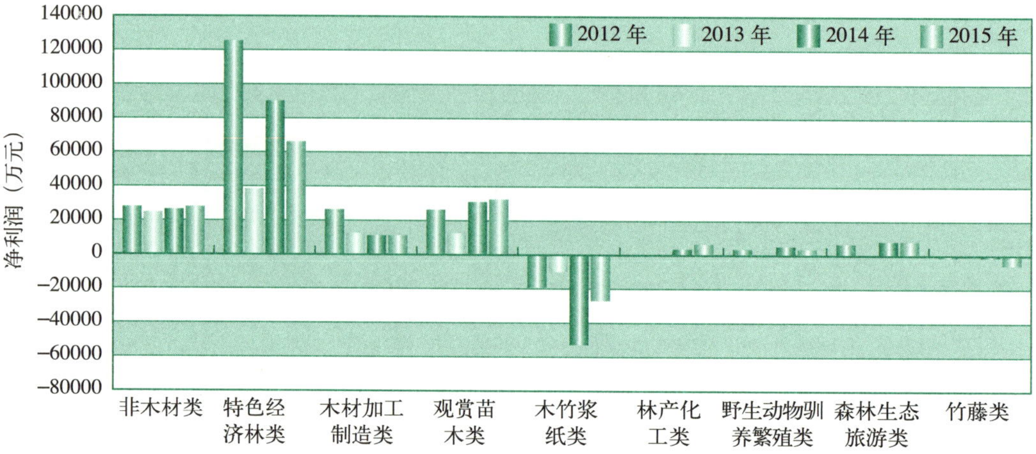

图 8-7　各类企业净利润情况

（七）基于 DEA 模型的林业龙头企业经营绩效分析

鉴于DEA分析方法是进行绩效评价的常用方法，课题组构建了DEA模型，对不同类型的林业龙头企业进行经营绩效分析。投入和产出指标见表8-7。

表 8-7　DEA 模型中的投入和产出指标

指标分类	指标名称	指标用途
投入指标（万元）	总资产	反映企业的规模
	固定资产	反映企业的生产能力
	科研投入	反映企业技术水平
产出指标（万元）	总产值	反映企业经营成果
	销售收入	
	利润总额	

由于DEA 模型要求各DMU的投入和产出指标在某一视角下需具有同质性，鉴于数据的有效性，主要对非木材类、特色经济林类、木材加工类、观赏苗木类和林产化工类企业进行了绩效评价，结果见表8-8。

表 8-8　各产业类别下企业经营绩效均值

企业类别	综合效率	纯技术效率	规模效率	规模
非木材类	0.59	0.70	0.87	drs
特色经济林类	0.68	0.84	0.76	drs
木材加工类	0.50	0.86	0.53	drs
观赏苗木类	1.00	1.00	1.00	crs
林产化工类	0.96	1.00	0.96	crs

DEA 分析结果表明：观赏苗木类企业经营效率较好，综合效率平均值为 1.00，说明企业生产要素投入配置合理，纯技术效率平均值也为 1.00、规模效率平均值为 1.00，处于规模收益不变阶段。规模 CRS 或 crs=Creasing Returns to Scale: 规模效益不变；IRS 或 irs=Increasing Returns to Scale：规模效益递增；DRS 或 drs=Decreasing Returns to Scale：规模效益递减；下同。

林产化工类企业的综合效率和规模效率的平均值都达到了0.96，纯技术效率平均值为1.00，企业也处于规模收益不变。

特色经济林类企业，综合效率平均值为0.68，说明企业生产要素投入配置不合理，纯技术效率平均值为0.84，规模效率平均值为0.76，规模收益呈现递减趋势，说明企业今后要注意控制规模的扩大。

非木材类企业的综合效率平均值为0.59，说明企业生产要素投入配置不合理，纯技术效率平均值为0.70，说明企业未来在技术方面还需要提高，规模效率平均值为0.87，处于规模收益递减区间。

木材加工类企业的纯技术效率平均值为0.87，综合效率平均值为0.50，规模效率平均值为0.53，规模收益呈现递减趋势，说明企业不但要考虑要素优化配置问题，还要考虑规模控制问题。

五、云南省林业龙头企业与农户关系分析

（一）林业龙头企业与农户合作关系的选择

多数国内外学者认为龙头企业与农户关系是一种“契约关系”，或者是一种“订单关系”。企业在选择与农户之间合作关系方面也遵循这一理论，国家鼓励农户以土地入股的形式参与龙头企业的发展，因此，在林业龙头企业与农户的合作中多数以土地的形式。

2014年监测数据显示，在非木材产业的60家龙头企业中，有31家企业与林农联营或有合作基地；以特色经济林为主的69家龙头企业中有32家企业与林农联营或者有合作基地；木材加工类35家企业中有14家企业与林农联营或者有合作基地；40家观赏苗木类企业只有9家企业与林农联营或者有合作基地。其余产业与农户之间的土地合作较少。

（二）林业龙头企业用工情况

林业龙头企业的用工情况分为在职人员和季节性用工。从2014年监测的数据来看，特色经济林类企业和木材加工类企业的在职用工人数最多，分别为19032人和21017人，平均季节性用工人数分别为2944人和1568人；其次是非木材类企业（即林下经济）在职工人数为10960人，平均季节性用工人数712人。具体来看，观赏苗木类企业季节性用工人数与正式职工人数比值最大，约为9倍，主要原因是观赏苗木需要培育、种植、修剪等季节性工人；其次是特色经济林类企业季节性用工是正式职工人数的8.97倍，主要需要果实的采摘等；再次是非木材类企业与野生动物驯养繁殖类企业季节性用工是正式用工的3.57倍和3.52倍，如图8-8所示。

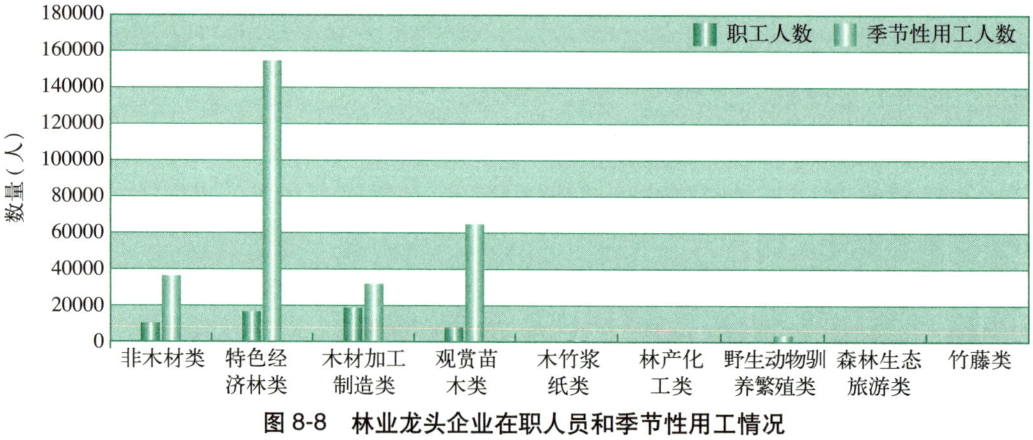

图 8-8 林业龙头企业在职人员和季节性用工情况

（三）林业龙头企业对农户的带动作用

林业龙头企业对农户的带动作用是评选龙头企业称号的一个标准，也是体现企业社会责任的一个重要的体现。林业龙头企业对农户的带动作用主要体现在数量（主要是指带动农户的数量和带动农户增收）和质量方面（主要是指技术培训、技术进步），根

据监测数据，目前带动作用更多的是体现在数量方面，质量方面还没有明确的表达。2014年监测数据显示，带动农户数量最多的企业是特色经济林类企业，其次是非木材类企业。在农户增收方面，贡献最多的却是观赏苗木类企业以及木材加工制造类企业，其次野生动物驯养繁殖和森林生态旅游业带动农户增收也很大。说明种植类企业更多的是农户带动数量增加，制造类企业和服务类企业对增加农户收益有很大贡献，见表8-9。

表 8-9　2014 年监测林业龙头企业对农户带动数量和增收情况

特色产业	带动农户数（户）	带动农户增收（元）
非木材类	7949	8891.09
特色经济林类	8403	5170.36
木材加工制造类	3458	13908.21
观赏苗木类	1807	14494.86
木竹浆纸类	1097	12833.33
林产化工类	5844	11045.00
野生动物驯养繁殖类	888	9515.00
森林生态旅游类	1200	8000.00
竹藤类	1200	500.00

2016年监测数据显示，在带动农户数量方面较2014年发生了一些变化，非木材类企业、特色经济林企业带动数量有所下降，林产化工类企业和野生动物驯养繁殖类企业上升很快，在增收方面各类企业都大幅度的上升，见表8-10。

表 8-10　2016 年监测林业龙头企业对农户带动数量和增收情况

特色产业	带动农户数（户）	农户增收（元）
非木材类	5054	10113
特色经济林类	8051	10502
木材加工制造类	3424	10660
观赏苗木类	1708	12244
木竹浆纸类	4184	18606
林产化工类	8678	7077
野生动物驯养繁殖类	4983	11548
森林生态旅游类	604	2933
竹藤类	12687	4003

整体来看，种植类企业的生产周期更长，产业附加值还不够高，因此增收不明显；特色经济林表现出隐忧：带动户数最多，但却增收最低。而它又是所有产业类型之中占比最大的一种，所以提质增效的潜力还需要挖掘；制造类企业和服务类企业属于二产和三产，对农户实际作用更明显。

（四）基于 DEA 模型的林业龙头企业带动农户效率评价

采用DEA分析方法，对林业龙头企业带动农户的效率情况进行了分析。投入产出指标和效率值计算结果分别见表8-11和表8-12。

表 8-11 投入与产出指标

指标分类	指标名称	指标用途
投入指标（万元）	企业从业人员	反映企业的规模
	固定资产	反映企业的生产能力
	科研投入	反映企业技术水平
产出指标（万元）	带动农户数	反映企业带动效果
	带动农户增收	

表 8-12 各类产业带动农户效率分析

产业类别	综合效率	纯技术效率	规模效率	规模
非木材类	0.59	0.75	0.78	drs
特色经济林类	0.34	0.53	0.75	irs
木材加工类	0.87	0.94	0.93	crs
观赏苗木类	0.91	0.93	0.96	crs

35家非木材企业带动农户的综合效率平均值、纯技术效率的平均值、规模效率的平均值分别为0.59、0.75、0.78，与最优值相比，还具有一定的差距，说明明非木材企业带动农户的效率依然偏低。

34家特色经济林企业带动农户的综合效率平均值为0.34，纯技术效率的平均值为0.52，两者远低于最优值，带动农户作用还有待提高，规模效率的平均值为0.75，与最优值之间还有一定的差距，生产规模还需要优化。从规模收益方面来说，有4家企业规模收益不变，22家规模收益递增，8家企业规模收益递减，说明企业带动农户作用正处于发展的初期阶段，需要加强与农户合作。

8家木材加工类企业带动农户的综合效率平均值为0.87，纯技术效率平均值为0.94，规模效率为0.92，综合来看，带动农户的效率比较高。

6家观赏苗木类企业，有5家公司在综合效率、纯技术效率、规模效率方面值为1.00，说明这5家企业在目前的投入状态下带动农户收入和带动农户等方面都处于最佳状态。

六、问题与建议

（一）存在问题及原因分析

1. 产业结构不合理，发展不均衡

从空间格局上看，以昆明为中心的滇中城市群林业龙头企业数量较多，其他地州市数量较少，呈现典型的空间分布格局不均衡。这既是由云南整体经济发展的空间格局、产业集群发展的特点决定的，也和各地对林业龙头企业申报工作的热情有关。部分地方认为林业龙头企业的申报，并不能如农业龙头企业申报那样给企业带来真正的实效，因此申报积极性不高。

从企业数量分布看，以特色经济林种植、非木材和观赏苗木种植等为代表第一产业占比达73.90%，以木材加工为代表的第二产业占比仅15.35%，以森林旅游和康养为主的第三产业仅占0.74%，份额非常小。究其原因，既有林产品特性的原因，也有政策更新滞后的原因。云南着力发展的野生菌、森林蔬菜、观赏苗木、坚果、香料等林产品，

其主要消费渠道就是食用，因此可延伸的产业链空间有限，导致第一产业占比很高。其次，受地理位置和交通运输条件影响，云南处于全国市场的末端，第二产业发展面临运输成本巨大，有效生产的辐射半径小等困难，客观上阻碍了第二产业的做大做强。同时，由于技术、人才储备不足，第二产业的技术创新有限。第三，随着社会发展，林业类投资公司、资产评估公司、专业服务公司等新兴产业类型不断涌现，但受龙头企业评定管理办法更新滞后影响，这些新兴的第三产业类型虽发展较好，但却未能纳入申报范围，客观上低估了第三产业的统计占比。

2. 产业投资周期长，投入大，企业经营效益低

林业企业是带动林业产业化发展的龙头，林业企业效益反映了其对林业经济资源的配置状态，它是林业市场绩效的重要标志。根据上述分析，特色经济林类企业和非木材类（即林下经济）企业发展迅速，但是产业周期长、前期投资成本高导致现阶段经营效益低；木竹纸浆类企业和木材加工类企业由于原材料成本的增加，经营效益呈现出下滑的趋势。

3. 科技支撑薄弱，技术保障体系不健全

企业在科技投入、技术储备和人才储备上还没有形成强有力的科技支撑体系。仅55%的企业自建或是合作建设科研机构，而在建有研发机构的企业中，47.62%的企业年科研资金投入不足100万元，在投入不足100万元的企业中，又有66.67%的企业投入是不足50万元的，因而导致产业发展的科技支撑薄弱，技术保障体系不健全，难以对本土资源形成有效的开发利用。出现这一困境的原因：一方面是云南省科教水平发展的相对薄弱和科研成果转化率偏低；另一方面则是由于林业企业所在地多条件相对艰苦，当地经济发展水平不高，缺乏对科技人才的吸引力。

4. 产品精深加工发展缓慢，产销瓶颈亟待突破

根据两年监测的数据可以看出，在经济林果产业占主导的产业布局下，以原料提供为主的第一产业自然成为了云南林业产业的重心，占有较大比例。但是，产品开发取向却成为产业链向二三产业扩展中的瓶颈，导致产销瓶颈亟待突破。以核桃为例，目前主要以核桃仁销售为主，向加工业的延伸，已经有产业化规模的是核桃乳制品。但是，核桃乳制品属于饮料类，面对激烈的市场竞争，企业的销售半径有限，盈利空间有限，必然出现加工业规模难以扩大的不均衡局面，产业发展面临较大的产销风险。

5. 企业品牌建设意识不强，品牌推广工作滞后

尽管云南省林业龙头企业注册商标数量和著名商标数量都呈现增长趋势，但仍存在以下问题：一是商标意识不强，仍有约40%的企业没有商标；二是知名商标少，且许多品牌仅限于本地知名，仅不到2%的企业拥有全国驰名商标。造成这一现象的原因：一是由产业发展特性决定，部分企业认为自己是初级产品的加工者，不直接面对消费者，因此产品品牌建设的意识和意愿不足；二是企业能力有限，进行品牌运营和策划推广的经验和能力不足，不能对市场形成有效占有。

6. 产业带动效果不明显，方式单一

目前，林业龙头企业对农户的带动作用更多的是体现在数量方面，在质量方面并没有太多的体现。其次是2014年230家林业龙头企业带动农户总数有31846家，2016年291家企业带动农户49373家，比2014年监测增加了55%。在收入方面，2014年监测数据显示，增收在1000～5000元的企业占比为60.08%，在5000～10000元的企业占比为18.02%，在10000元以上的企业占比为20.06%；2016年监测数据显示增收在1000～5000元之间的企业占比为54.13%，在5000～10000元之间的企业占比为18.27%，在10000元以上的企业占比为29%。总体看来，林业龙头企业带动农户增收的作用虽有改善，但效果还不是很明显。

（二）建议

1. 优化配套扶持政策，形成有效激励

从企业经营绩效的分析中可以看出，林业产业往往生产投资周期长，产业投入与产出存在时空上的不匹配，前期大量投入而少有产出的现实迫切需要扶持政策要能在产业发展前期给予企业持续支持，为企业赢得发展空间。其次，调查访谈中了解到，多数企业认为林业龙头企业配套扶持政策不系统、不完善，没有有效助推产业发展。虽然国家针对农业龙头企业出台了许多扶持政策，但在基层，却存在相关职能部门对政策文件解读教条死板的情况，只允许农业龙头企业享受优惠政策，认为林业龙头企业不在政策支持范围内，导致许多林业类企业反而要主动寻求获得农业龙头企业的身份。针对此问题，建议加强和农业部门之间的沟通，让出台的政策表述清晰地囊括林业类企业，或是针对林业类企业出台专门的政策。

2. 优化林业产业结构，重视林业龙头企业作用

目前，云南省林业第一、二、三产业结构不合理，第一产业所占比例较大，二、三产业相对薄弱。政府在继续发展第一产业的同时，要加快第二、三产业的发展。尤其是森林生态旅游、野生动物驯养繁殖、林竹浆纸等产业发展还是比较缓慢，优势特色产业，如观赏苗木产业还处于发展的初级阶段。

政府需要重视对林业龙头企业监测，根据林业龙头企业监测数据反映的情况，合理规划，在政策方面，要完善配套政策；资金方面，政府可以为银行与企业搭桥牵线，为龙头企业的发展引进贷款，解决资金问题；在土地方面，给予重点项目的林业龙头企业土地的优先使用权等。充分发挥林业龙头企业的带动作用以及对推进林业产业结构调整的引领作用。

3. 合理配置资源，优化企业投资结构

林业龙头企业表现出来的经营效益低下，一部分原因在于企业粗放型的发展，不但造成了资源的浪费，还带来了产值的下降。整理 DEA 分析结果发现，多数林业龙头企业规模效率值未达到 DEA 有效，当处于规模收益递增状态时，表明其在生产要素的投入水平上仍有不足，适当加大投资有利于利润回收，而当其处于递减阶段，则意味着企业投入过度，存在资源浪费。投资结构的不合理也会导致其总体效率的降低。因此，应在科学合理的保护性开发利用林地经济资源的前提下，注重第一、二、三产业的融合发展。企业应立足自身情况，围绕企业转型和升级，在扩大规模和提高质量上加大投入。

4. 加强企业发展中的科技引领，深化高附加值产品开发

未来企业之间的竞争，必将是技术水平的竞争。因此，企业一方面要加强科研资金投入，另一方面要主动寻求与科研院校之间的合作，将科研成果转化为生产力，提高林业科技成果的转化率和贡献率。一是要在良种选育与推广方面加大投入保障，打牢产业化发展的基础；二是要在产品深加工、高附加值产品开发利用方面加大投入，找准精深加工的产品类型，有效延长产业链，提升产值。

5. 加强企业现代化建设，树立品牌意识

企业的现代化建设不仅体现在生产的现代化、管理的现代化，还体现在文化、制度的现代化。云南省林业龙头企业的整体知名度不高，要加强企业文化方面的现代化建设，实施品牌战略，打造一批具有自主知识产权的名牌产品，形成以名牌产品带动的企业发展。

6. 壮大企业规模，增强带动农户能力

企业带动农户效率的提高要从两个方面入手：一方面是壮大生产规模，这需要政府的鼓励，政策的扶持，企业的产业结构的升级和企业的兼并重组等；另一方面，需要企业加强与农户之间利益联结，两者之间要充分信任，共同合作，寻找最优的合作关系和方式。其次，要重视农户质量上的提高，如定期技术培训。

典型案例——H公司万亩石榴庄园发展的经验与启示

H公司是云南省林业产业省级龙头企业，其下辖的万亩石榴庄园位于云南省红河哈尼族彝族自治州建水县，占地面积11380亩，是一个种养殖结合、农旅结合的生产型庄园经济体。利用云南得天独厚的地域与自然资源优势，公司在利用与保护生态的基础上，开展荒山荒坡改造，实施了种养殖相结合、循环互补、优势汇合、农旅融合、企农联合的经济发展模式。

一、企业发展经验

（一）挖掘地方特色产品，发展高原特色产业

企业选择了具有千年种植历史的地方特色水果——建水酸石榴作为产业化发展的基础，经过对传统种植技术的研究，采用5行酸石榴加种1行甜石榴及果树矮化、修枝拉条，并严格按照有机标准开展种植，充分发掘出具有浓郁地方特色的建水酸石榴产业，形成了差异化发展能力。公司的酸石榴不但获得有机石榴认证，还获得中国驰名商标称号，在各种全国和国际展会上也多次荣获金奖和畅销品等殊荣。尽管公司偏居云南中部，却在2016年实现石榴产值1.41亿元，把广东、福建、北京、上海、辽宁、吉林、黑龙江发展成为公司产品的国内主要销售地，而泰国、越南、韩国等海外市场的出口则为公司贡献了18.44%的产值。

（二）强化科技合作，形成低效林改造的有力技术支撑

2014－2016年，公司保持年均268万元的科研经费投入，通过与科研院所合作、技术引进等，在专家及技术人员指导下，开展土地资源综合利用与保护和生物多样性、经济

循环性研究，在种植与养殖，节水灌溉工程建设中，经过多年努力走出了一条荒漠化低效林改造的路子。

对于流转来的石榴基地，公司首先通过与高校共建“云南省土地资源利用与保护工程实验室”，开展土地资源综合利用与保护和生物多样性、经济循环性研究，在园区内建设了标准化的肉牛养殖场、生猪养殖场、蛋鸡养殖场和山鸡放养场，并将各养殖场的畜禽排泄物送到园区内的有机肥料厂进行清理、腐化，形成的有机肥用于园区土壤改良。随后与高校签订了有机石榴栽培科技合作协议，实施万亩有机石榴标准化示范基地建设，按照采用5行酸石榴加种1行甜石榴的创新种植模式，严格开展有机标准种植；引进国外公司的先进技术，建成高效节水灌溉系统，通过小型气象站、田间卫星接收站、中控等设备采集和分析气温、地温、湿度等参数，实现手机、电脑等网络的数据化智能化控制，原来400人才能完成一次灌溉作业，现在1个大学生就可完成。与高校间进行的农产品保鲜技术研究与开发，使得石榴储存在6个月后的总库损由原来的30%下降到8%（目标为5%以内）。产品保鲜时间的延长，能较好平衡市场供给，全面提升了特色林产品的商业化价值，增强了产品的市场竞争力。

（三）利用流转返租模式，有效提升产量产值

2007年，和源农业公司与建水县南庄镇李伍村委会签订了荒山土地流转合同，开展荒漠化及低效林开发。向当地农民流转无收益的荒山荒坡11380亩，开发建设万亩有机石榴示范基地。建设中，经过摸索，公司逐步建立起了“流转返租”的经营模式。即公司把农民无法生产的荒坡地进行流转，通过改造整理、完善设施、种植果树后，将开始挂果的林地按20～50亩的规模返租给专业果农进行管理，每个承租户的租赁期限为10年。公司无偿提供农资、信息和技术指导，免费为农户提供果园内的住房和生活设施，农户负责按公司的统一要求对果树进行修枝、拉条、疏果、套袋、撑枝和病害防治等管护作业。承租户每年以上交特定数量和等级的鲜果作为承租费用。上交鲜果的数量和等级，是根据公司自营阶段积累的产量数据，在公司与农户协商后确定的，并随年限有所调整：第1年至第3年，每年交付石榴产品400千克，第4年至第5年，每年交付石榴产品1000千克，第6年至第10年，每年交付石榴产品1200千克。每年交付的产品中，特级果10%，一级果40%，二级果50%。同时，双方还就不可抗力或不确定事件发生时的履约免责进行了规定。剩余的果品，农户可以选择出售给公司或自售。出售给公司的采取的是随行就市的保底收购策略。现阶段，因为公司果品供不应求，且公司对达到收购标准的果品， 采取随行就市保底收购，所以农户的全部剩余产量都出售给了公司。

经过几年的发展，基地土地的每亩产值由原来的500～800元提高到现在的3000～15000元。同时，基地吸收了流转出土地的农民作为基地的工人，为当地农民提供了2000多人的就业机会，使当地农民在获得土地租金的同时，可到企业、基地打工，每年可获得15000～30000元不等的收入。承租的农户，年收入水平平均达8万元。

（四）一二三产融合发展，龙头企业带动作用明显

公司按高效生态循环的发展理念，推动石榴种植与肉牛、生猪、蛋鸡养殖结合，

“种养”配套发展；畜粪发酵，沼肥还田，“果畜”循环发展；水果与蔬菜间种、套种，“果蔬”立体发展。公司目前已建成年吞吐量250万吨的现代农业物流园，招收录用当地农民固定工156人，人均工资3000多元/月；月均使用季节性分拣、包装、装卸等农民工1000多个工，人均工资100多元/日。

公司借助万亩石榴庄园，积极发展休闲体验农业，推动企业由单纯“卖产品”向“卖服务”转变。2016年公司实现旅游产值1020万元，旅游人次6万余人。目前，万亩石榴庄园年季节临时用工8000余人，人均工资80元/日。实现了一产带动三产的农业产业新增长。

二、案例启示

（一）流转返租提供了林业生产与农村劳动力结构匹配的模式

林业产业化项目往往表现出前期投入较大，生产周期较长，成本投入随时间递减的特征，也就是投入与产出存在时空不匹配问题。由于生产中的基础设施建设和产量存在规模效应问题，栽培技术的研发存在外部性问题，单一农户在劳动不充分（林地资源破碎，没有办法开展更多的经济活动）与劳动力不足（大量青壮年劳动力外出务工，农村劳动力市场主要以60～70岁的男性和40～60的女性劳动力构成）的矛盾之下，没有能力去完成标准化的基础设施建设，也没有能力去甄别获得优良品种和推进标准化种植。流转返租模式为解决这一困境，充分发挥企业和农户的生产优势提供了可能。

（二）流转返租提供了企业生产与家庭生产匹配的模式

有效的农业要求经营主体一是要能迅速对生产环节的信息灵活搜集和处理，二是其生产要具有自我实施的特征。有别于可控、专业标准化的工业大生产，由于农业生产存在周期性和连续性，使得随土地经营规模的扩大，使用工资契约的机会将越来越低。李宁认为，基于上述要求，家庭经营对于农业生产环节来说仍是更有效的组织方式。流转返租模式下，因为将剩余索取权赋予农户，而发挥了家庭在生产管护阶段快速、灵活搜集和处理生产信息的优势，降低了企业的管理成本，提高了生产效率。作为法人的企业，因为在科技、标准化生产与组织、信息搜寻与利用、产品宣传与策划、市场开拓等方面的明显优势，可以比农户更好地应对市场环境中的不确定性和发现市场中的盈利点。因此，流转返租模式充分发挥了承租户的生产优势和企业的科技、经营与销售优势。

（三）专用性资产投资的增加利于稳定农企之间的合作关系

资产的专用性，指的是为支持某项特殊交易而进行的耐久性投资所形成的资产，一旦形成便很难转移到其他用途上。物质资产专用性的增强，会强化企业与农户之间的合作关系，即便没有中介组织的参与，也能使二者保证契约的有效执行，减少违约行为。

和源模式的核心在于企业流转土地后，先进行大规模的专用性资产投资（从整地、修路、灌溉到果树栽植，全由企业组织完成），然后才把土地以定额租金的形式，按10

年期承包给农户经营。在这种制度安排下，企业真正代表了产业资本而非商业资本，对生产要素投入大量成本进行同质化改造，真正介入了生产环节而非仅停留在产品加工和运输与销售环节。企业由追求流通领域的利润最大化转而追求生产领域的利润最大化，这无疑促进了土地的高效、集约利用，也和农户形成了风险共担经济体，密切了二者之间的合作。

（四）引入职业林农，赋予剩余索取权，利于提高经营绩效

承租和源公司石榴园的林农，大部分来自红河哈尼族彝族自治州蒙自市，专业从事石榴树的种植和管护，有较丰富的生产实践经验积累。在被赋予剩余索取权后，果树的产量和质量成为承租户个人劳动和投入的函数。承租户不但会根据时令作业要求，及时对果树进行疏花疏果、套袋等种植作业，灵活雇工解决人手不足问题，还主动对承包地投入上万元，购买粘板、竹子撑杆等生产物料保护果树。专业管护和拥有剩余索取权的激励，为公司带来了较为明显的绩效提高，石榴产量较之前工资制下提升了35%，承租户的年收入水平平均达8万元。

（五）农林复合，一二三产业联动，利于实现产业的有效升级

和源公司通过流转，将荒山改造为标准的石榴园种植基地，通过科技合作发掘地方特有品种、改良种植技术和管理技术，为产业化发展打下了坚实的物质基础。通过建立肥料厂，农林复合实现生态循环，通过建设冷库、组建物流系统等，形成了全产业链布局。充分利用基地面积广、地形变化多样的特点，借助整体规划设计，将旅游业发展嵌入基地中，将石榴树的景观效应、基地的生态效应变成了经济效益，同时，旅游业的发展为基地周边社区农户创造了园区内管护、清洁、保安、经营的机会，也带动了农家乐的发展，为社区农户提供了第三产业的发展机会，形成一种有效的产业发展升级模式，真正实现绿水青山就是金山银山。

2017

集体林权制度改革监测报告

家庭林场发展及其示范带动效应研究

我国林业发展正处于由传统向现代转型升级的关键时期，为促进林业又好又快发展，2008年中共中央、国务院颁发的《关于全面推进集体林权制度改革的意见》，确立了农民作为林地承包经营权人的主体地位，有力推动了林地流转及经营规模化，自2013年、2014年“一号文件”相继提出培育新型农业经营主体、加快构建新型农业经营体系以来，各类家庭林场、农民林业专业合作社和专业大户等新型经营主体不断涌现，为促进农林业发展注入了新的活力和动力，2015－2017年“一号文件”中提出的关于农业与农村发展的决策部署为新型林业经营主体进一步发展提供了有力支持，新型林业经营主体在引领现代林业、推动林业可持续发展中发挥着越来越重要的作用。但家庭林场作为新生事物，定义相对模糊，亦缺乏明确的界定标准，各地在摸索中寻求可持续发展之策。2015年甘肃省在全国率先出台的《甘肃省家庭林场认定登记管理办法》《关于做好家庭林场工商注册登记工作的通知》和2017年国家林业局出台的《关于加快培育林业新型经营主体的指导意见》等政策措施，有力促进了甘肃省家庭林场的发展壮大。十九大报告提出的建设生态文明之千年大计、绿水青山就是金山银山之理念节约资源和保护环境之基本国策等一系列重大战略决策和2018年“一号文件”对乡村振兴战略的全面部署，为继续深化集体林权制度改革指明了方向，为家庭林场可持续发展提供了良好的政策环境和机遇。

近年来，甘肃省家庭林场数量不断增加，经营内容不断丰富，经营规模不断扩大，但因境内地域跨度大、地形地貌复杂，林业资源分布不均衡，家庭林场发展呈现出区域性不平衡特征。2017年8～9月，甘肃省集体林改监测课题组在开展常规监测的基础上，依据家庭林场区域分布特征，选取家庭林场发展势头较好的张掖市甘州区和临泽县、平凉市崆峒区和静宁县、天水市麦积区、庆阳市宁县、酒泉市玉门市、陇南市文县、武威市民勤县、白银市景泰县等10个县（区）进行了随机抽样调查，共计收回有效问卷232份。其中河西地区光热水资源充足、地域广阔，家庭林场发展数量多、规模大，样本量所占比例最大，主要分布在甘州区66家、玉门市23家、民勤县36家、临泽县19家；中东部地区家庭林场主要以特色林果种植、林下养殖为主，家庭林场发展见效快，样本量所占比例较大，主要分布在崆峒区30家、静宁县30家，宁县9家，景泰县5家；陇东南家庭林场发展主要以休闲观光为主，家庭林场发展相对缓慢，但综合化趋势渐显，样本量所占比例较少，主要分布在麦积区8家，文县6家。

甘肃省家庭林场发展概况

一、甘肃省家庭林场发展现状及趋势

（一）认定注册起步早，发展数量增速快

甘肃省最早在全国出台了《甘肃省家庭林场认定登记管理办法》，明确了家庭林场认定登记的申报条件、认定机构、申报材料、认定形式等内容，以加强家庭林场服务管理，促进家庭林场健康规范发展。随之，甘肃省工商行政管理局、甘肃省林业厅联合印

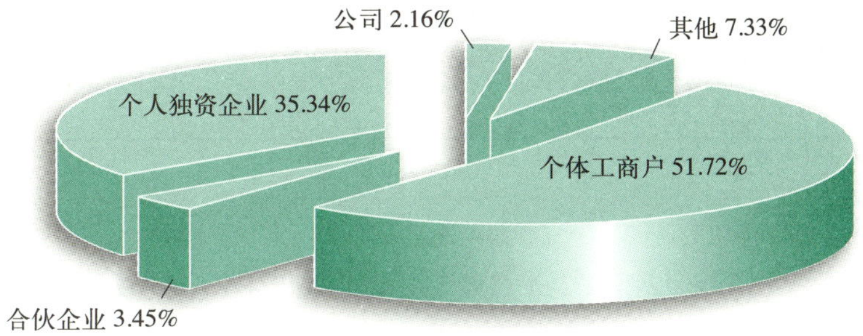

图 9-1　家庭林场注册属性

发《关于做好家庭林场工商注册登记工作的通知》，进一步明确家庭林场工商注册的登记机关、注册类型、林场命名、经营范围、经营场所和工商、林业部门服务管理职责等内容。家庭林场认定注册数量快速增加，截至2017年10月底已达772家，逐步成为推进林业经济发展的一支重要生力军，有助于进一步促进林业经营集约化、规模化，实现林业提质增效和绿色化发展。从调查的232家样本家庭林场成立时间来看，成立于2015年之前的仅29家，其余203家均成立于2015年认定管理办法出台以后。工商注册登记工作办法的部门间协调有力促进了家庭林场的规范化发展，甘肃省家庭林场的注册属性以个体商户为主，占调查对象的51.72%，个人独资企业占35.34%，合伙企业占3.45%，公司占2.16%，其他占7.33%（图9-1）。

（二）经营领域涉及面广，经营内容不断丰富

甘肃省家庭林场经营范围涉及广泛，经营领域呈现出多样化趋势，调查问卷显示（图9-2），以（林下）种植中药材、栽培菌类、苗木抚育及饲草种植为主的家庭林场为多数，有119家，占51.29%，以林下养殖（家畜和禽类）为主的有23家，占9.92%，种养结合的有75家（以草畜结合为主），占32.32%，森林休闲旅游或其他经营的有15家，占6.47%。由此可见，甘肃家庭林场经营领域涉及林下种植、养殖、森林休闲、林产品及涉林产品等多种活动，通过多渠道、多途径增加经营收入，发展家庭林场已经成为农民致富创业的主要途径。

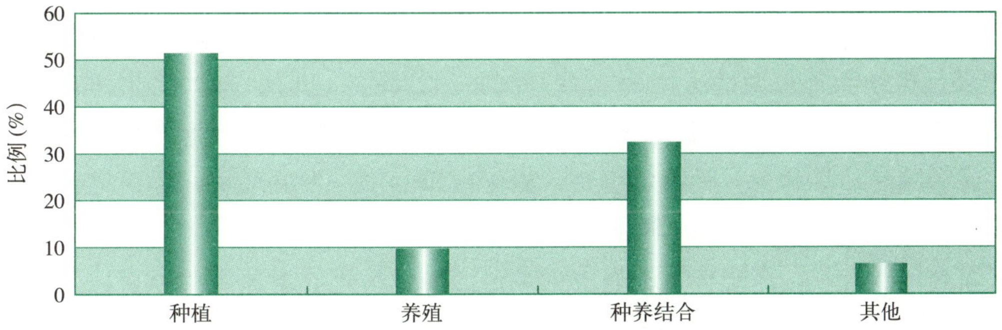

图 9-2　家庭林场主要经营领域

从调查样本来看，甘肃省家庭林场经营内容涉及造林营林、特色林果、种苗花卉、林下种植、林下养殖、特色旅游等多种业务（表9-1），且随着家庭林场发展规模的扩张，一些家庭林场的经营内容多元化、综合化趋势明显，且不同业务互相穿插、互为支

表 9-1　家庭林场主要经营内容

类型	造林营林	特色林果	种苗花卉	林下种植	林下养殖	特色旅游
数量（家）	54	142	54	91	109	11

持，彼此间形成了以短养长、长短结合、多业融合、循环发展的良好态势。从样本家庭林场的经营内容来看（图9-3），主营业务只涉及一种的家庭林场有91家，占样本总数的39.22%，两种及两种以上的有141家，占到样本总量的60.78%。

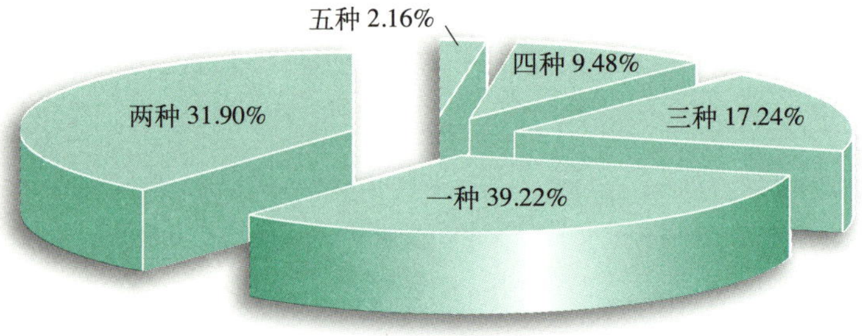

图 9-3　家庭林场主营业务门类

（三）经营模式灵活多样，产销渠道不断拓展

农户是家庭林场的基本经营主体，也是直接主导者和参与者，农户参与方式的不同决定了家庭林场组建方式的差异，进而形成不同的经营模式，从调查样本来看（图9-4），甘肃省家庭林场的经营模式主要有大户承包（一个或几个家庭为主）、股份合作、联户经营、其他模式四大类，其中以大户承包经营模式为最大，占到样本总量的87.93%，这类家庭林场经营主体独立，由农户直接经营，农忙时需要雇佣一定数量的季节性雇工来解决生产经营中劳动力临时短缺问题，少部分规模较大的家庭林场也雇佣一些长期雇工从事生产；有一些家庭林场由邻居、亲戚、朋友等一起通过各种方式联合起来共同经营，通过“抱团”方式对抗风险、缓解资金和劳动力不足等问题，但数量少，仅占样本总量的8.19%；有一些家庭林场为有效解决发展过程中面临的资本稀缺、林地限制、劳力短缺、经营风险等诸多问题，引入股份制，将林地经营权、住房财产权以及资金、实物、技术、劳动力等分散的生产要素整合起来组建家庭农场，通过彼此之间的合作经营，共担风险，有效实现资源共享、优势互补，推进林业一体化经营，增强抗风险能力，但这种家庭林场作为一种新生事物，由于政策制度、发展环境、经济社会发展水平等因素的影响，数量很少，仅占样本总量的1.72%。

从调查样本来看，家庭林场产品主销渠道还是以传统的集贸市场出售、商贩上门收购和企业收购为主（图9-5），占到样本家庭林场销售渠道频数的77.80%，但近年来在惠农强农政策的有力扶持和地方政府及农林业部门的强力推动下，家庭林场的产销渠道逐步拓宽，通过合作组织销售的产品数量增加明显，特别是伴随着农村信息化水平的提升和“互联网+”时代的到来，农村电商发展迅速，通过网络销售的产品数量增速很快，占到样本家庭林场销售渠道频数的10%以上。

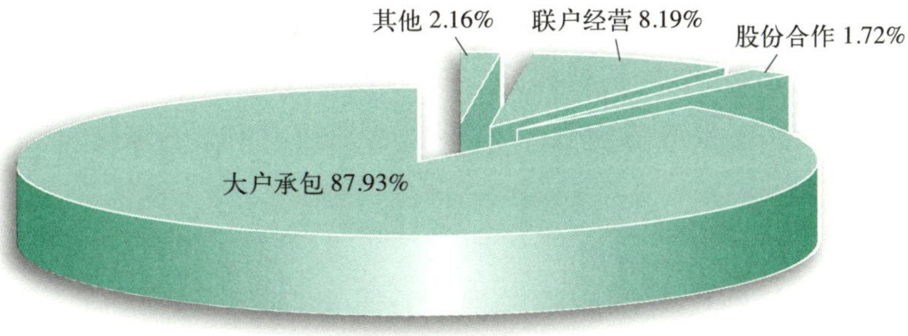

图 9-4 家庭林场经营模式

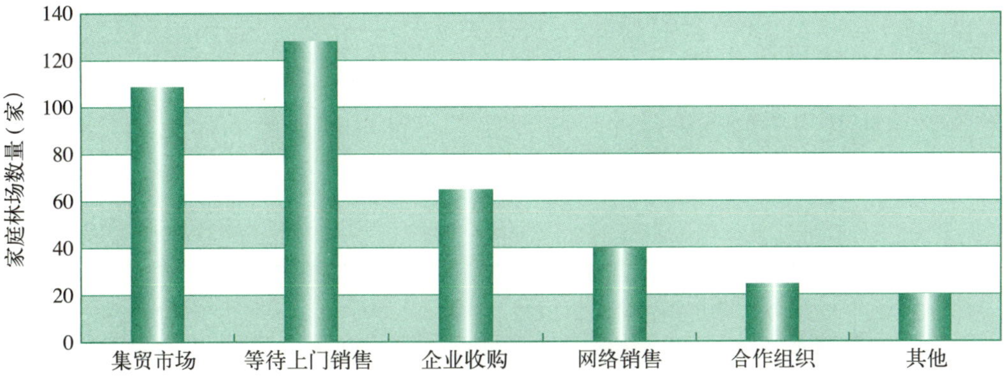

图 9-5 家庭林场产销渠道

（四）林地流转关系趋于稳定，集中连片经营逐步实现

林地流转是家庭林场扩大经营规模、实现集约化发展的重要途径，调查发现，随着集体林权制度改革的逐步深化，林地流转力度的加大对家庭林场扩大经营规模起到了关键的推动作用，样本家庭林场所经营的林地面积有61.50%是通过林地流转获取的，尤其是经营规模在1000亩以上的家庭林场通过林地流转获取的林地面积占林地总经营面积的比重高达75.67%。另从样本家庭林场林地流转方式来看（图9-6），通过

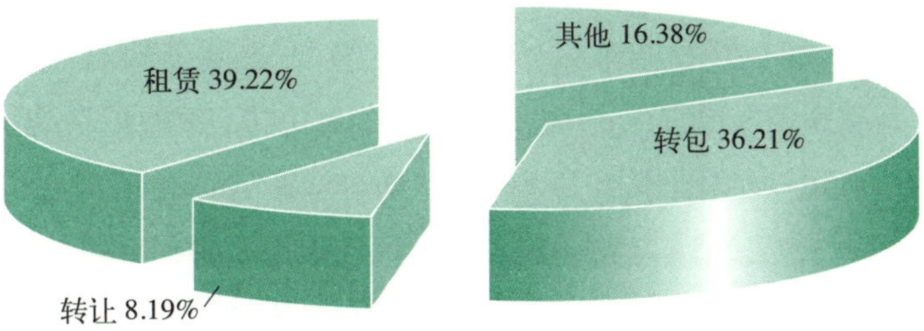

图 9-6 家庭林场流转林地的主要方式

租赁和转包方式流转的林地面积平分秋色，所占比例最高，分别为39.22%和36.21%，其他如通过转让、托管、入股等方式流转的林地相对较少，且从正式签订合同的林地流转期限来看（表9-2），流转期限在10年以上的占比很高，占林地流转频数的比例

表 9-2 家庭林场林地流转合同期限

流转期限	1～10 年	10～30 年	30 年以上
林场（家）	51	113	21
频数（%）	27.57	61.08	11.35

高达72.43%，流转期限在30年以上的超过10%。逐步规范的林地流转方式和较长的流转期限使得林地流转关系渐趋稳定，并且随着农村土地承包经营权确权登记颁证工作的相继完成，农村土地流转政策和环境越来越有利于家庭林场集中连片经营与规模扩张。

调查发现，家庭林场通过流转林地有效实现了林地的集中连片经营，克服了集体林地采用均分确权到户时形成的林地碎片分散状态，有利于集体林地的高效规划利用和组织管理，提高了林业经营的规模化、集约化程度。从家庭林场的林地经营规模来看（图9-7），虽然当前样本家庭林场中林地经营面积在500亩以上的所占比例不高，为36.64%，但经营规模扩张势头良好，千亩以上的家庭林场快速增加，所占比例达到20%以上，有力推进了涉林产业规模化、集约化发展，并且通过与林业综合开发、林下经济的统筹结合，有效促进了涉林产业的一体化经营和多种功能拓展。

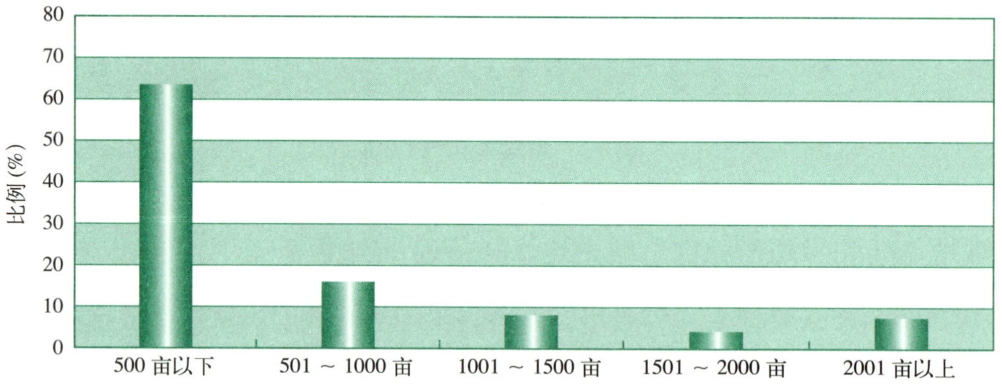

图 9-7　家庭林场经营林地面积分布

（五）经营主体精英化特征渐显，经营绩效基本面趋势向好

林场负责人作为家庭林场的核心，无论是在林场前期建设还是后期发展中都发挥着至关重要的作用，表9-3的调查结果显示，80%以上的家庭林场负责人年龄主要集中在30～60岁之间，其中30～50岁的占比75.86%，50～60岁的占比17.24%，林场负责人平均年龄45岁，这个年龄段正是身强力壮、精力充沛，具备丰富的种养殖经验、丰厚的社会资本和想干事、能干事的鼎盛时期；与此同时，从家庭林场负责人受教育程度来看（表9-3），高中及以上受教育程度者占林场负责人一半以上（58.19%），加之近年来在国家惠农强农政策的积极支持和倡导下，地方政府及涉林部门通过政策、项目与资金扶持，以及密集开展林场经营能力、实用技术及新型职业农民培训等举措大力推动家庭林场发展，返乡务工人员创办家庭林场的热情高涨，不少大专及以上受教育程度的青年人才也积极参与到家庭林场队伍中来，家庭林场经营主体群英荟萃，多以年富力强、经验丰富、综合素质较高的中青年农民或创业者为主，精英化趋向明显，为家庭林场进一步规范发展和理性决策提供了必要的人力资本支持。

表 9-3 家庭林场负责人年龄结构和受教育程度

年龄	人数（人）	比例（%）	文化程度	人数（人）	比例（%）
30 岁以下	8	3.45	小学及以下	11	4.74
30 ~ 50 岁	176	75.86	初中	86	37.07
50 ~ 60 岁	40	17.24	高中、中专	99	42.67
60 岁以上	8	3.45	大专及以上	36	15.52

家庭林场的经营绩效主要表现在保护生态和改善环境基础上增加经济收入，因家庭林场大多经营上游产业，前期投资较大，且往往需要持续的资金注入，加之林产品及林业生产的特殊性，投资回收需要较长的时间，并且经营过程中面临着自然、市场等多重风险，不少家庭林场经营初期产出少，甚至无产出。从图9-8的调查结果来看，大部分创办较早的家庭林场已迈入投资回收期，经营绩效逐步显现，有75%的家庭林场运行良好，盈利或盈亏基本持平，其中盈利在10万元以上的占34.48%，大多盈利在10万～50万之间，少部分家庭林场盈利达百万以上，还有25%的家庭林场处于亏损状态，主要原因在于成立时间相对较短，大多正处于前期投资建设阶段，投资回收与经营见效尚需时日。另外，家庭林场的发展壮大也有效改善了当地生产生活环境、优化了区域生态系统。

另外，从经营者对家庭林场经营和管理的自我评价调查结果来看（图9-9），仅有4.31%的经营者对家庭林场的管理自我评价不理想，有8.62%的经营者对家庭林场的经营效果自我评价不甚满意，绝大部分经营者对家庭林场经营与管理状况自我评价及发展前景看好，这也从另一个侧面反映出近年来在国家及地方各项政策的强力支持下，林场经

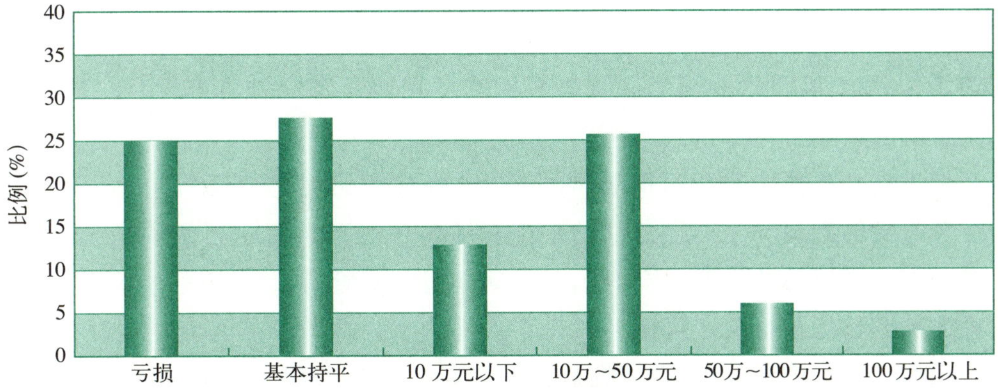

图 9-8 家庭林场盈利情况

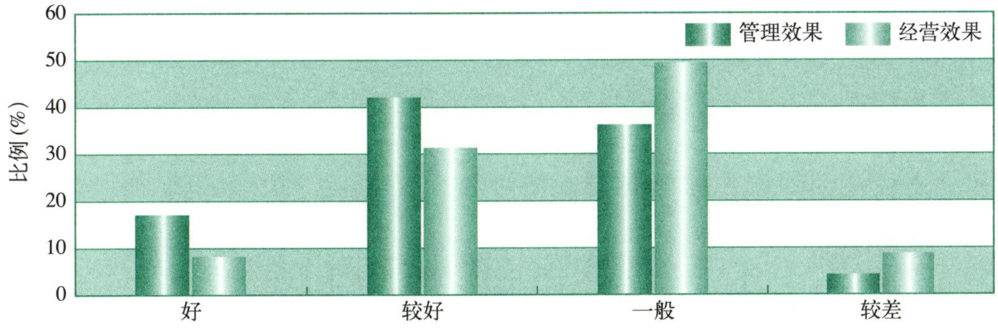

图 9-9 经营者对家庭林场经营与管理的自我评价

营者对家庭林场的未来发展满怀信心，也期待政府及相关部门出台更多促进家庭林场发展的利好政策。

二、甘肃省促进家庭林场发展的主要政策措施

（一）精心引导培育，营造家庭林场成长氛围

集体林权制度主体改革完成以后，甘肃省将培育发展家庭林场作为深化集体林权制度改革、完善农村基本经营制度、创新林业经营体制机制、发展适度规模经营和激发林业发展活力的重要途径之一，通过科学规划、示范创建、加大扶持、典型引领等多项举措，大力推进家庭林场发展。如：林业主管部门通过签订目标责任书、加强督促检查、严格考核奖惩等方式，强化家庭林场工作的组织领导；对于在退耕还林、天然林保护、三北防护林、防沙治沙等国家重点工程项目规划区内营造林木、且符合项目标准和要求的家庭林场，给予可先列入国家林业重点工程实施和管理，享受相应政策扶持；对家庭林场在发展林下经济、经济林建设、油用牡丹、林木良种、木本药材、木本油料等符合中央和地方财政补助项目的，可申报享受相应的补助政策；通过创建示范家庭林场，逐级培育一批效益好、规模大、带动能力强的示范家庭林场，引领带动家庭林场发展；充分利用新闻媒体做好宣传，重点宣传家庭林场发展过程中的好经验、好做法、好典型，营造良好的发展氛围；选择10个县作为家庭林场重点县，鼓励探索，先行先试，为家庭林场发展积累经验。

（二）出台认定办法，引导家庭林场健康持续发展

甘肃省林业部门在对家庭林场基本情况进行全面调查和摸底统计的基础上，顺应其发展形势，于2015年12月出台了《甘肃省家庭林场认定登记管理办法》，率先在全国开展家庭林场的认定工作，进一步明确了家庭林场认定的主要条件，即：有固定生产经营场所及相关生产条件、经营面积50亩以上且经营权相对稳定、领办人是农民或具有林业生产经营经验的人员、生产经营活动有年度计划并建立档案、生产和财务制度比较完善、对其他农户开展林业生产经营有示范带动作用；明确了认定程序，各级林业部门对符合条件的家庭林场进行认定登记，对符合条件的家庭林场予以认定并及时颁发《家庭林场认定书》，建立健全《家庭林场登记簿》，每半年逐级汇总上报；明确了扶持政策，家庭林场在国家重点工程项目规划区内营林造林、申报相关财政补助项目、办理抵押贷款等方面，优先享受相应的扶持、补助、贴息等政策；鼓励和支持新型职业农民、农村技术人才和返乡下乡创业人员兴办家庭林场，对有意愿、有基础、有潜力的林农、林业专业大户等进行全面指导与培训，培育成熟一家，认定登记一家。

（三）开展工商注册，规范家庭林场市场主体资格

为进一步推进和规范家庭林场发展，甘肃省林业厅和工商行政管理局在反复调研基础上，于2016年11月联合出台了《关于做好家庭林场工商注册登记工作的通知》，进一步明确了家庭林场的界定、工商注册的登记机关、注册类型、林场命名、经营范围、经

营场所和工商、林业部门服务管理职责等内容，县级工商部门为家庭林场的注册登记机关，鼓励和引导家庭林场积极开展工商注册，家庭林场根据自身发展规模、经营特点和实际需要，可自主申请登记为个体工商户、个人独资企业、合伙企业或者公司，使家庭林场尽快取得相应的市场主体资格，以便及时进入市场，参与市场运行。并通过强化部门间协调，建立登记管理信息共享机制，对注册登记的家庭林场采用台账式管理方式，引导诚信守法经营，安排承担林业生态建设和产业发展项目，促进家庭林场健康快速发展。

（四）强化动态管理，提升家庭林场发展层次与质量

各级政府及相关部门在逐步规范家庭林场确认及登记的基础上，进一步明确其认定与注册条件，对于条件不充足的家庭林场，进行全方位指导与支持，努力创造条件，对于审查不合格、经营不善、效益不佳、不具备基本条件的家庭林场，及时办理注销登记，并收回家庭林场认定书，督促和引导家庭林场走向规范经营的轨道；各级林业主管部门通过指导和帮助建立管理制度、财务账目及生产经营档案等，逐步完善家庭林场机制；逐步简化工作程序和提高效率，减少了家庭林场注册登记的限制条件，提供高效便捷的认定登记服务；引导家庭林场及时做好商标注册、质量认证、标准化生产等工作，为家庭林场提供法律服务、政策咨询、技术培训和市场信息等服务，努力提升家庭林场发展层次与质量。

（五）多方精准施策，激发家庭林场市场活力

除前文提及的认定管理办法和工商注册工作通知要求之外，先后出台了诸如林权流转管理办法、完善集体林权制度实施意见等一系列扶持政策和管理办法，为家庭林场发展创造更为有利的正成为环境，并从经营引导、财政扶持、税收优惠、金融支持、林权流转等方面采取切实可行的措施，如，引导家庭林场广泛开展造林营林、特色林果、种苗花卉、林下经济、森林旅游以及林产品采集、加工、贮藏、运输、销售等各类涉林产业经营活动，帮助林农多渠道增收致富；不断推动金融、财政、林业等相关部门加强沟通协作，引导各类林业经营主体以林权抵押贷款，并通过加大开发性、政策性贷款支持力度，对符合林业贷款贴息条件的林权抵押贷款给予财政贴息，不断扩大贷款规模和覆盖面；进一步创新林业融资机制，全面推行果树经济林确权颁证及以果树经济林权属证作抵押贷款工作，实现了果树经济林抵押贷款等多项权能，有效盘活了森林资源资产和缓解了家庭林场融资难题；鼓励银行业金融机构积极推进林权抵押贷款业务，推广“林权抵押+林权收储+森林保险”贷款模式和“企业申请、部门推荐、银行审批”运行机制，探索开展林业经营收益权和公益林补偿收益权市场化质押担保贷款；鼓励和引导市场主体对林权抵押贷款进行担保，对出险的抵押林权进行收储，并采取资本金注入、林权收储担保费用补助、风险补偿等措施支持开展林权收储工作；完善森林保险制度，建立健全森林保险费率调整机制，进一步完善大灾风险分散机制，扩大森林保险覆盖面，创新差别化的商品林保险产品，积极探索森林保险无赔款优待政策，有效防范化解市场风险。

（六）强化基础设施建设，健全家庭林场综合服务体系

持续加大资金、技术投入，不断改善林区通水、通路、通电、防火、防盗等基础条件和区位环境，为家庭林场发展创造更加便捷生产生活条件；不断加强和完善林业基础设施，为家庭林场发展提供更为有力的保障；设立森林防火预警监测信息中心、森林防火指挥部办公室等专门机构，及时发布森林火险气象等级预报，积极开展森林防火宣传，提高林区农户防火意识，对重点区域森林火灾隐患进行排查，确保森林资源安全；建立健全了县有中心、乡（镇）有站、村有信息员的三级林业服务体系，为家庭林场发展及时提供政策咨询、登记注册、信息发布等服务，并以基层林业综合服务中心为平台，不断加强家庭林场能力建设、林业科技服务与技能培训，协助林场办理森林保险、林权抵押贷款、林地流转以及林业科技服务等相关业务。

三、家庭林场发展的制约因素

（一）自然条件不利与干旱及灾害频发共存之威胁

甘肃省位居黄土、青藏、蒙新三大高原与秦巴山地交汇地带，山脉沟壑纵横交错、海拔高度相差悬殊、地形地貌复杂多变、耕地资源严酷贫瘠、水资源极度稀缺、气候类型多样善变等诸多不利因素，是涉林产业及家庭林场发展中难以避开的桎梏。其中水资源短缺是家庭林场发展的主要“瓶颈”，甘肃省年降雨量稀少且分布不均，年蒸发量几乎是年降雨量的4倍左右，地表水资源存量少，尤其是近年来频繁出现的地下水位下降、湖泊退化、河水径流减少乃至断流、雪线上升、冰川退后等现象，造成水资源供需矛盾愈加突出，对家庭林业发展造成了极大的威胁。与此同时，地质时期形成的干旱环境又是甘肃涉林产业发展中难以避开的先天性不足因素，干旱、半干旱土地面积占甘肃省土地总面积的比例高达70%以上，特别是中东部区域既是气候变化敏感区，又是生态环境脆弱带，几乎每年都有不同程度的旱灾发生。20世纪90年代以来受全球气候变暖的影响，气温持续升高，土壤水分蒸腾加快，干旱灾害增加趋势明显，特别是春末夏初频繁发生的“卡脖子”旱情与林木生长期错位，尤其是对林木幼苗影响较大。加之人为因素造成的长期过度开发、生产生活环境污染、水土流失、土地沙化、湿地萎缩、沼泽干涸、沙尘肆虐、泥石流滑坡等自然灾害，以及近年来频繁出现的风沙、暴雨、冰雹、霜冻、干热风等气象灾害，进一步加剧了家庭林场经营风险。

（二）发展资金匮乏与融资渠道不畅交织之困顿

家庭林场作为新兴林业经营主体，多数经营上游产业，发展初期生产服务设施、雇佣劳动力、流转土地等方面的资金投入需求量大，且很多涉林产品的特殊性导致投资回收周期较长，建设过程中所涉及的林产品标准化生产与加工、质量认证与品牌创建、产品销售与市场开拓等诸多环节均需大量资金持续性投入，加之林产品销售渠道的限制和价格的不稳定，也在很大程度上影响到了家庭林场的经营状况和再投资能力，仅靠自有资金和内源性资金积累远远不能满足后续发展中的资金需求，调查中也了解到，80%

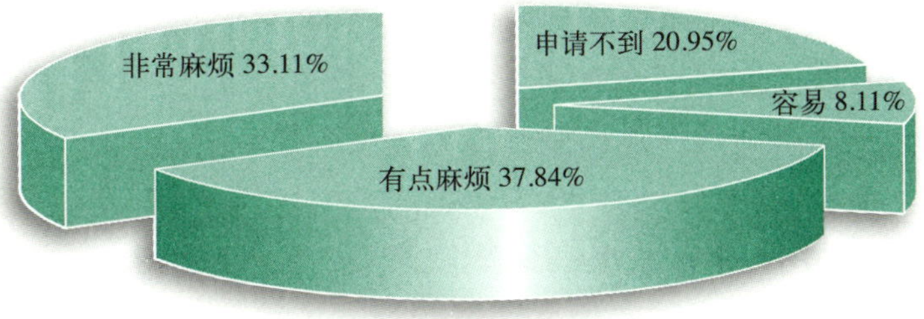

图 9-10 林权抵押贷款难易度

以上的家庭林场主反映资金缺乏是家庭林场目前发展中面临的最大困难。而农业银行、邮政储蓄银行等农村金融机构出于商业化经营与风险管理的考虑，尽可能将信贷资金投向城市或相对安全的非农领域，而农村信用社、村镇银行、小额贷款公司、农村资金互助社等地方性金融机构受自身缺陷与资金规模的限制，无法满足家庭林场发展对金融多样化服务的要求，民间融资渠道的不规范性导致其所起到的作用非常有限，家庭林场发展中面临着资金匮乏和融资困难双重约束困境。近年来我国各地积极探索的林权抵押贷款，在集体林权流转较快江西、浙江等地有效缓解了林农资金周转困难，但对生态公益林占比很高的甘肃省来说，发挥作用相对有限，实践过程中尚存在着不少困难和问题，如：可用作林权抵押的经济林地资源少且林木经济价值低、专业评估机构缺失且林权评估制度不健全、林权抵押贷款风险补偿机制不健全且抵押林木处置变现困难等。严重制约着林权抵押贷款的广泛推广与实施，金融机构开展林权抵押的积极性也普遍不高，农户调查结果也能印证这种情况，从图9-10的调查结果来看，仅有8.11%的家庭林场主认为林权抵押贷款相对容易，20.95%的家庭林场主表示申请不到林权抵押贷款，70.94%家庭林场主认为申请林权抵押贷款麻烦，获取不易。虽然有为36.13%的家庭林场获取了数量不等的银行贷款，但贷款金额少且时间短，难以缓解家庭林场发展面临的资金困顿。

（三）人力资源有效供给不足与产业链低端锁定共存之掣肘

甘肃省作为典型的农业省份，乡村人口数量占到了常住人口总量的55.31%，但乡村人口供给的相对丰富，并未带来农业与农村经济的繁荣，主要原因在于农村人力资源有效供给不足，受教育水平普遍不高，并且农村劳动力资源配置也处于失衡状态，大量18～40岁的农村青壮年劳动力常年外出务工，滞留在农村的“386199”部队仅作为一种体力或半体力资源从事农林业，林业生产中妇女化、老年化及半劳力化问题日益突出，严重阻碍了林业科技知识普及与新型实用技术的推广应用，加之甘肃省地形地貌复杂多样，境内沟壑纵横，不少家庭林场不具备最基本的机械化生产能力，即使拥有一定数量的专业化机械，因受自然条件和发展环境的限制，机械使用难度大且应用程度有限，生产中尚需要大量人力介入，人力资源有效供给不足对家庭林场发展约束较大。与此同时，近年来成长起来的家庭林场、专业合作社等新型经营主体普遍存在规模小、实力弱、带动力不强等问题，林业产业化程度不高，种（养）植、购销、加工环节链接不紧密，有效利益共同体并未形成，很多家庭林场经营内容主要以涉林初级产品为主，经营范围也囿于周边不广的区域，难以在更广阔的空间和更大的市场上提升产品竞争力和附加值，且长期以来形成的以初级产品和粗加工品为生产主体、以商贩运销及集贸市场为主销渠道、以现货交易为基本方式的林产品流通现状与格局，严重限制着林业产业链向更高端延伸和产业水平向更高层次转型升级。

（四）经营方式粗放与管理水平不高交织之束缚

调查中发展，有不少家庭林场是由种（养）殖大户发展形成的，林场主多是土生土长的农民，经营过程中主要依靠传统发展方式中积累的经验与技能，创新意识不够，市场敏感度不够，对现代实用技术引进、产品功能和产业开发价值认识不足，家庭林场发展中普遍存在有面积无规模、有数量无质量、有特色无价格，产品市场竞争力弱，经济效益不高，经营方式粗放，综合发展能力不足；与此同时，作为一种新型林业经营主体，家庭林场管理中的惯性思维和路径依赖现象十分明显，家庭林场主长期以来已经习惯于小家小户的“内卷化”管理方式，因循守旧，循规蹈矩，小农意识犹存，现代管理知识欠缺，组织管理能力不够，家庭林场的经营与过程化管理更多靠血缘关系维系，亦缺少基本的管理章程和相对规范的管理制度，更缺乏战略性创新思维，难以在更广阔的视域和更高的站位全局性统筹和谋划家庭林场发展的长远之计。

四、促进家庭林场发展的政策建议

通过对甘肃省家庭林场的调查分析可以看出，不断涌现并快速发展的家庭林场在加快转变林业发展方式中已经显露出其优越性和发展潜力，尤其在促进林业集约化经营、规模化发展和繁荣农村经济中发挥着越来越重要的作用，但作为一种新型林业经营主体，还需要在探索中不断成长，在实践中逐步完善。随着林业供给侧结构性改革的不断深入，家庭林场发展面临的形势和政策环境不断优化，尤其是十九大报告提出的乡村振兴、城乡融合等战略蓝图为家庭林场进一步发展壮大提供了新的契机。为促进家庭林场持续健康发展，还需要从以下几个方面加以支持和引导。

（一）加大财政支持力度，推动家庭林场提档升级

通过加大资金投入、财政补贴、项目倾斜、林业保险等政策扶持力度，提升家庭林场发展层次和水平，并按照“保证重点、兼顾一般”的思路，尝试设立“家庭林场发展政策性扶持基金”，大力扶持带动性强、具有发展潜力的家庭林场；强农惠农项目可优先考虑委托和安排给有条件的家庭林场来实施，以缓解其发展中面临的资金困境，对规模化、集约化程度较高的家庭林场，根据其贷款需要，按照不同标准给予适当的财政贴息，以降低贷款成本；提高各类林业补贴标准，进一步加大对家庭林场发展的补贴，扩大现有林业补贴种类，以多元的方式为家庭林场的发展提供资金供给，确保家庭林场收益的稳定性；根据各地自然风险状况，适当扩大林产品保险范围，增加林业保险的险种，提高林产品受损的理赔额度，降低农民经营家庭林场的生产风险，为家庭林场的生产提供切实的保障；全面落实林权抵押贷款政策，降低贷款门槛与利率、延长贷款周期，为家庭林场发展提供有力的资金保障。

（二）加强新型职业林农培养，改善家庭林场人力资源结构

家庭林场发展不仅需要懂技术、会经营的农民精英，更需要大量高素质劳动力。根据农村劳动力群体结构的复杂性和个体基础的差异性，并结合当地林业经济发展的现实需要，整合各类教育资源，按照点面结合的思路，构建新型职业林农培养分类培训体系，既要注重对家庭林场经营者的有计划培训，也要注重对全体林农的科普性教育，同时还要发挥示范带动效应。其中：对家庭林场经营者的有计划培训要注重拓宽培养口径，既要加强实用技术技能培训，更要强化职业素养和管理能力的提升；科普性教育就是要对农村劳动力广泛开展科技文化知识和实用技术的普及性培训活动；示范带动就是要鼓励和引导家庭林场经营者利用自己在本土的社会资本和影响力，带动更多的林农学技术、用技术，尽快改善农村老动力供给结构，为加快林业发展提供人力资本支持。

（三）完善农村金融服务体系，拓宽家庭林场融资渠道

鼓励商业性银行及政策性银行通过金融创新和功能拓展，开发适合家庭林场发展的信贷品种，增强农村金融供给能力；提升农村合作金融机构及其他新型金融机构吸收民间资本的能力，尽快使其成为支持家庭林场的重要力量；积极探索财政资金的撬动功能和运作方式，引导更多社会资金投入到家庭林场发展中；通过“财政贴息”“固定资产投资补贴”等配套措施，引导金融机构通过扩大贷款额度、延长贷款期限和降低贷款利率等优惠措施，鼓励家庭林场加强资产性投资；进一步规范民间借贷行为和稳定民间融资渠道，为家庭林场发展提供资金支持；努力探索农村住房抵押、动产抵押、订单质押、权益质押等多种信贷担保形式，增强家庭林场的融资能力；引导和鼓励各类信用担保机构积极拓展家庭林场信贷担保业务，积极培育合作性质的农村信贷担保机构，逐步形成多形式、多层次的家庭林场信贷担保体系，有效化解融资风险，保障各类信贷资源向家庭林场流动的渠道畅通。

（四）规范林地流转秩序与监管，壮大家庭林场经营规模

完善林地流转制度安排，规范林地流转行为，科学制定适合地域特点的林地流转推进政策，加强相关法律政策和专业知识以及典型实践经验的宣传力度，努力创造有利于林地流转的环境氛围，高度重视林地利用规划，扩大林地交易半径和范围，推动林地连片集中流转；构建以中介组织为核心、农村基层组织协调推进的林地流转服务体系，在完善中介组织功能的基础上稳步推进市场化进程，在转变政府职能的基础上充分发挥基层组织的组织协调和引导作用；逐步完善林地流转交易程序、健全合同管理机制，建立公开透明的林地流转信息交易平台，促进林地流转的规范化运行与监督管理，完善林地流转纠纷调处机制，保护参与各方的合法权益；科学评估农村林地流转指导（参考）价格，瞄准林地流转关键环节，探索流林地增值收益分配长效机制，稳定林地流转关系，提高林农参与林地流转的积极性，探索并形成以“入股”为主、长期稳定的土地流转方式，为家庭林场集约化、规模化经营创造有利条件。

（五）加快一、二、三产业融合发展，提升家庭林场综合发展水平

甘肃省特色各异的自然景观、丰富多彩的森林旅游资源、悠久醇厚的文化底蕴为林业多样化功能和涉林产业融合发展创造了良好的基础和先决条件，家庭林场在一、二、三产业融合发展领域的作为空间非常广阔。一方面要在加强林业基础设施建设、改善林农生产生活条件的基础上，引导家庭林场立足区域特色资源禀赋与气候环境条件，把生态环境保护与林业资源开发利用有效结合起来，围绕林业循环经济产业链条的延伸，拓展生态价值链增值空间，促进一、二、三产业联动共融发展，并通过涉林产品生产及加工的标准化、绿色化、品牌化发展，进一步提高附加值。与此同时，要通过加快建设高标准特色林产品产地批发市场和零售市场，健全涉林产品物流体系，有效促进家庭林场产销衔接，充分利用物联网、互联网，推进电子商务、直供直销、代理配送等新型销售业态，进一步提升林产品流通效率和市场竞争力；另一方面，要充分借力特色各异的自然景观、丰富多彩的森林旅游资源和深厚的文化底蕴，深度挖掘生态文化创意、生产过程体验、特色旅游服务、特色产品加工等潜力，有效拓展林业多种功能，打造集休闲娱乐、观光避暑、科普教育、采摘体验、文化展示等为一体的田园综合体，提升家庭林场综合化发展水平。

（六）注重示范引领作用，促进家庭林场规范化发展

加快推进家庭林场试点示范性工作，及时总结家庭林场发展经验，巩固试点经营成果，充分发挥示范引领作用，稳步推动家庭林场的规范化运行；注重示范成果与经验的宣传推广，让广大林农见证示范性家庭林场的经营成效，充分调动林农参与家庭林场的积极性；基层政府及林业主管部门结合各地家庭林场发展现状与趋势，研究制定发展规划，因地制宜、科学施策，引导家庭林场规范发展。

（七）创新协同发展机制，拓展家庭林场发展空间

家庭林场的发展不仅表现于自身经营规模的扩张，还要体现现代化林业技术在经营活动中的充分利用，需要搭建多部门共同参与、多渠道整合资源的政产学研用紧密结合型协同创新平台，瞄准家庭林场发展中亟待解决的关键问题，注重功能集成技术、品质提升技术和生产无污染技术的推广应用；鼓励并支持家庭林场主之间的合作，通过建立家庭林场协会或组建家庭林场联盟，促进涉林产业规模化生产、合作化经营、产业化发展；探索家庭林场联合投融资机制和社会服务共享机制，拓展林业多种功能，拓宽家庭林场发展空间。

甘肃省家庭林场发展的示范带动效应

一、富民增收效果逐渐显现

家庭林场通过探索多种形式的特色果木花卉种植、林下经济发展、涉林生态休闲等经营模式，广开增收渠道，带动农民脱贫致富，富民增收效应日渐显现。从所调查样本

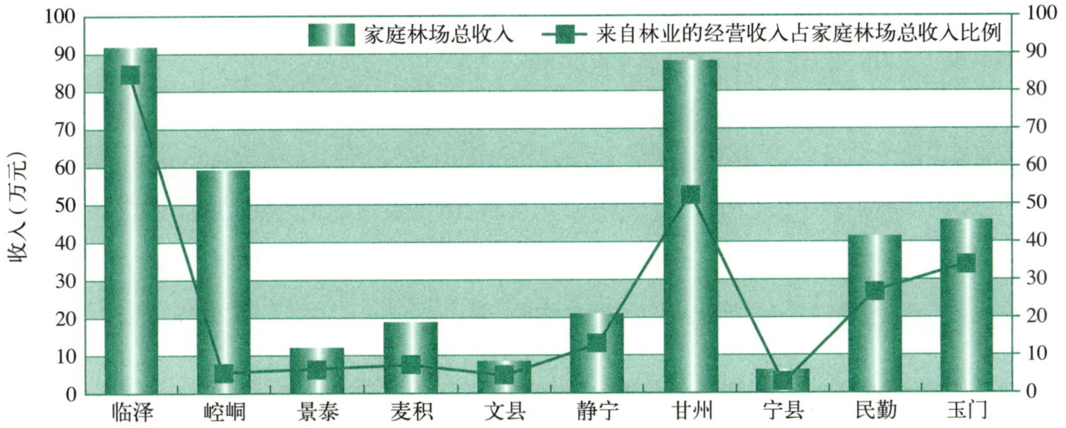

图 9-11　家庭林场总收入与来自林业的经营收入对比情况

家庭林场来自林业的经营收入来看（图9-11），虽然各地情况具有一定差距，但日渐增加的营林收入已成为经营家庭林场的农户收入的一个主要组成部分，尤其是从临泽、崆峒、甘州、民勤、玉门等地的样本家庭林场发展情况来看，经营规模日益壮大且发展模式多元化倾向明显，来自林业的收入所占比例较高，如临泽县将家庭林场与区域特色产业融合培育扶持，林下种（养）植规模大，崆峒区林地资源非常丰富，林下种（养）充分利用了林地资源，有效节约了养殖成本和提高了经济效益。从宁县、景泰、文县等地的样本家庭林场发展情况来看，无论是家庭林场总收入还是来自林业的收入都相对较低，主要原因在于家庭林场发展起步较迟，缺乏经营经验和必要的扶持，加之林业生产前期投入较大、生产周期长、投资回收时间长、经济见效慢等因素的影响，经营效果显现尚待时日。

二、有力带动就近就地灵活就业

随着家庭林场发展规模的逐步壮大，生产过程中的用工需求也越来越多，为劳动力就业创造了广阔的空间，尤其是季节性用工时量的大幅增加为当地劳动力灵活就业提供了更多的机会。图9-12的调查结果显示，84.05%的样本家庭林场均有长期雇工或季节性雇工的现象，样本家庭林场平均每户拥有长期雇工5人左右，长期雇工数量相对少且以外地雇工为主，占比高达70.31%，为外来务工人员提供相应的就业机会；而季节性用工相对较多，平均每个家庭林场季节性用工时量达200人次，并且季节性雇工中

图 9-12　家庭林场雇工结构

有94.39%为当地或临近周边的农村劳动力，有力带动了低收入家庭劳动力就近就地灵活就业。

另外，在惠农强农政策的鼓励和引导下，蓬勃发展的家庭林场吸引了一部分大中专学生和外出务工青年返乡就业与创业，既解决了大中专毕业生的就业问题，也有效改善了农村人力资本结构，有利于农林业资源的优化配置和促进农村生产生活方式现代化。

三、推动区域特色涉林产业提档升级

调查中发现，各地家庭林场主要立足于当地特色农林业资源，因地制宜选择产业发展类型和主要经营内容，并通过土地适度规模经营，进一步降低了林产品生产成本，大大提高了林产品质量和生产效益，尤其是家庭林场通过规模化、集约化、标准化经营所形成的带动示范效应，进一步加快了林业发展方式和经营模式的转变，有力推动了区域优势特色涉林产业提档升级。如，崆峒区家庭林场充分利用森林资源，大力发展林下种（养）植业及经济林建设，有力推动了区域特色林下经济发展，2016年全区林下养鸡达51万只，林下种植2万亩，树种改优1.12万亩；临泽县充分利用沙漠资源，鼓励家庭林场将沙化治理与产业开发有机结合，有力带动沙产业发展，2016年全县从事沙产业的企业、家庭林场、个体经营户达58家，分散经营农户2000多户，发展特色优质经济林基地18.3万亩，以牛、羊、鸡、蜜蜂为主的沙区林下养殖11.45万头（只、箱），年实现沙产业产值3.6亿元；甘州区通过深化集体林权制度改革，以经济林果、种苗花卉、森林生态旅游、林区养殖、林木林副产品加工等为建设重点，全力推进新型林业经营主体发展，至2017年上半年，全区发展家庭林场135家，专业合作社达到52家，总产值达2.1亿元；麦积区把培育壮大家庭林场作为推进新型林业经营主体发展的突破口，推动林地流转，促进林下经济发展，截至2017年6月底，已累计流转各类林地9.7709万亩，成立家庭林场和林业专业合作社分别达到9个和30个，林下经济产值达到12619.97万元；宁县鸿兴家庭林场是庆阳市首家注册成立的家庭林场，通过租赁、流转集体林地和个人山场，经营管理面积达到3472.68亩，栽植法桐、银杏、白蜡树等优质苗木16个品种，发展林下绿壳蛋鸡、乌骨鸡养殖，年收入达128万元，在其示范带动下，庆阳市这种“绿色银行”式的家庭林场已经发展到100多家；静宁县创办的第一家名叫“森茂”家庭林场2014年通过流转当地50亩林地和70亩土地从事生态养鸡，年收入达30万元，之后通过改造荒沟，发展蓄水养鱼和生态休闲旅游，年收入又能增加30万元左右，充分发挥了典型示范作用；调查所涉及的其他样本县也均采取多种举措鼓励农户充分利用林地资源、森林生态环境，大力发展家庭林场、专业合作社等新型林业经营主体，合理开展种养殖、采集、森林旅游和林产品加工利用，带动区域特色涉林产业发展，以实现林地增效、林农增收和林木资源可持续利用。

四、有效发挥生态文明建设示范功效

调查中发现，有些家庭林场结合退耕还林（草）工程的实施，或充分利用荒山荒坡以及戈壁滩涂不断扩大营林造林规模，有效增加了绿化面积和森林植被覆盖度，发达的林木根系对土壤的固定、植被对降雨的截留以及枯枝落物层对地表水的缓冲，对减弱土壤侵蚀也起到了重要作用，有效缓解了风沙危害、水土流失以及旱涝灾害，并通过增加植被树种、拓展森林面积和空间，为动植物生存与繁衍提供了更好的生态环境，间接的为微生物生长提供了适宜的场所，对提高生物多样性、有效地改善环境和区域小气候、净化空气、维护生态系统的稳定发挥着十分重要的作用；有些家庭林场致力于循环经济和绿色产业发展，通过延伸“林、草、畜、沼等一体化”的生态型循环经济产业链条，把绿色生产、资源综合利用、生态环境保护等融为一体，有效提升了农林业废弃物和加工副产物的资源化利用率，促进了土壤的有机化改良、减轻了环境污染，人居环境和生态系统得以显著改善，并且通过循环经济发展理念的倡导和示范，促进农林业可持续发展；有些家庭林场通过林业多种功能的延伸，打造集绿色生产、休闲养生、观光体验、科研教育等为一体的多元复合型经济业态，在实现经济效益、生态效益和社会效益相辅相成的同时，通过内化在经营过程中的生态文明价值观来影响林业旅游与消费者的价值取向，让游客与消费者自觉接受环境保护教育，增强全社会的生态文明价值观，并通过典型示范引导农民走“提供农事体验、发展休闲旅游”的特色林业致富增收之路，促进休闲农业与乡村旅游的发展。

家庭林场典型案例分析

一、康县林品汇家庭林场案例分析

（一）基本概况

康县林品汇家庭林场位于康县城关镇斜崖村，这里水资源丰富，交通便利，劳动力廉价，拥有大量的林业资源，在发展林业相关产业方面有优势。2016年，由16名创业大学生依据《国务院办公厅关于完善集体林权制度的意见》及《大学生创业引领计划》政策指引，依托甘肃省康县丰富的林业生态旅游资源和美丽乡村建设等形成的生态观光旅游的大格局共同出资并在甘肃省陇南市工商局注册登记经济实体。康县林品汇家庭林场以生态开发为宗旨，以市场为导向，集科研、林下畜禽及蜜蜂养殖与销售，特色林果、花圃、中药材种植以及旅游观光休闲于一体，并有农林专家常年进行技术指导以确保产品品质的经济综合体。家庭林场符合国家经济建设与生态文明建设的大政方针，未来发展可期。

（二）基本经营与多功能拓展

康县林品汇家庭林场于2016年6月正式登记注册，注册资金500万元，林场经营林地面积1500多亩，基本达到了集中连片，包括入股林地800多亩，流转林地600多亩，合同流转期限为54年。截至2016年底，家庭林场完成前期项目、生产车间及办公场所的建设，包括建成5亩蜜蜂养殖基地，形成两条蜂蜜生产线，并同时成功注册了陇原蜜都品牌获得质量部门的认定，当年通过电商与实体店销售，已完成销售额31.20万元。完成400亩特色林果栽种，80亩花圃的育苗培育，预计进入盛产期后每年可采摘林果125～150吨、花卉30万～35万株，年收入可达120万元。目前，经营管理机构健全，6个相关管理部门分工明确，规章制度完整，管理人员22人。2016年前期项目建成后，林场立足山清水秀、绿色环保以及生态无污染的环境特点，发展体验林业与观光林业相结合的特色旅游，计划于2018-2021年投资修建占地约700亩的集餐饮、棋牌、垂钓、休闲、游乐、园林绿化和乡村情调于一体的多功能生态林业观光园区。休闲园区规划结构为：休闲运动区、水果采摘区、观光植物区、观景品茗区；同时建立绿色产品生产基地，旨在生产质优价高的无公害畜禽肉类和蔬菜粮食。观光园建成后，预计每年能接待参观、学习的人数累计达到1万人次，可带动当地就业人数200余人，林场每年因此项目预计可获得年收益116万元。

（三）示范带动效应

尽管康县林品汇家庭林场注册登记及运营仅一年有余，但林场的经济效益及带动效益已初步显现，养蜂项目已产生经济效益，其他项目也在有条不紊的按规划进行建设之中。目前，所有项目建设及运行良好，无论是带动就业还是推动区域产业发展，其溢出效应也十分显著。蜂蜜养殖基地建设及养殖项目的成功示范，加之当地农户历史上有土蜜蜂养殖的经验积累，很快带动了斜崖村及周边农村农户参与养殖蜜蜂的积极性。家庭林场依据蜜蜂养殖技术支持及蜂蜜加工生产线和注册品牌，正在与周围农村养殖户进行蜜蜂养殖及蜂蜜原料供给合作谈判，构架“家庭林场+农户”的蜜蜂养殖模式，家庭林场提供养殖蜜蜂种苗及蜜蜂巢箱、养殖技术指导，实行分区域统一品种，统一养殖标准、统一防疫、统一原料回收和统一产品销售的“五统一”，保证产品的质量与销售，并通过协议形式明确场、户责权利等利益联结与分配机制，完成项目建设、试点示范、研发带动、区片推动、技术指导、加工增值、互惠互利、共同发展的目标。并且蜜蜂养殖项目的试点示范，能为后续其他畜禽养殖和林下中药材种植项目推介积累经验。

康县林品汇家庭林场的700亩多功能生态林业观光园区建设，已完成部分项目，加之已有林木茂盛，环境优雅，周边新农村建设成效显著，基础设施健全，林场所在区域距县城不足5千米，交通便利，经营内容丰富多样，未来发展可期，预计项目完成正式运行可创造一定量的就业岗位，为周边农村劳动力提供相适宜的就业机会。

（四）发展经验

①家庭林场经营项目瞄准准确。如林下蜜蜂养殖及畜禽养殖项目等密切结合当地实际，充分利用林地资源，因地应林制宜，又有一定的群众基础，为示范成功和进行区域推介、扩大规模创造了条件。②注重产业链衔接及附加值提升。蜂蜜生产线的建设，无疑是一个不错的选择，改变了当地单纯低价售卖蜂蜜原料及蜂蜜质量参差不齐状况，建立了标准，提高了品质，提升了附加值，创造了效益。③重视品牌建设。林场蜂蜜生产线刚建成，就注册了自己的商标品牌，有利于宣传产品，树立自己经营产品形象和在更大范围内推介产品与客商合作，提升产品的知名度。④经营理念先进。家庭林场创设与经营者，

均为回乡创业的大学生，思想活跃、知识全面、生产技术及营销方式先进，代表着先进的经营管理理念。⑤符合国家产业政策。整个家庭林场经营项目，都是结合现有林地资源状况下进行的设计与规划，以保护和发展森林生态资源为前提，引领“林业+”“生态+”“旅游+”的可持续发展道路，遵循和实践了“绿水青山就是金山银山”的发展理念，可成为生态文明建设的典范。⑥为同类创业提供了可资借鉴的经验。有人才贮备、有设计、有规划、有项目、可加工、有产品、有商标（品牌）、有机制，就有成功机会。

二、康县梅园太平鸡家庭林场

（一）基本情况

康县梅园太平鸡家庭林场位于阳坝镇二坪村，距国家AAAA级风景旅游区阳坝13千米，该家庭林场以林下养禽为主要经营内容，辐射带动周边农村农户发展林下养殖。其养殖的鸡品种为甘肃省唯一具有保护扩繁价值的地方品种，也是康县仅存的国家级优良家禽品种和甘肃省三大优良地方禽种之一，目前已经被列入《甘肃畜禽品种志》，养殖前景十分广阔。随着我国社会经济发展，人们生活水平的提高，消费观念不断变化，对无污染、环保及绿色有机食品的需求不断增加，绿色高标准生态养殖业在各地兴起，康县梅园太平鸡家庭林场模式正是在这一背景下发生发展的。

梅园太平鸡家庭林场由阳坝镇二坪村村民徐巍芹（中专毕业后开始创业）于2009年10月发起成立，并进入了艰难的创业期。由于历史以及现实的原因，太平鸡多年来未被人们所重视，曾一度几近绝迹。为了保证太平鸡种达到国家要求的种群条件，发起人在全县范围内搜寻原种鸡，进行提纯净化，逐渐纯化，最终形成了今天独特的太平鸡品种。2011年，家庭林场自筹45万元、康县主管部门扶持140万元，投入新建了厂舍6座，含孵化室、饲料加工室、化验室等，太平鸡育种与养殖逐步走向规范化，也为进一步提升扩繁能力打下了坚实基础。目前，家庭林场林下养殖场地达2380亩，建有集保种扩繁、孵化、育雏为一体的育种中心，当年种鸡存栏8460只，年孵化量102000羽，出栏商品鸡3.6万只。

（二）运行模式创新

家庭林场自成立以来，得到甘肃省及当地政府和业务部门的高度重视和大力支持，与甘肃农业大学动物科技学院建立了稳定的科研协作和技术指导联系，并被列为其科研和实训实验基地。整个运行秉承“绿色、生态、健康”的品种理念和信誉第一、质量至上的经营理念。为进一步提升家庭林场经营规模和市场竞争力，2011年，依托梅园太平鸡家庭林场创立的康县梅园太平鸡生态养殖专业合作社，逐步架构并形成“家庭林场+合作社+农户”的经营模式和“小群体、大规模”的养殖方式，以家庭林场太平鸡的扩种繁育、选育提纯为中心，在稳定核心群的基础上，大力发展林区生态养殖，向养殖户实行“六统一”（已承诺）：统一供应良种鸡苗、统一提供技术指导、统一商标、统一品牌、统一回收、统一销售。以家庭林场为依托发起设立的合作社运行机制逐步规范，核心产品（品种）已经形成（康县太平鸡），并与高校联合，有了稳定的科技服务支撑；基础设施建设投资已经完成，规模化发展有了保障，农户放养及育肥的技术标准与支持已经具备；市场拓展也已显优势，需求远远大于签约（订单）量；入社会员迅速增加，大规模养殖已成为可能，并且规模化发展为产业链的拓展创造了条件。

未来发展中，计划2019年底发展入社社员500个以上，选育种鸡核心群1万～3万只，孵化量突破100万只，并建成太平鸡专供口粮配送中心，太平鸡屠宰及加工基地，建立健全市场营销网络，力争使太平鸡产业链综合产值有望突破亿元，带动入社农户年均纯收入30000元，争取围绕合作社进行劳务活动的人员年均达600人。

（三）示范带动效应

经过8年艰苦创业，不仅改变了太平鸡濒临灭绝的现状，而且成功对种群进行了保种提纯、规模繁育，创新形成的“家庭林场+合作社+农户”经营模式和“小群体、大规模”养殖方式，已在康县大力推广，产品直销至四川、陕西汉中等地，电商远销全国各地。2014年5月，康县梅园太平养殖专业合作社被甘肃省林业厅、农牧厅、发展改革委员会、财政厅、工商行政管理局等9部门联合认定为省级农民专业合作社示范社；合作社投资额和成员数屡创新高，分别达到了612万元和102户，已带动了周边成百户农民参与太平鸡养殖，散养户年出栏商品鸡11万余只，出栏鸡苗6.2万只，年销售额达1000万余元（表9-4）。通过示范带动陇南市康县、武都、宕昌、文县、西河五个县6个乡镇、14个行政村、216户养殖户进行太平鸡的养殖繁育工作，其中含建档立卡贫困户85户，有效地推动了贫困户收入的提升、推动区域经济发展。

表 9-4　2010－2016 年康县梅园太平鸡养殖专业合作社主要指标

年　份	2010	2011	2012	2013	2014	2015	2016
育种中心年累计投资额（万元）	12	58	194	243	385	412	612
合作社成员累计（户）	5	11	37	56	77	90	102
合作社种鸡年末存栏数（只）	26	200	500	1346	3000	5500	8460
鸡苗年孵化量（只）	460	3000	1800	48500	63000	84500	102000

（四）发展经验

①因地制宜，发展特色产业。梅园太平鸡家庭林场通过深入开展区域特色资源调查，发现国家级优良家禽品种——太平鸡濒临灭绝，以此为契机，深入挖掘其潜在价值和开发利用前景，以发展无污染、无公害的绿色产品为切入方向，根据消费观念的转变，瞄准特定消费群体，成功实现了与市场的对接。②挖掘资源，创新发展方式。梅园太平鸡家庭林场充分利用当地森林空间和林地资源，创新并形成“小群体、大规模”养殖方式，大力发展林区生态养殖。③注重品牌，提升产品竞争力。梅园太平鸡家庭林场通过不断提升产品质量，强化品牌建设力度，提高产品竞争力和市场影响力，进一步将太平鸡这个区域特色品牌推向了全国，同时通过多功能拓展，有效带动了林下养殖、旅游等产业融合发展。④示范带动，实现富民增收。梅园太平鸡家庭林场通过构建“家庭林场+合作社+农户”的经营模式，不断壮大发展规模，成功带动越来越多的村民依靠养鸡成功走上脱贫致富道路，并为类似区域发展家庭林场和脱贫致富做出了典型示范。

2017

集体林权制度改革监测报告

完善集体林权制度第三方评估机制方案研究

第三方评估机制背景

2008年集体林权制度改革以来，集体林业焕发出新的生机，但林权制度改革成效评价相对不足。学术界对个别市、县的集体林权制度改革进行了若干绩效评估，但理论和实践中没有建立国家层面的独立、全面、系统的第三方监督机制和反馈机制，没有对相关利益主体行为和政策执行效果等方面进行综合性、全方位的评价。

《国务院办公厅关于完善集体林权制度的意见》（国办发〔2016〕83号）（以下简称《意见》）要求“建立第三方评估机制，不断总结好经验好做法，及时进行交流和推广。”以此为契机，完善集体林权制度亟待建设第三方评估机制，推进集体林权制度改革政策制定的科学化、管理的规范化和创新的精细化。

一、政策及现实背景

（一）政策背景

2013年以来，李克强总理多次强调要将第三方评估引入中央决策部署、重大政策落实以及政府绩效管理等领域，以促进政府管理方式改革创新。据此各领域、各部门不断引入第三方评估机制，以加强外部监督。完善集体林权制度是一项国家重大政策，内容丰富，任务艰巨。对此，《意见》关于建立集体林权制度改革第三方评估的提法，及时、准确地规划了深化林权制度改革的路径。

（二）现实问题

自2008年以来，集体林权制度改革取得重大成果，1亿多农户直接受益，实现了“山定权、树定根、人定心”。但是，还存在产权保护不严格、生产经营自主权落实不到位、规模经营支持政策不完善、管理服务体系不健全等问题，部分改革成效未完全显现。无论是自下而上的汇报反馈，还是自上而下的检查监督，都没有对政策执行主体的能动性、积极性、创新性以及政策执行效果进行全方位评判，外部监督也没有聚焦政策效果。

（三）第三方评估综述

在西方国家中，第三方评估基本上已成为政府绩效评价方面的法定制度。西方国家政府绩效第三方评估具有组织机构类型多样、比较关注“公众”、评估活动的自律性强、评估活动民众参与性高、评估结果受到政府和公众重视以及评估行为有法可依等显著特点。近年来，我国政策绩效评估在理论与实践探索方面都取得了一定的成就，但评估结果实践应用性差、社会认同度低；没有建立起基于政府职能评价的评估指标体系，没有形成成熟的技术路线。完善集体林权制度第三方评估应总结现有经验和不足，聚焦政府职能的实践效果，坚持独立性和客观性，运用综合性的第三方评估方法，建立完善集体林权制度的长效外部监督机制。

二、意义

（一）理论意义

完善集体林权制度第三方评估建立的评估目标、评估原则、评估内容、评估重点、指标体系、评估方法、评估程序等内容将大大丰富林业领域第三方评估的技术体系，具有深刻的理论意义。

（二）实践意义

完善集体林权制度第三方评估具有独立性、专业性和权威性，能客观、全面地评价政策实施效果，不仅测评政策目标实现程度和政策绩效，而且对政策执行过程中的主体行为和执行效果进行全面总结，为政府部门查漏补缺、降低行政成本、提升决策力提供支持。

第三方评估机制方案内容

一、评估性质

（一）按评估阶段划分

第三方评估根据实施阶段可以分为方案评估、执行评估和终结评估。林权制度改革第三方评估既不是改革政策实施前的方案评估或预评估，也不是改革实施过程中进行的执行评估，而是对阶段性改革进行的阶段性评估，是对既往改革绩效进行全面评价，为预期改革提供指导和借鉴，尤其是对集体林权制度改革2020年应完成的系列改革目标和内容进行里程碑评估。

（二）按标准的水平程度划分

第三方评估根据评估标准的水平程度划分为合格评估、优秀评估和水平评估。合格评估是最低水平程度的评估，优秀评估是高水平程度评估，这两种二分制评估方案都存在一定局限性，不能全面反映完善林权制度改革取得的整体成效，因此，完善林权制度改革第三方评估应该是在全国范围内对各个地方完成完善林权制度改革任务成效进行全面水平评估。水平评估有利于各个地区的改革成效在各个方面形成对比，从而相互借鉴、学习，进一步促进林权制度改革的发展和完善。

二、评估目标与原则

（一）评估目标

评估的根本目标是对全国集体林权制度改革的执行效果进行评估，全面、真实地了解《意见》落实程度和实施绩效。具体目标如下：

1. 建立完整可靠的外部独立评估体系

从政策制定、政策落实和政策绩效三个维度进行全方位评估，建立完善林权制度改革第三方评估的指标、方法、目标、内容、重点、原则、过程，形成评估体系，坚持评估的独立性、专业性、权威性。

2. 研判《意见》执行效果和改革进程

判断《意见》内容是否被准确执行以及改革计划的落实情况。

3. 评出集体林权制度改革成效的整体水平与等级

根据上报的数据和专家评分，制定出统一标准，评比出全国及各省的改革成效的整体水平和等级。

4. 形成问责、监督的良性压力机制

完成评估后，公开发布评估报告，让社会公众了解评估结果，形成良性问责机制和反馈机制，实现有效监督，促进改革的实施与深化。

5. 为国家完善集体林权制度决策提出具体建议

根据在评估过程中发现的问题，分析成因，提出具体可行的建议对策使改革更加完善。

（二）评估原则

1. 独立性

第三方评估是指独立于政府及其隶属部门之外的第三方组织实施的评价，因此其独立性是保证评估结果公平公正的起点。在国家林权集体制度改革的评估过程中，要保证自身不受任何行政机构、公共组织和个人的干扰，独立的开展各项评估工作，确保评估过程和结果的客观公正。

2. 客观性

要想评估结果准确有效、客观公正，其最基本的就是保证原始数据采集和分析过程的真实客观性，只有这样评估工作才有意义。

3. 科学性

在整个评估过程中会涉及问卷法、访谈法、科学抽样、统计分析等专业方法，以此来保证评估过程中各环节的科学性，使评估取得理想效果。

4. 以评促建

不能只是简单地完成评估工作，要合理的运用评估结果，解决评估过程中发现的问题。完善集体林权制度是持续动态的过程，对改革进行评估，是要通过这次评估来推动改革进程，取得预期目的，因此合理的运用评估结果十分重要。

5. 突出重点

评估内容应有侧重点，重点评估地方政府在稳定集体林地承包关系、放活生产经营自主权、集体林权适度规模经营的执行情况，评估集体林权制度改革地域性、全国性的绩效。各环节的评估方法也应简明扼要，清晰易懂。

三、评估对象

（一）评估对象的范围

完善集体林权制度第三方评估需要有明确的评估对象和范围，才能够实现准确的评估。评估对象是省级人民政府及其所辖的市、县级政府。拟通过走访调查评估各省集体林权制度改革政策制定、执行、监督、协调等方面的实际效果，以及改革惠及的基层村户的政策执行效果。

完善林权制度改革的第三方评估范围拟涵盖所有涉及林权制度改革的省、自治区、直辖市。在全国范围内划分出5个分片，即东南片、东北片、中北片、西南片和西北片，具体见表10-1。每分片内以各省（自治区、直辖市）为被评估单位。

表 10-1　完善集体林权制度第三方评估分片情况

分片	省（自治区、直辖市）
东南片	江苏、浙江、福建、山东、广东、海南
东北片	辽宁、吉林、黑龙江
中北片	湖北、湖南、河南、江西、北京、天津、河北、山西、安徽
西南片	重庆、四川、贵州、云南、西藏、广西
西北片	陕西、甘肃、青海、宁夏、新疆、内蒙古

（二）评估对象的层级

完善集体林权制度第三方评估中，不同层级部门之间、同级部门之间相互协作、相互监督、相互制约，是一个整体。评估对象主要分为省级人民政府、市县相关林业部门以及村、户3个层次。省人民政府是地方政策的制定者和决策者，是国家集体林权制度改革政策的执行者；市县相关林业部门是地方集体林权制度改革政策的具体执行者；村、户一级是政策对象。集体林权制度改革关系到每一个农户自身的利益，农户对集体林权制度改革成效最有话语权。这一项改革政策能否取得切实的成效，取决于各个层级林业部门对集体林权制度改革政策的落实和管理，需要各个部门协同完成。完善林权制度改革的第三方评估在省级层面应该主要评估政策制定、监督的效果；在县市层面应该主要评估政策执行效果；在村、户一级应该主要评估政策实施最终绩效。由于村户一级的政策绩效受制于多种因素影响，各地的资源禀赋差异较大，加之评估投入有限，因此，村户一级的政策绩效并不是集体林权制度改革第三方评估的重点内容。县市级的执行效果主要取决于省一级的政策决策、执行意愿和监督力度，因此，完善集体林权制度第三方评估的重点应该是对省一级人民政府全面履行集体林权制度改革职责、落实和创新集体林权制度改革绩效进行评估。

四、评估重点

完善集体林权制度第三方评估应从政策制定、政策落实效果两个维度进行评估。评估的内容包括稳定集体林地承包关系、推进集体林权规范有序流转、放活生产经营自主权、促进集体林业适度规模经营、完善扶持政策和社会化服务体系、创新产权模式、林农林业生产、产业发展、农民生计等。评估的重点内容是稳定集体林地承包关系、放活生产经营自主权、引导集体林适度规模经营。

（一）落实经营权

第三方评估主要对集体林地确权颁证、林权到户、明晰产权、经营权保护、承包权保护、规范合同管理等内容评估落实经营权效果。

（二）放活生产经营自主权

第三方评估主要对公益林分类经营、公益林界定到户、公益林动态调整机制、公益林分级管理制度、公益林资产化经营、商品林经营自主性、商品林采伐公示制度、集体林地保护等级、社会资本经营集体林地等方面评估生产经营放活程度。

（三）发展新型林业经营主体，集体林地适度规模经营

第三方评估应该从林权流转市场与监管、规模经营主体的数量和结构、规模经营主体扶持与培育、利益联结机制、多种经营、金融支持等方面对适度规模绩效进行评估。

五、数据来源与处理

（一）评估数据来源

1. 评估对象上报数据

依据评估指标体系，由地方林业管理部门通过统计、自查、自评，提交上报数据；由国家林业局统一组织，发放相关资料表格，由各被评估对象经统计整理填报数据。以上数据首先报给第三方评估机构用于评估；部分数据经第三方评估机构筛选后随同评估报告上报国家林业局。为确保上报数据的真实准确，需建立核查机制。由第三方评估机构随机抽取一定比例的样本省市，通过查阅、实地核验、调查等方式，对上报数据的真实性和准确性进行核查，以核查结果修正上报数据。抽样核查的样本省比例不低于30%。

2. 评估专家评价数据

在评估指标体系中，对于一些不能通过统计调查量化的指标，由第三方评估专家组通过查阅、座谈、访谈、听取汇报等方式按照规定的方法进行主观评价，获得指标数据。

专家评价数据来源主要运用专家会议法，应根据一定的原则选定一定数量的专家，按照一定的方式组织会议，给专家提供信息和意见表，再对意见表的结果进行统计分析，得出结论。此外，也可以运用专家个人判断法或德尔菲法等方法获得专家评价数据。

3. 第三方评估机构调查数据

调查数据既不能通过上报获得，也不应该进行主观评价，特别是涉及农户层面的指标，应有第三方评估机构组织力量通过实地问卷调查获得数据。实地调查样本选取采用分层随机抽样方法进行。

评估人员将通过实地考察、与利益相关各方的座谈访谈、专家研讨和专项访谈等形式进行定性调研，对政策措施落实的基本情况、基本特征做出判断，把握政策落实的规

律性特征，提炼共性问题等。评估工作注重把上报数据、调查数据和专家经验三者有机结合，实现评估的客观性、科学性和规范性。

（二）评估数据处理

1. 数据白化处理

集体林改调查数据绝大多数是区域内各样点的平均值或统计值，在时间上或空间上并不是一个确切的白色参数，而是一个有上限、下限的灰色数。灰色参数需要进行白化或淡化处理，以提高白色度，减少灰色度。数据白化处理依据以下方法进行：①直接采用距离样点最近观测点的多年平均值；②根据各个因素指标的等值线图，利用插入法计算其数值；③结合实际情况和数据特征，确定合理的数据；④对集体林改绩效指标进行预测；⑤采用具有相同权数的相对数值。

2. 数据调整处理

由于原始数据的灰色特点，进行统计分析建立数学模型有一定的困难和限制，因此需要根据所建数学模型的类别，对原始数据进行调整。不同的评价方法对指标变量的要求不同。大多数的多元统计分析，要求变量总体上服从多元正态分布，且要求量纲一致。评价过程中对数据主要采取标准化变换、极差变换、均值化变换、初值化变换和滑动平均变换等方法进行原始数据的数据调整处理。

六、评估指标体系

评估指标依据《意见》中相应条文进行设置，能够有效针对完善林权制度改革政策的内容进行评估，同时兼顾省级数据的可得性。

具体评估指标体系属内部资料，暂不公开。

七、评估方法

（一）评估方法选择依据

现阶段我国政策评估的方法和工具以专家评价法、层次分析法和主成分分析法等方法为基础，建立“指标—权重”型综合绩效评价模型。第三方评估作为一种综合评估，侧重评估的全面性和层次性。

1. 从评价模型的科学性和经济性两方面来理性选择评价方法

一个好的评价模型既能使评价结果符合客观、公正、准确的要求，又能够节约相应的人力、物力、财力和时间。

2. 从项目生命周期全过程来选择评价方法

项目在其生命周期全过程中，为了更好地进行项目管理，针对项目生命周期每个阶段特点应用科学的评价理论和方法，用适当的评价尺度进行绩效评价。

3. 从精简化方面选择评价方法

不同方面的绩效评价内容可多可少，可繁可简，没有固有的模式和一成不变。选择评价模型应直观、简单、实用、去繁就简，易于操作，把复杂的问题尽量简单化。同时，建立一个实用 、结构良好的、以计算机技术为基础的评价模型是十分必要的，这有助于在评价过程中利用定量的、半定量的评价技术使评价方法逐步转向结构化或半结构化，尽量减少个人偏好等主观因素的影响。

4. 根据项目不同阶段选择动态评价方法

项目管理是动态的管理，在对项目不同的阶段（如事前阶段、事中阶段和事后阶段）进行绩效评价时，由于评价的内容和目标发生了相应的变化，评价的侧重点也会发生变化，所以，应根据不同阶段的评价要求来调整评价指标及评价指标的权重，并建立相应的动态评价模型。

5. 应遵循定量分析和定性分析相结合的原则

定量分析已成为一种分析问题、解决问题的主流工具，使用定量分析已成为一种主流趋势。但是，任何事物总有其两面性，定量分析也不例外，定量分析的使用要受制于使用者的数理知识水平和所收集数据的多寡。没有数据，定量分析就无用武之地。定性分析是定量分析的前提和基础，定量分析也就是定性分析的深化，在实际的应用过程中，应把握好两者之间的关系，坚持适当结合的原则。

本研究基于以上原则，采用单指标评估方法对完善集体林权制度进行局部性、结构性的第三方评价，重点分析制度设计和运行的非均衡性，以及各参与主体对林权制度改革的意愿和既得利益；采用多指标综合评估方法对完善集体林权制度进行全局性、总体性的第三方评价，得出各省区林权制度改革的综合绩效。

（二）第三方评估方法应用

1. 单指标评估方法

（1）比较法

通过对目标与实施效果、历史与当期情况的比较，综合分析集体林权制度改革成效单指标的变化。比较法能全方位、多角度地对初始指标进行比较分析，在单指标层面得出评价结果和得分；通过单指标比较结果，第三方可以结合重点的、典型的材料分析指标优劣的原因，从多角度研究集体林权制度改革成效的实质表现。

（2）专家评价法

在单指标评估层面，由该林业经济专家组成小组，对评价指标体系进行详细分析和比较，然后再由专家们经过几轮删除或合并获得评价指标的方法。使用专家评价法对某些难以量化监测的指标进行实测，是指标统计分析的通用方法，可以用于完善集体林权制度第三方评估；专家评价法通常基于文献研究而形成集体林权制度改革成效评价意见，该方法加大了完善集体林权制度第三方评估的规范分析成分。

（3）加权综合评价法

加权综合评价法在比较法和专家评价法的基础上，设定子指标的权重，对单指标进行加权综合评价。该方法根据指标的效用价值采用不同的计算方法，具有评价环节少、评价成本小，评价效果显著等优点。完善集体林权制度第三方评估过程中可以运用加权综合评价法，充分利用调研数据，通过对综合指数和个体指数的分析，系统分析政策制定和执行的短板，找出集体林权制度改革制度设计及实际运行中的薄弱环节，为完善林权制度改革提供依据。

2. 多指标综合评估方法

在本项研究中，各项评价指标的实际值均来自评估对象的监测数据，评估过程中灵活选用统计分析法、功效系数法、层次分析法或主成分分析法等经济评价方法，得出各省区林权制度改革的分值。在核算完评价指标综合得分后，需要确定评分等级。本研究确定得分在90分以上者为优秀；得分在80～89分为良好；得分在60～79分为合格，60分以下为不合格。

多指标综合评估方法逻辑严谨，技术成熟，适用于第三方评估。它兼顾正向指标和负向指标，兼顾横向评价和纵向评价，从多个指标对被评价对象的属性进行综合性评判，使评价结果更加精确、全面、客观、合理，提高了分析效能。评估结果为完善集体林权制度改革的政策优化和经验推广服务。

八、预期成果及应用

（一）评估预期成果

1. 评估指标、方法体系

系统提出针对林权制度改革的评估方法和指标体系，创新集体林权制度改革新思路，深化制度改革成效，促进林业又好又快发展。

2. 总体水平

集体林权制度改革的全国总水平是把握和衡量林权制度改革政策实施后我国林业取得的预期目标完成度、林业主管部门政策落实度、社会公共媒体评价度的一个综合考量水平。系统运用评估指标及综合评估方法体系，得出全国集体林权制度改革的实现程度。

3. 区域排名

在强化信息支撑、开展试点示范、加强舆论的引导下，不断积累经验，提升政策评估能力，稳步推进各样本省的评估工作，对其结果予以量化排名，以此作为考核各省级林业主管部门及省级协调部门履行林权制度改革职责情况的参考依据。

4. 评估结果的定性分析

以评促建，根据结果对政策举措本身现实的可行性、完善性、规范性、风险点等方面进行分析，对政策实施水平、影响及实施中存在的问题、政策利益相关方等评估结果给出合理解释，以提出政策举措终止、调整或修改完善的建议。

（二）成果应用

1. 成果应用范围

本研究成果仅供国家林业局用于集体林权制度改革决策及考核奖励使用，或督促有关地区或部门及时改进工作方法，完善工作措施，加大工作力度，推动集体林权制度改革有效实施，不得被未经授权的任何第三方使用或依赖。评估结果作为林业主管部门绩效管理和行政问责的重要参照依据，强化评估约束力。地方林业主管部门享有对评估报告结果的异议权，提出异议的，由国家林业局履行监督职能，会同第三方评估部门采用说明、补正等方式重新评估。评估结果仅对既定评估方案样本负责，仅供参考，不作为除林权制度改革之外的政策效果评价。

2. 反馈考核机制

由国家林业局将第三方考评排名结果通报各省级林业主管单位，对排名靠前的省份对其进行表彰和奖励，对排名靠后的省份主管领导进行约谈。同时，各省林业主管单位对其排名结果进行改进反馈，针对排名结果将自查报告提交国家林业局。这种反馈考核长效机制，将有力鞭策各单位进一步提高林权制度改革事业的政策落实水平，不断创新集体林权制度改革绩效。

九、质量保障

（一）评估主体

1. 评估主体资质标准

评估主体必须是具有独立承担民事责任能力的法人或其他组织，有良好的资信记录和职业操守，有权威的业界影响。既要有林权制度改革专门知识和理论，又要有林权制度改革长期的实践和积累，还必须要有类似第三方评估的经历和经验。

2. 评估报告质量标准

主要通过利用专业化工具完成评价内容选取、评价指标设定、数据采集及处理、大数据结果分析等活动，提高评价标准的全面性、评价技术的先进性、评价过程的科学性以及评价结果的准确性。既有全国深化集体林权制度改革综合指标的整体评价，也有各省（自治区、直辖市）综合指标的整体评价。既有单一指标的国家水平评价，也有单一指标的地方水平评价。不仅要有定量的评价结果，还必须有定性的结果原因分析。严格质量标准，保证评估结果客观、公正、科学，赢得第三方评估服务供给信誉。遵守党的路线方针政策，必须遵守相关法律法规，遵守委托方的有关工作要求和纪律要求，评估中所发表的言论和评估所出具的报告，不能与党和国家的理论、路线、方针和政策相违背。

（二）评估对象

评估对象要积极配合第三方评估工作，如实反映深化集体林权制度改革的实际情况，及时提交评估所需资料和数据，为第三方开展调查、核查提供联络、协调、信息等帮助。

（三）监督主体

作为集体林权制度改革的政策制定者和第三方评估的委托方，国家林业局应该成为完善集体林权制度第三方评估的监督主体。监督主体对评估主体不进行实地调查、无据修改评估结果、不按质量标准完成评估报告、干扰评估对象正常活动的行为要进行及时检查和敦促。对评估对象不配合调查核查、不如实反映改革实情要及时予以指正。在统一部署深化集体林权制度改革时需明确评估对象必须积极配合开展第三方评估工作，据实上报评估材料和指标数据，否则，将要承担相应责任。

附录

附表 1　2016 年以来的重要政策、讲话和会议

类别	主要内容
重要政策文件	2016 年 1 月 29 日，《财政部关于取消、停征和整合部分政府性基金项目等有关问题的通知》指出，将育林基金征收标准降为零。该基金征收标准降为零后，通过增加中央财政均衡性转移支付、中央财政林业补助资金、地方财政加大预算保障力度等，确保地方森林资源培育、保护和管理工作正常开展
	2016 年 3 月 16 日，《国家林业局关于进一步加强集体林地承包经营纠纷调处工作的通知》，要求健全集体林地承包经营纠纷调处工作制度，各地集体林地承包经营管理部门要建立健全纠纷调处工作规则和管理制度，积极推进县、乡、村林地承包经营纠纷调解仲裁体系建设，逐步建立健全乡村调解、县市仲裁、司法保障的集体林地承包经营纠纷解决机制。加快集体林地承包经营纠纷调解仲裁机构队伍建设，根据集体林地承包经营纠纷调解仲裁工作的实际需要，在集体林地面积较大的县（市、区），积极争取设立集体林地承包经营纠纷仲裁委员会，或在县（市、区）农村土地承包经营纠纷仲裁委员会下设立集体林地纠纷仲裁办公室，负责集体林地承包经营纠纷调解仲裁日常工作
	2016 年 4 月 28 日，《国务院办公厅关于健全生态保护补偿机制的意见》提出：健全国家和地方公益林补偿标准动态调整机制。完善以政府购买服务为主的公益林管护机制。合理安排停止天然林商业性采伐补助奖励资金
	2016 年 5 月 25 日，《林业发展“十三五”规划》，强调要加快形成集体林地三权分置和互惠共赢的权利关系；扶持培育新型经营主体；推动各种资本进入集体林发展；加快发展绿色富民产业；完善社会化服务体系
	2016 年 7 月 29 日，《国家林业局关于规范集体林权流转市场运行的意见》提出：严格界定流转林权范围，准确把握林权流转原则，切实规范林权流转秩序，严格林权流入方资格条件，努力完善林权流转服务，强化流转合同管理，加强林权流转用途监督，推进林权流转市场信用体系建设，搭建集体林权流转市场监管服务平台
	2016 年 8 月 8 日，农业部、国家林业局关于印发《农村土地承包经营纠纷仲裁法律文书示范文本》的通知，对 2010 年印发的《农村土地承包经营纠纷仲裁法律文书示范文本（试行）》进行了修改完善，指导农村土地承包仲裁委员会使用
	2016 年 11 月 16 日，《国务院办公厅关于完善集体林权制度的意见》提出总体目标：“到 2020 年，集体林业良性发展机制基本形成，产权保护更加有力，承包权更加稳定，经营权更加灵活，林权流转和抵押贷款制度更加健全，管理服务体系更加完善，实现集体林区森林资源持续增长、农民林业收入显著增加、国家生态安全得到保障的目标。”并从稳定集体林地承包关系，放活生产经营自主权，引导集体林适度规模经营，加强集体林业管理和服务，加强组织保障几大方面提出了具体要求
	2017 年 6 月 5 日，《国家林业局关于深入学习贯彻习近平总书记重要指示精神进一步深化集体林权制度改革的通知》，明确要求各有关省份抓紧出台省级深化集体林权制度改革的文件，重点从推进三权分置，引导和规范流转，培育新型经营主体，加大金融支持，加强社会化服务体系建设，大力发展产业等方面着力推进改革的深化完善
	2017 年 7 月 18 日，国家林业局《关于加快培育新型林业经营主体的指导意见》，要求加快构建以家庭承包经营为基础，以林业专业大户、家庭林场、农民林业专业合作社、林业龙头企业和专业化服务组织为重点，集约化、专业化、组织化、社会化相结合的新型林业经营体系

（续）

类别	主要内容
重要讲话	2016年1月10日，张建龙局长在全国林业厅局长会议上作了《深化改革创新 增进绿色惠民 全面开创林业现代化建设新局面》的讲话。张局长提出要以改革创新破解发展难题。完善集体林权制度，提升林业发展活力和效益，需要继续深化改革。各级林业部门要牢固树立创新发展理念，全力推进国有林区林场和集体林权制度改革，抓紧完善林业支持保护制度，着力解决制约林业发展的深层次问题，全面增强林业发展动力。并提出：继续深化集体林权制度改革。出台完善集体林权制度的意见，进一步放活经营权。积极培育家庭林场、股份合作林场、专业合作组织等新型经营主体，健全林业社会化服务体系，促进多种形式的适度规模经营
	2017年5月23日，习近平总书记对福建集体林权制度改革作出重要指示，要求福建深入总结经验，不断开拓创新，继续深化集体林权制度改革，更好实现生态美、百姓富的有机统一，在推动绿色发展、建设生态文明上取得更大成绩
	2017年5月31日，国家林业局局长张建龙在福建省武平县调研集体林权制度改革时强调，要深入学习贯彻落实习近平总书记重要批示精神，以总书记的批示指示为指引，继续深化集体林权制度改革
重要会议	2016年1月10日，2016年全国林业厅局长会议在湖南长沙召开。国家林业局局长张建龙强调，2016年是“十三五”规划的开局之年，各级林业部门要重点抓好以下工作：全面深化林业改革；大力开展造林绿化；加大资源保护力度；做好灾害防控工作；加快发展绿色产业；增强科技支撑能力；提升依法治林水平；强化林业基础保障；抓好林业宣传工作；扩大对外开放合作；加强机构队伍建设
	2016年7月28日，全国林业厅局长电视电话会议召开。国家林业局局长张建龙指出，各级林业部门要深入学习领会习近平总书记系列重要讲话精神实质和丰富内涵，准确把握中央对林业的新定位新要求，切实增强推进林业现代化建设的责任感和紧迫感，更加自觉地把思想和行动统一到中央的决策部署上来，坚定不移地推进林业现代化建设，全面提升林业改革发展水平，为服务国家大局、服务人民群众做出更大贡献
	2017年1月5日，国家林业局局长张建龙在全国林业厅局长会议上强调，全国林业系统要着重抓好全面深化林业改革，充分调动新型经营主体和广大农民经营林业的积极性
	2017年7月27日，汪洋副总理出席在福建武平县召开的“全国深化集体林权制度改革经验交流座谈会”并在讲话中指出：要深入总结推广福建集体林权制度改革的经验，不断开拓创新，推动林业改革再上新台阶。要进一步理顺林业发展的体制机制，加大政策支持力度。要逐步建立集体林地所有权、承包权、经营权分置运行机制，积极引导适度规模经营，强化管理和服务，发展壮大涉林产业。要坚持林地农民集体所有不动摇，不能削弱集体林地家庭承包的基础性地位；坚持森林生态保护红线不放松，不能以牺牲和破坏生态环境为代价；坚持农民利益不受损，不能借改革之名与民争利、损害农民合法权益

附表2　样本县抽取结果

样本省	分布	样本县
辽宁	辽东	本溪县、桓仁县、开原市、铁岭县、宽甸县、清原县、新宾县
	辽中	辽阳县
	辽西	北票市、建昌县
福建	闽西北	永安市、尤溪县、漳平市、永定县、建瓯市、政和县、武夷山市
	闽东	屏南县
	闽南	长泰县、仙游县
江西	赣北	武宁县、宜丰县、德兴市、铅山县
	赣中	永丰县、遂川县、黎川县、乐安县
	赣南	崇义县、信丰县
湖南	湘中	衡阳县、新邵县
	湘东	茶陵县
	湘南	蓝山县
	湘西	沅陵县、凤凰县、花垣县、会同县
	湘北	平江县、慈利县
云南	滇东北	大关县、罗平县
	滇西北	永胜县、腾冲县、弥渡县、禄丰县
	滇南	景谷傣族彝族自治县、建水县、麻栗坡县、景洪市